TRAITÉ
DE LA
CONNAISSANCE DE DIEU
ET DE SOI-MÊME
Par BOSSUET.
NOUVELLE ÉDITION

PRÉCÉDÉE D'UNE INTRODUCTION, D'UNE ANALYSE DÉVELOPPÉE
ET D'APPRÉCIATIONS PHILOSOPHIQUES ET CRITIQUES

Par E. LEFRANC
PROFESSEUR DU COLLÈGE ROLLIN.

PARIS.
IMPRIMERIE ET LIBRAIRIE CLASSIQUES
De J. DELALAIN et FILS
RUE DES ÉCOLES, VIS-A-VIS DE LA SORBONNE.

Nouveau Cours de Philosophie, rédigé d'après le programme des lycées, par M. *Henry Joly*, professeur à la faculté des lettres de Dijon; 3ᵉ édition; 1 fort vol. in-12. br. 4 f. 50 c.

Études sur les Ouvrages philosophiques de l'Enseignement classique, analyses, commentaires, appréciations, rédigés d'après le programme officiel des lycées et collèges et celui des examens du Baccalauréat, par M. *H. Joly*; 1 vol. in-12. br. 5 f.

Leibnitz. *Extraits de la Théodicée*, précédés d'une analyse développée et d'appréciations critiques, par M. *Th. Desdouits*, professeur de philosophie au lycée de Versailles; 2ᵉ édition; 1 vol. in-12. br. 2 f. 50 c.

Fénelon. *Traité de l'Existence de Dieu*, précédé d'une analyse développée et d'appréciations critiques par M. *E. Lefranc*; 1 vol. in-12. br. 1 f. 60 c.

Bossuet. *Traité de la Connaissance de Dieu et de soi-même*, précédé d'une analyse développée et d'appréciations critiques par M. *E. Lefranc*; 1 vol. in-12. br. 1 f. 60 c.

Pascal. *Opuscules philosophiques*, de l'Autorité en matière de philosophie, Entretien avec M. de Saci, etc., précédés d'une analyse développée et d'appréciations critiques par M. *F. Cadet*, professeur de philosophie; nouv. édition; in-12. br. 75 c.

Descartes. *Discours de la Méthode*, précédé d'une analyse développée par M. *E. Lefranc*, professeur agrégé au collège Rollin; in-12. br. 90 c.

Logique de Port-Royal, précédée d'une analyse développée par M. *L. Barré*, professeur de philosophie; in-12. br. 2 f. 50 c.

Cicéron. *Entretiens sur les vrais Biens et les vrais Maux, premier et deuxième livres*, traduction française de *Regnier-Desmarais*, précédée d'une analyse développée et d'appréciations critiques, par M. *E. Talbot*, professeur au lycée Fontanes; 2ᵉ édition; in-12. br. 1 f. 50 c.

Cicéron. *Traité des Devoirs*, traduction française, précédée d'une analyse développée et d'appréciations critiques par M. *H. Joly*; nouv. édition; 1 vol. in-12. br. 1 f. 60 c.

Épictète. *Manuel*, nouvelle traduction française, précédée d'une analyse développée et d'appréciations critiques par M. *H. Joly*; 2ᵉ édition; in-12. br. 90 c.

Platon. *La République, septième livre*, nouvelle traduction française, précédée d'une analyse développée et d'appréciations critiques par M. *L. Carrau*; 2ᵉ édition; in-12. br. 1 f. 40 c.

Platon. *Phédon*, nouvelle traduction française, précédée d'une analyse développée et d'appréciations critiques, par M. *L. Carrau*, professeur à la faculté de Besançon; 3ᵉ édition; in-12. br. 1 f. 60 c.

Xénophon. *Mémoires de Socrate*, traduction française de Gail, précédée d'une analyse et d'appréciations critiques par M. *L. Gallais*, professeur; 1 vol. in-12. br. 1 f. 75 c.

TRAITÉ

DE LA CONNAISSANCE DE DIEU
ET DE SOI-MÊME.

On trouve à la même librairie :

Nouveau Cours de Philosophie, rédigé conformément au programme officiel des lycées et à celui des examens du baccalauréat, par M. H. Joly, professeur de philosophie à la faculté des lettres de Dijon ; 3ᵉ édition ; 1 fort vol. in-12.

Études sur les Ouvrages philosophiques de l'Enseignement classique, analyses, commentaires, appréciations, rédigées d'après le nouveau programme officiel des lycées et collèges et celui des examens du baccalauréat, par M. H. Joly ; 2ᵉ édition ; 1 vol. in-12.

Xénophon. Mémoires sur Socrate, traduction française de J.-B. Gail ; précédée d'une analyse développée et d'appréciations critiques par M. L. Gallais, professeur ; 1 vol. in-12.

Platon. Phédon, traduction française, précédée d'une analyse développée et d'appréciations critiques, par M. L. Carrau, professeur de philosophie à la faculté de Besançon : 3ᵉ édition ; in-12.

Platon. La République, septième livre, traduction française, précédée d'une analyse développée et d'appréciations critiques par M. L. Carrau ; 3ᵉ édition, revue et modifiée ; in-12.

Manuel d'Épictète, traduction française, précédée d'une analyse développée et d'appréciations critiques par M. H. Joly ; 2ᵉ édition, revue et modifiée ; in-12.

Cicéron. Des Devoirs, traduction française, précédée d'une analyse développée et d'appréciations critiques, par M. H. Joly, 1 vol. in-12.

Cicéron. Entretiens sur les vrais Biens et les vrais Maux, premier et deuxième livres, traduction française de Regnier-Desmarais, précédée d'une analyse développée et d'appréciations critiques par M. E. Talbot, professeur au lycée Fontanes ; in-12.

Logique de Port-Royal, précédée d'une analyse développée par M. L. Barré, professeur de philosophie ; 1 vol. in-12.

Descartes. Discours de la Méthode, précédé d'une analyse développée, par M. E. Lefranc ; in-12.

Pascal. Opuscules philosophiques : de l'Autorité en matière de philosophie, Entretien avec M. de Saci, précédés d'une analyse développée et d'appréciations critiques, par M. F. Cadet, professeur de philosophie du lycée de Reims ; in-12.

Bossuet. Traité de la Connaissance de Dieu et de soi-même, précédé d'une analyse développée et d'appréciations critiques, par M. E. Lefranc, professeur du collège Rollin ; 1 vol. in-12.

Fénelon. Traité de l'Existence de Dieu, précédé d'une analyse développée et d'appréciations critiques, par M. E. Lefranc ; 1 vol. in-12.

Leibniz. Extraits de la Théodicée, précédés d'une analyse développée et d'appréciations critiques, par M. Th. Desdouits, professeur de philosophie au lycée de Versailles ; 2ᵉ édition ; 1 vol. in-12.

TRAITÉ

DE LA

CONNAISSANCE DE DIEU

DE SOI-MÊME

Par BOSSUET.

NOUVELLE ÉDITION

PRÉCÉDÉE D'UNE INTRODUCTION, D'UNE ANALYSE DÉVELOPPÉE
ET D'APPRÉCIATIONS PHILOSOPHIQUES ET CRITIQUES

Par E. LEFRANC

PROFESSEUR DU COLLÈGE ROLLIN.

PARIS.

IMPRIMERIE ET LIBRAIRIE CLASSIQUES

De J. DELALAIN et FILS

RUE DES ÉCOLES, VIS-A-VIS DE LA SORBONNE.

Toute contrefaçon sera poursuivie conformément aux lois; tous les exemplaires sont revêtus de notre griffe.

1877.

INTRODUCTION.

Descartes avait donné, par sa méthode et par ses ouvrages, une impulsion nouvelle aux études philosophiques, et la philosophie, sortie de l'ornière scolastique, marchait à grands pas, depuis le milieu du 17e siècle, dans la voie large et hardie du rationalisme. Mais, comme il arrive dans toutes les écoles, plus la route est spacieuse ou téméraire, plus le nombre des directions particulières se multiplie, suivant l'esprit, le caractère ou la position de chaque philosophe. Parmi les cartésiens[1], les uns, comme Jacques Rohault, Sylvain Régis, de La Forge et Clauberg, le furent comme Descartes lui-même, c'est-à-dire qu'ils se contentèrent de reproduire ou de commenter plus ou moins timidement la doctrine du maître; les autres, comme les penseurs de génie, Spinosa, Malebranche et Leibnitz, vinrent donner au cartésianisme un développement original, en le poussant à de nouvelles conséquences; d'autres enfin n'empruntèrent à Descartes que son esprit général ou sa méthode, dont ils se servirent, tantôt, comme le sceptique Bayle, pour battre en brèche toutes les croyances, tantôt, comme Arnauld, Nicole, Fénelon, Bossuet, pour défendre les vérités religieuses et morales contre les écarts présents ou possibles du rationalisme.

Déjà Malebranche avait introduit dans la métaphysique, comme préservatif, l'idée chrétienne, ou plus exactement l'idée catholique; Arnauld et Nicole l'avaient introduite dans la morale et la logique; Bossuet l'introduisait à son tour dans la psychologie, par le *Traité de la Connaissance de Dieu et de soi-même.*

1. On appelle ainsi les partisans de Descartes, dont le nom latinisé était *Cartesius.*

1. *Notice biographique sur Bossuet.*

Jacques-Bénigne BOSSUET, né l'an 1627, à Dijon, d'une famille considérée dans la robe, y fit ses premières études chez les Jésuites. A quinze ans, ses parents l'envoyèrent à Paris, au collége de Navarre, où Cornet, l'un de ses maîtres, devina son génie, déjà tout rempli des chefs-d'œuvre anciens, et surtout de l'Écriture sainte. Dès l'année suivante, il soutint sa première thèse avec tant d'éclat, qu'on voulut le voir à l'hôtel de Rambouillet, alors l'arbitre du goût et le dispensateur des renommées littéraires : il y vint et improvisa, après quelques moments de méditation, un sermon qui excita l'admiration générale. A vingt et un ans (1648), après avoir été reçu dans la corporation de Navarre, il soutint une autre thèse, dite *thèse de tentative,* et dont le sujet était une comparaison de la gloire du monde avec celle qui attend le juste après la mort. Tout au milieu du discours, entra le grand Condé, vainqueur de Rocroy et de Nordlingue; le jeune orateur, sans s'interrompre, paya, au nom de la France, le tribut de louanges qui était dû au jeune héros, et sut lui dire aussi, avec une sorte d'autorité anticipée, combien cette gloire était vaine et périssable, vérité qu'il répéta, quarante ans après, sur le cercueil de ce prince. Le grand Condé lui voua dès lors son amitié et son estime; néanmoins Bossuet quitta Paris pour aller se fixer à Metz, où il avait obtenu un canonicat et où son père était conseiller au parlement. Appelé souvent à Paris pour les affaires de son chapitre, il commença à s'y faire une grande réputation par ses sermons et ses panégyriques des saints, prêcha devant le roi et la reine mère, et opéra parmi les protestants un grand nombre de conversions, entre autres celles de Turenne et de Dangeau. Il rédigea dans ce but son *Exposition de la doctrine de l'Église.*

En 1669, il fut fait évêque de Condom. Cette même année et les suivantes, il prononça ses *Oraisons funèbres,* l'un des plus beaux titres de sa gloire. En 1670, il fut nommé précepteur du dauphin, fils de Louis XIV, pour l'éducation duquel il composa, entre autres ouvrages, le *Discours sur l'Histoire universelle,* chef-d'œuvre de conception et de style, et le *Traité de la Connaissance de Dieu et de soi-*

même, où il se montre aussi profond philosophe que grand écrivain. Nommé membre de l'Académie française (1671), puis évêque de Meaux (1681), il se livra tout entier aux soins de l'épiscopat, rédigea le célèbre catéchisme connu sous le nom de *Catéchisme de Meaux* (1687) et composa pour des religieuses de son diocèse deux de ses plus beaux ouvrages, les *Méditations sur l'Évangile* et les *Élévations sur les Mystères*. En même temps il écrivait, pour éclairer les protestants, l'*Histoire des variations des Églises protestantes*. Il combattit aussi la fausse doctrine du quiétisme dans les *Maximes des Saints* de Fénelon, et ne cessa de publier jusqu'à sa mort une foule d'écrits dogmatiques ou polémiques, entre autres le *Traité du libre Arbitre* et le *Traité de la Concupiscence*, tous remarquables par la vigueur de la pensée et du style. Il mourut en 1704, dans toute la plénitude de son génie, à l'âge de soixante et dix-sept ans.

2. *Analyse sommaire du* Traité de la Connaissance de Dieu et de soi-même.

Le *Traité de la Connaissance de Dieu et de soi-même*, composé par Bossuet, l'an 1670, pour le Dauphin, présente en général la doctrine de Descartes, modifiée par la doctrine de la religion chrétienne. Bossuet y part de cette idée que la sagesse consiste à connaître Dieu et à se connaître soi-même, et que c'est la connaissance de nous-mêmes qui doit nous élever à la connaissance de Dieu.

Ce traité, selon l'analyse qu'en a donnée Bossuet lui-même, se divise en quatre parties qui sont l'objet d'autant de chapitres; car il y a dans l'homme trois choses à considérer : l'*âme* séparément, le *corps* séparément, et l'union de l'*âme* et du *corps*; et en Dieu, il y a à considérer, par rapport au sujet du traité, qu'il est le *créateur de l'âme et du corps* et l'*auteur de la vie*. Un cinquième chapitre est consacré à examiner la *différence* qui existe entre l'*homme* et la *bête*.

PREMIÈRE PARTIE (chap. Ier). La première partie est consacrée à l'étude de l'*âme* considérée séparément du corps. Or, nous connaissons notre âme par ses opérations, qui sont de deux sortes : les opérations *sensitives* et les opérations *intellectuelles*.

Dans les opérations ou facultés sensitives, Bossuet examine tour à tour les *cinq sens*; le *plaisir* et la *douleur* qui en accompagnent l'exercice; les diverses *propriétés* des sens sous le double rapport de leur constitution et de leurs effets; le sens *commun* ou la faculté de réunir toutes les sensations; l'*imagination* qui en conserve une image, et les *passions* qui naissent en l'âme des sentiments tant intérieurs qu'extérieurs.

Dans les opérations intellectuelles, Bossuet considère d'abord celles de l'*entendement*, lumière que Dieu nous a donnée pour nous conduire : il y explique comment certains actes de l'entendement, tels que le jugement des proportions et de l'ordre, sont joints aux sensations et comment on en connaît la différence; il montre ensuite en quoi l'imagination diffère de l'entendement, et comment ces deux facultés s'unissent et s'aident ou s'embarrassent mutuellement. A ce sujet, il dit ce qu'est un homme d'esprit (entendement), un homme d'imagination, un homme de mémoire. Passant aux actes particuliers de l'intelligence Bossuet en expose les trois opérations fondamentales : la *conception*, le *jugement* et le *raisonnement*. Au jugement se rapporte le *doute* dont il trace exactement les limites. Il montre ici ce que c'est que bien juger, quels en sont les moyens et quels en sont les empêchements. Après avoir établi, comme conclusion de tout ce qui précède, combien l'entendement est élevé au-dessus des sens, il passe à la *volonté* et à ses actes, et à cette occasion, il traite de la *vertu* et des *vices*, de la *droite raison* et de la *raison corrompue*.

SECONDE PARTIE (chap. II). La seconde partie est consacrée à l'étude du *corps* considéré séparément de l'âme. Bossuet y examine d'abord ce que c'est que le corps organique : il en décrit tour à tour les parties extérieures, comme la *tête*, le *cou*, les *épaules*, les *bras*, etc., et les parties intérieures, comme le *cœur*, la *poitrine*, l'*estomac*, les *intestins*, etc.; puis il s'arrête en particulier sur le *cerveau* et les *organes des sens*, sur les *os*, les *artères*, les *veines* et les *nerfs*, sur le *sang* et les *esprits*. De là, il passe à quelques considérations sur le *sommeil*, la *veille* et la *nourriture*, et ensuite sur la *santé*, les *maladies* et la *mort*, et il termine en montrant la correspondance de toutes les parties du corps.

TROISIÈME PARTIE (chap. III). La troisième partie est consacrée à l'étude de l'*union de l'âme avec le corps*. Bossuet y établit d'abord que l'âme est *naturellement* unie au corps; puis il montre, d'une part, que certains *mouvements* du corps suivent certaines *pensées* ou certains *sentiments* de l'âme; d'autre part, et réciproquement, qu'à une certaine *pensée* ou à un certain *sentiment* qui arrive à l'âme sont attachés certains *mouvements* qui se font dans le corps. Bossuet examine en détail ces deux effets : le premier, dans le mouvement des nerfs, dans l'imagination et dans les passions; le second, dans l'intelligence, dans la volonté, dans l'attention et dans le raisonnement, et il termine en montrant que pour se bien connaître soi-même, pour bien connaître l'union de l'âme avec le corps, il faut s'accoutumer, par de fréquentes réflexions, à discerner en chaque action ce qu'il y a du corps d'avec ce qu'il y a de l'âme.

QUATRIÈME PARTIE (chap. IV). La quatrième partie est consacrée à l'étude de Dieu, comme *créateur de l'âme et du corps* et comme *auteur de la vie*. Bossuet y montre que l'homme, soit dans son corps, soit dans son âme, soit dans l'union de l'âme avec le corps, est un ouvrage d'un grand dessein et d'une profonde sagesse; que d'un côté l'âme, qui doit conduire le corps, est avertie de ses besoins par les sensations, mais que, de l'autre, la raison nous a été donnée pour juger les sensations et en régler les mouvements extérieurs; que l'intelligence a pour objet des vérités éternelles qui ne sont autre chose que Dieu même; mais aussi que l'âme connaît, par l'imperfection de son intelligence, qu'il y a ailleurs une intelligence parfaite. Poursuivant cette idée, Bossuet prouve que l'âme qui connaît l'Être parfait sent dès lors qu'elle est faite pour lui et qu'elle tient tout de lui; que l'âme connaît sa nature en connaissant qu'elle est faite à l'image de Dieu; et que l'image de Dieu, produite en nous par la conception de la vérité, s'y achève par une volonté droite, c'est-à-dire par l'amour de Dieu. De là Bossuet tire cette triple conclusion : qu'il faut principalement estimer et cultiver la partie divine et spirituelle de notre être; qu'il faut aimer, pour l'amour de Dieu, ceux à qui il a donné une âme semblable à la nôtre; enfin que les autres hommes ayant comme nous un corps infirme, sujet à mille besoins et à mille travaux, nous sommes tenus de compatir à leurs misères.

Cinquième partie (chap. V). La cinquième partie est consacrée à l'étude de la *différence entre l'homme et la bête*. Bossuet y discute d'abord les arguments par lesquels certains philosophes veulent donner du *raisonnement* aux animaux, en ce que les bêtes paraissent faire toutes choses convenablement, aussi bien que l'homme, à qui elles ressemblent à l'extérieur, tant dans leurs organes que dans leurs actions; puis il examine si les animaux *apprennent* et par conséquent s'ils *savent* : choses dont il démontre qu'ils sont incapables. De même les animaux n'*inventent* rien; car les inventions, d'où naît la variété de la vie humaine, demandent deux conditions, la réflexion et la liberté, qu'on ne trouve ni l'une ni l'autre dans les bêtes. Bossuet discute ensuite les deux opinions des philosophes sur l'*instinct* des animaux, l'une voulant que cet instinct soit un *sentiment* : c'était l'opinion de saint Thomas; et l'autre, n'y reconnaissant autre chose qu'un *mouvement* semblable à celui des horloges et des machines : c'était l'opinion de Descartes. Bossuet ne se prononce pas formellement à cet égard, et il se contente, pour conclusion de son traité, de faire ressortir l'excellence de la nature humaine dans sa *constitution* : une âme raisonnable dans un corps admirablement organisé; dans son *origine* : l'homme est fait à l'image de Dieu; en dernier lieu, dans sa *fin* : l'homme vient de Dieu, et doit retourner à Dieu, à la raison et à la vérité éternelle.

8. *Analyse raisonnée et critique du* Traité de la Connaissance de Dieu et de soi-même.

Le titre donné par Bossuet à ce traité avait déjà été pris par le philosophe cartésien Clauberg (1622-1665) pour un de ses ouvrages; un aïeul du chancelier Séguier l'avait aussi adopté pour un recueil de ses pensées; mais, selon la remarque de M. Damiron[1], il appartient, sinon quant à la lettre, du moins quant à l'esprit, à l'auteur du *Discours de la Méthode* et des *Méditations*; seulement Bossuet se l'est approprié par la manière dont il a envisagé le sujet et dont il l'a orné.

---

1. *Essai sur l'histoire de la philosophie en France au 17ᵉ siècle*, t. 2, p. 674.

Du reste, ce titre eût mieux répondu, non pas à l'ordre de dignité, mais à l'ordre de doctrine des matières traitées dans l'ouvrage, s'il eût été présenté sous la forme inverse : *De la Connaissance de soi-même et de Dieu*, ou *De la Connaissance de Dieu par celle de soi-même*. C'est bien là en effet le dessein de Bossuet, comme on le voit par l'analyse qu'on vient de lire, mais plus encore par les propres paroles de l'auteur[1] : « Le plan de ce traité, dit-il, est formé sur ce précepte de l'Évangile : *Considérez-vous attentivement vous-même*, et sur cette parole de David : *O Seigneur, j'ai tiré de moi une merveilleuse connaissance de ce que vous êtes*. Appuyé sur ces deux passages, nous avons fait un traité de la *Connaissance de Dieu et de soi-même*, où nous expliquons la structure du corps et la nature de l'esprit par les choses que chacun expérimente en soi; et faisons voir qu'un homme qui sait se rendre présent à lui-même trouve Dieu plus présent que toute autre chose, puisque sans lui il n'aurait ni mouvement, ni esprit, ni vie, ni raison ; selon cette parole vraiment philosophique de l'Apôtre prêchant à Athènes, c'est-à-dire dans le lieu où la philosophie était comme dans son fort : *Il n'est pas loin de chacun de nous, puisque c'est en lui que nous vivons et que nous sommes*; et encore : *puisqu'il nous donne à tous la vie, la respiration et toutes choses*. A l'exemple de saint Paul qui se sert de cette vérité connue aux philosophes pour les mener plus loin, nous avons entrepris d'exciter en nous, par la seule considération de nous-mêmes, ce sentiment de la divinité que la nature a mis dans nos âmes en les formant, de sorte qu'il paraisse clairement que ceux qui ne veulent point reconnaître ce qu'ils ont au-dessus des bêtes sont tout ensemble les plus aveugles, les plus méchants et les plus impertinents de tous les hommes. »

D'après l'ordre qu'il se trace, contrairement au titre de son ouvrage, Bossuet débute par examiner l'*âme*, qu'il définit : ce qui nous fait penser, entendre, sentir, raisonner, vouloir, choisir une chose plutôt qu'une autre. Or nous la connaissons par ses opérations, qui sont de deux sortes : les opérations *sensitives* et les opérations *intellectuelles* (p. 2).

---

1. *Lettre au pape Innocent XI sur l'instruction de monseigneur le Dauphin, fils de Louis XIV.*

Quelques philosophes ont critiqué cette division comme incomplète : sans doute, il serait facile d'en présenter une autre plus savante ou plus subtile, et de séparer les opérations *volitives* des intellectuelles; mais au fond la division de Bossuet est simple, claire et distincte : les classifications ne sont qu'un artifice de l'analyse, et Bossuet, en matière psychologique comme en toute autre, s'en tient d'abord aux données du bon sens.

Les opérations sensitives, appelées *sentiments* ou plutôt *sensations*, consistent à voir les couleurs, ouïr les sons, goûter le doux ou l'amer, etc. Ce sont les premières *perceptions* qui se font dans notre âme à la présence des corps ou objets, et en suite des impressions qu'ils produisent sur les organes de nos sens (p. 2).

Les opérations des sens sont accompagnées de plaisir ou de douleur.

Le *plaisir* est ce chatouillement des sens qu'on éprouve, par exemple, en goûtant de bons fruits, et la *douleur*, le sentiment importun des sens offensés (p. 5).

Quelque différentes ou fugitives que soient les sensations, il y a en l'âme deux facultés qui servent, l'une à les réunir, c'est le *sens commun*, l'autre à les conserver intérieurement ou à les renouveler par la pensée, au moyen d'une image, c'est l'*imagination* (p. 8).

De là, la distinction des sens, sensations ou sentiments, en *sens extérieurs*, qui ne sont autre chose que les organes des sens, et en *sens intérieurs*, c'est-à-dire le sens commun et l'imagination (p. 10).

Des sentiments intérieurs et extérieurs, et principalement du plaisir et de la douleur, naissent les *passions*, appelées mouvements de l'âme, non qu'elle se meuve à la manière du corps, mais parce qu'elle fait mouvoir le corps quand elle les éprouve (p. 12).

On compte ordinairement *onze passions*: l'*amour*, passion de s'unir à quelque chose et de l'avoir en sa puissance; la *haine*, qui en est l'opposé; le *désir*, qui nous pousse à rechercher ce que nous aimons quand il est absent; l'*aversion*, passion d'empêcher que ce que nous haïssons ne nous approche; la *joie*, par laquelle l'âme jouit du bien présent et s'y repose; la *tristesse*, par laquelle l'âme, tourmentée du mal présent, s'en éloigne autant qu'elle peut, et s'en afflige : six passions qui ne supposent que l'absence ou la présence de leurs objets, tandis que les cinq dernières supposent une certaine difficulté, soit de le posséder, soit de s'en délivrer; comme : l'*audace*, par laquelle l'âme s'efforce de s'unir à l'objet aimé, dont l'acquisition est difficile; la *crainte*, par laquelle elle s'éloigne d'un mal difficile à éviter; l'*espérance*, quand l'acquisition de l'objet aimé est possible, quoique difficile; le *désespoir*, quand cette acquisition paraît impossible; enfin la *colère*, qui repousse avec violence ce qui nous fait du mal (p. 19 et s.).

Cette classification, sans être aussi systématique et aussi profonde que celle de Descartes[1], est judicieuse et suffisante.

Passant aux opérations intellectuelles, Bossuet les définit des opérations élevées au-dessus des sens, et qui ont pour objet quelque raison qui nous est connue, c'est-à-dire l'appréhension ou la perception de quelque chose de vrai ou qui soit réputé tel (p. 17).

Cette définition, qui a quelque chose de vague, s'entend néanmoins, et elle suffit au lecteur, auquel Bossuet s'adresse moins en homme d'école qu'en homme de pratique.

Il y a deux sortes d'opérations intellectuelles, celles de l'*entendement* et celles de la *volonté*.

L'*entendement* est la lumière que Dieu nous a donnée pour nous conduire : on l'appelle, selon les objets auxquels il s'applique, *esprit*, *raison*, *conscience* et *jugement* (p. 17).

Entendre, c'est connaître le vrai et le faux, le bien et le mal, le beau et le laid, et discerner l'un d'avec l'autre; en quoi il diffère du *sentir*, qui donne lieu à la connaissance, mais qui ne donne pas la connaissance elle-même du vrai et du faux, etc., et de l'*imaginer*, qui ne nous apporte autre chose que des images de la sensation, qu'elle ne surpasse que dans la durée (p. 17 et s.).

Il y a, il est vrai, des actes de l'entendement qui suivent de si près la sensation ou l'imagination, que nous les confondons avec elles; mais alors il est encore aisé de les distinguer. Ainsi, en présence d'un objet beau, les sens nous donnent occasion d'en juger, mais ils n'en jugent pas; c'est à l'entendement qu'appartient cette opération : car c'est lui

---

1. Traité des *Passions de l'âme*.

seul qui saisit l'ordre, la proportion et la justesse, principes du beau. Il en est de même en peinture, en musique, et dans tous les arts (p. 20 et s.). On peut dire la même chose de l'imagination par rapport à l'entendement : ils se rapprochent, mais ne se confondent pas; ils se distinguent surtout en ce que l'imagination se borne aux choses corporelles et sensibles, tandis que l'entendement s'étend aux choses tant corporelles que spirituelles : ainsi, on entend Dieu et l'âme, on ne les imagine pas (p. 24).

Arrivant aux actes particuliers à l'entendement, Bossuet distingue trois opérations principales de l'esprit : la simple *appréhension* ou *conception*, qui consiste à entendre purement les termes d'une proposition ; le *jugement*, qui les assemble ou les disjoint pour les comparer; et le *raisonnement*, qui se sert d'une chose claire pour en prouver une qui l'est moins. A ces trois actes ou opérations, on peut ajouter les différentes dispositions d'esprit qui les accompagnent, comme le *doute*, la *science*, l'*ignorance*, l'*erreur*, l'*opinion*, la *foi* (p. 28 et s.).

On peut également y rattacher : 1° les différentes sciences tant spéculatives que pratiques auxquelles ils donnent naissance, telles que, d'une part, la *métaphysique*, la *physique*, la *géométrie* et l'*astronomie*; de l'autre, la *logique* et la *morale*; 2° les arts, et surtout les arts libéraux : la *grammaire*, la *poétique*, la *médecine*, l'*arithmétique*, la *mécanique*, l'*architecture*, la *peinture* et la *sculpture* (p. 32 et s.).

De toutes ces productions de l'esprit, il est aisé de voir qu'il n'y a rien que l'homme doive plus cultiver et perfectionner que son entendement, qui le rend semblable à son auteur.

Or, la vraie perfection de l'entendement est de *bien juger*, c'est-à-dire de connaître la vérité : la vraie règle de bien juger est de ne juger que quand on voit clair, et le moyen de le faire est de ne juger qu'après une grande *considération* ou *attention*; de même que la cause du *mal juger* est l'*inconsidération* ou la *précipitation*, qui vient de l'orgueil, de l'impatience, de la prévention ou préoccupation, de nos mille passions. On ne peut surmonter tant de difficultés qui nous empêchent de bien juger que par un amour extrême de la vérité et un grand désir de l'entendre (p. 35 et s.).

De tout cela, il paraît que le mal juger vient très-souvent d'un vice de volonté; car l'entendement, de soi, est fait pour entendre, et toutes les fois qu'il entend, il juge bien. Tout ce qu'on entend est vrai. Quand on se trompe, c'est qu'on n'entend pas, et le faux, qui n'est rien de soi, n'est ni entendu ni intelligible (p. 38).

Quand nous avons entendu les choses, nous sommes en état de vouloir et de choisir; car on ne veut jamais qu'on ne connaisse auparavant. La *volonté* est donc une dépendance naturelle de l'entendement (p. 40).

Bossuet en étudie séparément les opérations.

Vouloir est une action par laquelle nous poursuivons le bien et fuyons le mal, et choisissons les moyens pour parvenir à l'un et éviter l'autre (p. 40).

Cette action est libre; car si nous sommes déterminés par notre nature à vouloir le bien en général, nous avons la liberté de notre choix à l'égard de tous les biens particuliers : c'est ce qu'on appelle le *libre arbitre* (p. 41).

Avant que de faire son choix, on en raisonne en soi-même, c'est-à-dire qu'on délibère; et qui délibère sent que c'est à lui à choisir. Ainsi, un homme qui n'a pas l'esprit gâté n'a pas besoin qu'on lui prouve son libre arbitre, car il le sent (p. 41).

Bossuet ne s'étend que fort peu sur cette importante question, sans doute parce qu'il se proposait d'en parler avec des développements dans son *Traité du libre arbitre*.

Après la question de l'âme, vient celle du corps (p. 44). Nous ne suivrons pas Bossuet dans cette partie de son traité, parce qu'elle n'est en réalité qu'une esquisse de physiologie ou de la science du corps humain, faite en vue de la partie psychologique. Bossuet n'a pu y parler que d'après les données de la science contemporaine, que la science moderne a considérablement modifiées ou accrues; mais il l'a fait avec une grande habileté, et tout ce morceau est un modèle de style philosophique appliqué à l'explication des organes et de leurs fonctions.

Bossuet va maintenant s'occuper de l'union de l'âme avec le corps.

Il commence par dire que Dieu a uni le corps et l'âme, afin qu'il y eût de toutes sortes d'êtres dans la création, des corps sans esprits, des esprits sans corps, et des esprits avec des corps (p. 76).

Le corps est uni à l'âme comme un seul organe, et de fait, il est un, par la proportion et par la correspondance de ses parties.

L'union du corps et de l'âme a deux effets : le premier, qui paraît dans les opérations sensitives, c'est que certains mouvements du corps suivent certaines pensées ou sentiments dans l'âme ; le second, qui paraît dans les opérations intellectuelles, c'est qu'à une certaine pensée ou sentiment de l'âme sont attachés certains mouvements dans le corps (p. 77). Sur le premier effet, Bossuet pense que les sensations sont attachées aux mouvements des nerfs (p. 78 et s.) ; sur le second, que c'est le bel endroit de l'homme. Dans les opérations sensitives, l'âme est assujettie au corps ; mais, dans les opérations intellectuelles, non-seulement elle est libre, mais elle commande (p. 107).

En effet, si l'on observe les mouvements des membres, la parole, le regard porté au loin ou de près, la respiration suspendue ou reprise, etc., on verra que, par un secret merveilleux, le mouvement de tant de parties dont nous n'avons nulle connaissance ne laisse pas que de dépendre de notre volonté (p. 108).

Mais afin de ne rien passer sans réflexion, Bossuet examine ce que fait le corps et à quoi il sert dans les opérations intellectuelles (p. 109).

Et d'abord l'intelligence, c'est-à-dire la connaissance de la vérité, n'est pas, comme la sensation et l'imagination, une suite de l'ébranlement des nerfs ou du cerveau (p. 110).

Néanmoins, il faut reconnaître qu'on n'entend point pour avoir senti et imaginé ; car il est vrai que, par un certain accord entre toutes les parties qui composent l'homme, l'âme n'agit pas sans le corps, ni la partie intellectuelle sans la partie sensitive. Ainsi, pour les corps, il est certain que nous ne pouvons entendre qu'il y en ait d'existants dans la nature que par le moyen des sens. Bien plus, en ce qui concerne Dieu et ses perfections, l'esprit n'est excité à s'en occuper que par la considération de ses œuvres, ou par sa parole, ou enfin par quelque autre chose dont les sens ont été frappés (p. 112). Quant à la question de savoir s'il peut y avoir, en cette vie, un pur acte d'intelligence dégagé de toute image sensible, cela n'est pas incroyable, mais fort rare.

On peut conclure de ce qui précède que l'entendement, sans être attaché au corps, en dépend indirectement, en tant qu'il se sert, pour opérer, des sensations et des images sensibles (p. 113).

Il n'en est pas entièrement de même à l'égard de la volonté; car loin de suivre les mouvements du corps, elle y préside, elle commande au cerveau, siége principal de l'âme, et ce qu'il y a de merveilleux, c'est qu'elle ne sent naturellement ni ce cerveau qu'elle meut, ni les mouvements qu'elle y fait, ni d'où lui vient ce double pouvoir (p. 115).

L'empire de la volonté ne s'exerce pas seulement sur les mouvements extérieurs : il s'étend encore aux phénomènes de la nutrition, de la respiration, du sommeil, etc.; il peut et doit s'étendre aussi sur l'imagination et les passions (p. 115).

Or, comme il y a dans les passions les premiers mouvements et les derniers effets, la volonté peut empêcher ceux-ci par le seul effet de son action et prévenir ou tempérer ceux-là au moyen de l'attention détournée de certains objets à d'autres. Ainsi l'âme peut tenir les passions en sujétion et dans leur fin et dans leur principe (p. 110 et s.).

L'homme qui a médité sur la doctrine précédente, c'est-à-dire sur l'âme, sur le corps, sur leur union, peut se bien connaître : il ne lui reste plus qu'à passer de cette connaissance à la connaissance de Dieu (p. 126 et s.).

Or, Dieu, qui a créé l'âme et le corps, et qui les a unis l'une à l'autre d'une façon si intime, se fait connaître lui-même dans ce bel ouvrage; et quiconque connaîtra l'homme, verra que c'est un ouvrage de grand dessein qui ne pouvait être ni conçu ni exécuté que par une sagesse profonde (p. 135).

Tout ce qui montre de l'ordre, des proportions bien prises et des moyens propres à faire de certains effets, montre aussi une fin expresse; par conséquent, un dessein formé, une intelligence réglée et un art parfait. C'est ce qui se remarque dans la nature en général, où rien ne se fait sans règle, et en particulier dans l'homme, cette substance intelligente née pour vivre dans un corps et pour lui être intimement unie (p. 135 et s.).

Opérations intellectuelles, opérations sensitives, organisation et fonctions du corps, tout se rapporte dans l'homme, tout concourt à une fin commune, au bonheur, c'est-à-dire, comme le dit Bossuet, à sa perfection (p. 137).

Ainsi tout l'homme est construit avec un dessein suivi et avec un art admirable. Mais si la sagesse de son auteur éclate dans le tout, elle ne paraît pas moins dans chaque partie (p. 138).

Tout est ménagé dans le corps humain avec un artifice merveilleux. Le corps reçoit de tous côtés les impressions des objets sans en être blessé. Il a reçu des organes pour éviter ce qui l'offense ou le détruit, et les corps environnants qui font sur lui ce mauvais effet font encore celui de lui causer de l'éloignement. La délicatesse des parties, quoiqu'elle aille à une finesse inconcevable, s'accorde avec la force et avec la solidité. Le jeu des ressorts n'est pas moins aisé que ferme; à peine sentons-nous battre notre cœur, nous sentons les moindres mouvements du dehors, si peu qu'ils viennent à nous; les artères vont, le sang circule, les esprits roulent, toutes les parties s'incorporent leur nourriture sans troubler notre sommeil, sans distraire nos pensées, sans exciter tant soit peu notre sentiment : tant Dieu a mis de règle et de proportion, de délicatesse et de douceur dans de si grands mouvements (p. 139).

Ici suivent des pages admirables de sens, de raison et de langage, qu'on ne saurait trop méditer.

Mais que servirait à l'âme d'avoir un corps si sagement construit, si elle, qui doit le conduire, n'était avertie de ses besoins? Aussi l'est-elle admirablement par les sensations qui lui servent à discerner les objets qui peuvent détruire ou entretenir en bon état le corps qui lui est uni (p. 144 et s.).

Or le dessein de Dieu n'est pas moins merveilleux dans la constitution de l'âme que dans celle du corps.

En effet, les sensations, et par suite les imaginations, avertissent l'âme des besoins du corps; le plaisir et la douleur, avec les passions qui en dérivent, l'excitent à les satisfaire; enfin la raison, qui sert à juger les sensations, les imaginations et les passions, ne lui a pas été donnée sans un grand dessein (p. 146).

Mais rien ne sert tant à l'âme pour l'élever à son auteur que la connaissance qu'elle a d'elle-même et de ses sublimes opérations intellectuelles (p. 147).

Or l'entendement a pour objet les vérités éternelles, qui

ne sont autre chose que Dieu même, où elles sont toujours subsistantes et parfaitement entendues. En effet, les règles des proportions, par lesquelles nous mesurons toutes choses, sont éternelles et invariables..... Tout ce qui se démontre en mathématiques, et en quelque autre science que ce soit, est éternel et immuable, puisque l'effet de la démonstration est de faire voir que la chose ne peut être autrement qu'elle est démontrée..... Et pour en venir à quelque chose qui nous touche de plus près, il faut entendre, par ces principes de vérité éternelle, que quand aucun être que l'homme, et nous-mêmes, ne serions pas actuellement, le devoir essentiel de l'homme, dès là qu'il est capable de raisonner, est de vivre selon la raison et de chercher son auteur, de peur de lui manquer de reconnaissance, si, faute de le chercher, il l'ignorait (p. 148).

Toutes ces vérités, et toutes celles qu'on en déduit par un raisonnement certain, subsistent indépendamment de tous les corps. En quelque temps que l'on place un entendement humain, il les connaîtra; mais en les connaissant, il les trouvera vérités; il ne les fera pas telles, car ce ne sont pas nos connaissances qui font leurs objets, elles les supposent (p. 148).

Si l'on cherche maintenant où et en quel sujet elles subsistent, éternelles et immuables comme elles sont, on est obligé d'avouer qu'il existe un être où la vérité est éternellement subsistante et où elle est toujours entendue; et cet être doit être la vérité même et doit être toute vérité; et c'est de lui que la vérité dérive dans tout ce qui est et ce qui s'entend hors de lui. C'est donc en lui que l'on voit ces vérités éternelles, et les voir, c'est se tourner à celui qui est immuablement toute vérité et recevoir ses lumières. Cet objet éternel c'est Dieu, éternellement subsistant, éternellement véritable, éternellement la vérité même (p. 148).

Ces vérités éternelles que tout entendement aperçoit toujours les mêmes, par lesquelles tout entendement est réglé, sont quelque chose de Dieu, ou plutôt sont Dieu même : car toutes ces vérités éternelles ne sont au fond qu'une seule vérité. En effet, on s'aperçoit, en raisonnant, que ces vérités sont suivies. La même vérité qui nous fait voir que les mouvements ont certaines règles, nous fait voir que les actions de notre volonté doivent aussi avoir les leurs. Et nous voyons ces deux vérités dans une vérité commune qui nous dit que tout a sa loi, que tout a son ordre : ainsi la vérité est une de soi; qui la connaît en partie, en voit plusieurs; qui les verrait parfaitement, n'en verrait qu'une (p. 150).

On reconnaît aisément, dans cette démonstration de l'existence de Dieu, la méthode et les principes de l'école cartésienne. Ils sont plus sensibles encore dans la démonstration suivante [1] :

Nous n'avons qu'à réfléchir sur nos propres opérations pour entendre que nous venons d'un plus haut principe. Car dès là que notre âme se sent capable d'entendre, d'affirmer et de nier, et que d'ailleurs elle sent qu'elle ignore beaucoup de choses, qu'elle se trompe souvent, et que souvent aussi, pour s'empêcher d'être trompée, elle est forcée à suspendre son jugement et à se tenir dans le doute, elle voit à la vérité qu'elle a en elle un bon principe, mais elle voit aussi qu'il est imparfait, et qu'il y a une sagesse plus haute à qui elle doit son être. En effet, le parfait est plus tôt que l'imparfait, et l'imparfait le suppose comme le moins suppose le plus dont il est la diminution; et comme le mal suppose le bien dont il est la privation, il est naturel que l'imparfait suppose le parfait, dont il est, pour ainsi dire, déchu; et si une sagesse imparfaite, telle que la nôtre, qui peut douter, ignorer et se tromper, ne laisse pas d'être, à plus forte raison devons-nous croire que la sagesse parfaite est et subsiste, et que la nôtre n'en est qu'une étincelle.... Nous connaissons donc par nous-mêmes et par notre propre imperfection qu'il y a une sagesse infinie qui ne se trompe jamais, qui ne doute de rien, qui n'ignore rien, parce qu'elle a une pleine compréhension de la vérité, ou plutôt qu'elle est la vérité même.... Par la même raison, nous connaissons qu'il y a une souveraine bonté qui ne peut jamais faire aucun mal.... De là nous devons conclure que la perfection de Dieu est infinie, car il a tout en lui-même (p. 151 et s.).

A la suite et comme conséquences de ces preuves, l'âme, dès qu'elle est parvenue à connaître Dieu, se connaît mieux elle-même en connaissant qu'elle est faite à l'image de Dieu;

---

1. Voy. l'*Introduction au discours de la Méthode de Descartes*, p. xiv.

elle sent mieux qu'elle est faite tout entière pour lui, puisqu'elle tient tout de lui; elle comprend mieux qu'elle doit se former en vue de lui une volonté plus droite et acquérir sur le corps un empire plus étendu; en un mot, elle devient plus parfaite. Négliger cette connaissance, ce serait donc négliger son corps, son âme, tout son être (p. 152 et s.).

Car si notre âme connaît la grandeur de Dieu, la connaissance de Dieu nous apprend aussi à juger de la dignité de notre âme, que nous ne voyons élevée que par le pouvoir qu'elle a de s'unir à son auteur avec le secours de sa grâce. C'est donc cette partie spirituelle, divine, capable de posséder Dieu, que nous devons principalement estimer et cultiver en nous-mêmes. Nous devons, par un amour sincère, attacher immuablement notre esprit au père de tous les esprits, c'est-à-dire à Dieu. Nous devons aussi aimer, pour l'amour de lui, ceux à qui il a donné une âme semblable à la nôtre, et qu'il a faits, comme nous, capables de le connaître et de l'aimer (p. 162).

L'homme est connu en lui-même et dans ses rapports avec Dieu : le *Traité de la connaissance de Dieu et de soi-même* est donc achevé. Mais comme la plupart des hommes ignorent combien ils sont au-dessus des animaux, il leur importe de connaître les différences qui les séparent de la bête : c'est ce que Bossuet entreprend de montrer dans le cinquième chapitre de son ouvrage (p. 168 et s.).

On a vu dans l'analyse sommaire de ce chapitre (p. x) que Bossuet, sans regarder les animaux comme des machines, ne fait guère que reproduire l'opinion des cartésiens sur l'âme des bêtes; mais si la théorie n'a rien de nouveau, elle se fait remarquer par une clarté et par une analyse telles, qu'elle surpasse tout ce qui a été dit à ce sujet; la conclusion devient, sous la plume de Bossuet, une admirable preuve de l'immortalité de l'âme (p. 201 et s.).

4. *Appréciations philosophiques sur le* Traité *de la Connaissance de Dieu et de soi-même.*

La lecture de ce Traité ne peut être que fort utile à tous ceux qui veulent acquérir des connaissances solides et s'initier à la métaphysique. Bossuet y apprend à l'homme à s'élever jusqu'à Dieu, en considérant les facultés de son âme, la structure de son corps et l'union admirable que le Créateur a établie entre ces deux substances. Il nous révèle, par la seule force du raisonnement, la noble origine ainsi que l'excellence et l'immortalité du principe intelligent qui nous anime. En un mot, c'est dans la philosophie un monument plein de grandeur, où l'on retrouve, avec la profondeur de Bossuet, une variété, une étendue, une solidité de connaissances énoncées dans un style qui peut servir de modèle aux discussions philosophiques.

Le *Traité de la connaissance de Dieu et de soi-même* a été apprécié sous des formes diverses, mais avec un sentiment unanime d'admiration, par MM. Damiron, Patin et Saint-Marc Girardin. Nous donnons ici le jugement de ces écrivains, jugements qui serviront à compléter notre propre appréciation, et qui seront lus avec intérêt et avec fruit par les élèves.

I.

L'esprit de l'ouvrage est essentiellement cartésien. Le caractère et le ton en sont, en général, ceux de l'analyse philosophique; cependant en quelques points, et surtout quand il traite de Dieu, le mouvement habituel de la pensée de Bossuet, qui est celui de l'éloquence, se mêle heureusement à celui de la discussion pour l'élever et l'animer, et l'orateur en lui seconde admirablement le métaphysicien, le philosophe. Du reste, comme écrivain, il est ici ce qu'il est partout; son style est simple, mâle, et de cette élégance à la fois sévère, vive et originale qui le distingue entre tous; il n'en use que pour la pensée même, et afin de la rendre plus claire, plus forte, plus pénétrante. Nul ne dit mieux les choses pour les choses elles-mêmes. C'est toujours avant tout en lui l'homme qui a charge d'âmes, qu'il instruise l'esprit ou dirige le cœur, qui écrit ou qui parle; il ne fait rien que par devoir.

Aussi quand on regarde ce qu'il se propose en philosophant, et comment il ne veut toucher qu'aux choses qui sont hors de doute et utiles à la vie, et qui peuvent être démontrées sérieusement et dans toute la certitude de leurs principes, et qu'on prend ensuite son livre pour le juger, on y reconnaît bien cette sagesse pratique qui est le trait de son génie, et qui fait de son traité bien moins celui d'un méditatif que celui d'un homme de conduite dans la plus haute acception du mot, qui philosophe comme il agit pour le gouvernement des âmes.....

On ne peut pas avec plus de sens et de raison faire servir la science du corps à la preuve d'un principe créateur plein d'intelligence et de sagesse. Les médecins philosophes ne sauraient avoir une meilleure manière d'entendre et d'expliquer au point de vue de la Providence l'objet habituel de leurs études ; mais ce qui est peut-être plus admirable encore et plus rare dans ce morceau, c'est la forme, c'est le langage, c'est le mouvement oratoire qui s'y mêle avec une si parfaite convenance à la démonstration logique ; c'est cet accord de l'imagination et de la raison, mais au profit de la raison; c'est cette précision vive, animée et ferme, qui marque tout et fait tout saillir ; c'est, en un mot, la parole de Bossuet appliquée à un ordre d'idées qui ne paraissent pas devoir s'y prêter aussi bien que les autres matières qu'il a coutume de traiter.

M. Damiron.

II.

L'objet le plus naturel, le plus noble, le plus utile de la curiosité humaine pour tout homme, sujet ou roi, est sans doute cette *connaissance de nous-mêmes*, qui nous révèle, avec la notion d'un être supérieur à nous, celle de nos devoirs. Tel est, en quelques mots, le sujet, le plan, le titre du traité par lequel Bossuet se proposa d'*introduire* son élève *à la philosophie*. Il ne voulut rien de plus que l'amener jusqu'au seuil des questions profondes et obscures où habite la métaphysique. Il le retint dans l'enceinte de l'observation facile et journalière, permise à tout homme qui se regarde. Ce livre si remarquable par un habile mélange de Descartes et des anciens, par l'exposition, nouvelle alors dans notre langue, des principes de la physiologie, par une description attentive et exacte des faits les plus apparents de l'intelligence, par la clarté de la méthode et la netteté du langage, par la simplicité et l'élévation des idées, l'est, avant tout, par une force qui se modère, qui, s'arrêtant où le jour lui manque, s'abstient d'aller plus avant et de creuser dans l'ombre. On s'étonne, avec justice, qu'une production de ce mérite, qui présente une instruction accessible et usuelle, soit plus admirée qu'elle n'est lue, et que pendant bien longtemps elle n'ait été ni lue ni admirée. Ne serait-ce pas que cet esprit de sagesse et de réserve qui s'est appliqué à n'y admettre que des vérités hors de doute, à en écarter les recherches subtiles, les hypothèses, les systèmes, en la sauvant de la contradiction, l'a en même temps dérobée à la renommée philosophique?

M. PATIN.

III.

Dans la *Connaissance de Dieu et de soi-même*, Bossuet analyse avec exactitude les éléments de nos connaissances; il examine avec netteté les facultés de notre esprit. Ce n'est point une clarté trompeuse qui se contente d'éclairer la surface sans pénétrer au fond des choses; il ne rétrécit pas la science pour la régulariser, comme ont fait les philosophes du dernier siècle; il est simple sans être incomplet. Ce n'est pas non plus cette finesse minutieuse d'observations et ce rigoureux enchaînement d'idées qui, de nos jours, dans la psychologie, fait le mérite des philosophes de l'école écossaise. La marche de Bossuet est plus libre : franchissant les idées intermédiaires, il semble arriver de plein saut aux conclusions. C'est l'allure du bon sens, quand le scepticisme n'a pas encore appris à l'homme à douter de ses notions premières. Aujourd'hui la raison est défiante, elle marche pas à pas, passant d'une idée à une autre sans jamais prendre l'essor. De là, dans la psychologie moderne, beaucoup de délicatesse et de pénétration; de là une rigueur de raisonnement qui satisfait et qui inquiète à la fois, tant on voit qu'il faut de précautions pour ne pas faillir.

M. SAINT-MARC GIRARDIN.

DE LA
CONNAISSANCE DE DIEU
ET DE SOI-MÊME.

DESSEIN ET DIVISION DE CE TRAITÉ.

La sagesse consiste à connaître Dieu et à se connaître soi-même[1].

La connaissance de nous-mêmes nous doit élever à la connaissance de Dieu.

Pour bien connaître l'homme, il faut savoir qu'il est composé de deux parties, qui sont l'âme et le corps.

L'âme est ce qui nous fait penser, entendre, sentir, raisonner, vouloir, choisir une chose plutôt qu'une autre, et un mouvement plutôt qu'un autre, comme de se mouvoir à droite plutôt qu'à gauche.

Le corps est cette masse étendue en longueur, largeur et profondeur, qui nous sert à exercer nos opérations. Ainsi quand nous voulons voir, il faut ouvrir les yeux; quand nous voulons prendre quelque chose, ou nous étendons la main pour nous en saisir, ou nous remuons les pieds et les jambes, et par elles tout le corps, pour nous en approcher.

Il y a donc dans l'homme trois choses à considérer : l'âme séparément, le corps séparément, et l'union de l'un et de l'autre.

Il ne s'agira pas ici de faire un long raisonnement sur ces choses, ni d'en rechercher les causes profondes, mais plutôt d'observer et de concevoir ce que chacun de nous en peut reconnaître, en faisant réflexion sur ce qui arrive tous les jours, ou à lui-même, ou aux autres hommes semblables à lui. Commençons par la connaissance de ce qui est dans notre âme.

---

1. Les anciens n'avaient entrevu qu'une partie de cette vérité. Socrate admet pour fondement de la sagesse le γνῶθι σεαυτόν, *nosce teipsum*, connais-toi toi-même.

CHAPITRE PREMIER.

DE L'AME.

I. *Opérations sensitives, et premièrement des cinq sens.*

Nous connaissons notre âme par ses opérations, qui sont de deux sortes : les opérations sensitives et les opérations intellectuelles.

Il n'y a personne qui ne connaisse ce qui s'appelle les cinq sens, qui sont : la vue, l'ouïe, l'odorat, le goût et le toucher[1].

A la vue appartiennent la lumière et les couleurs ; à l'ouïe, les sons ; à l'odorat, les bonnes et mauvaises senteurs ; au goût, l'amer et le doux, et les autres qualités semblables ; au toucher, le chaud et le froid, le dur et le mou, le sec et l'humide.

La nature, qui nous apprend que ces sens et leurs actions appartiennent proprement à l'âme, nous apprend aussi qu'ils ont leurs organes ou leurs instruments dans le corps. Chaque sens a le sien propre. La vue a les yeux ; l'ouïe a les oreilles ; l'odorat a les narines ; le goût a la langue et le palais ; le toucher seul se répand dans tout le corps, et se trouve partout où il y a des chairs.

Les opérations sensitives, c'est-à-dire celles des sens, sont appelées sentiments, ou plutôt sensations. Voir les couleurs, ouïr les sons, goûter le doux ou l'amer, sont autant de sensations différentes.

Les sensations se font dans notre âme à la présence de certains corps, que nous appelons objets. C'est à la présence du feu que je sens de la chaleur ; je n'entends aucun bruit que quelque corps ne soit agité ; sans la présence du soleil et des autres corps lumineux, je ne verrais point la lumière, ni le blanc ni le noir, si la neige, par exemple, ou la poix ou l'encre n'étaient présents. Otez les corps mal polis ou aigus, je ne sentirai rien de rude ni de piquant. Il en est de même des autres sensations.

---

1. On dit aujourd'hui le *tact* plus généralement que le *toucher*.

Afin qu'elles se forment dans notre âme, il faut que l'organe corporel soit actuellement frappé de l'objet, et en reçoive l'impression. Je ne vois qu'autant que mes yeux sont frappés des rayons d'un corps lumineux, ou directs, ou réfléchis. Si l'agitation de l'air ne fait impression dans mon oreille, je ne puis entendre le bruit, et c'est là proprement aussi ce qui s'appelle la présence de l'objet. Car quelque proche que je sois d'un tableau, si j'ai les yeux fermés, ou que quelque autre corps interposé empêche que les rayons réfléchis de ce tableau ne viennent jusqu'à mes yeux, cet objet ne leur est pas présent. Le même[1] se verra dans les autres sens.

Nous pouvons donc définir la sensation, si toutefois une chose si intelligible de soi a besoin d'être définie, nous la pouvons, dis-je, définir : la première perception qui se fait en notre âme à la présence des corps, que nous appelons objets, et ensuite[2] de l'impression qu'ils font sur les organes de nos sens.

Je ne prends pourtant pas encore cette définition pour une définition exacte et parfaite; car elle nous explique plutôt à l'occasion de quoi les sensations ont accoutumé de nous arriver, qu'elle ne nous en explique la nature. Mais cette définition suffit pour nous faire distinguer d'abord les sensations d'avec les autres opérations de notre âme.

Or, encore que nous ne puissions entendre les sensations sans les corps qui sont leurs objets, et sans les parties de nos corps qui servent d'organes pour les exercer, comme nous ne mettons point les sensations dans les objets, nous ne les mettons pas non plus dans les organes, dont les dispositions bien considérées, comme nous ferons en son lieu, se trouveront de même nature que celles des objets mêmes. C'est pourquoi nous regardons les sensations comme choses qui appartiennent à notre âme, mais qui nous marquent l'impression que les corps environnants font sur le nôtre, et la correspondance qu'il a avec eux.

Selon notre définition, la sensation doit être la première chose qui s'élève en l'âme, et qu'on y ressente à la présence des objets. En effet, la première chose que j'aperçois en

---

1. C'est-à-dire *la même chose*.
2. C'est-à-dire *à la suite*.

ouvrant les yeux, c'est la lumière et les couleurs; si je n'aperçois rien, je dis que je suis dans les ténèbres. La première chose que je sens en montrant ma main au feu et en maniant de la glace, c'est que j'ai chaud ou que j'ai froid, et ainsi du reste.

Je puis bien ensuite avoir diverses pensées sur la lumière, en rechercher la nature, en remarquer les réflexions et les réfractions, observer même que les couleurs qui disparaissent aussitôt que la lumière se retire semblent n'être autre chose dans les corps où je les aperçois que de différentes modifications de la lumière elle-même, c'est-à-dire diverses réflexions ou réfractions des rayons du soleil et des autres corps lumineux. Mais toutes ces pensées ne me viennent qu'après cette perception sensible de la lumière que j'ai appelée sensation, et c'est la première qui s'est faite en moi aussitôt que j'ai eu ouvert les yeux.

De même, après avoir senti que j'ai chaud ou que j'ai froid, je puis observer que les corps d'où me viennent ces sentiments causeraient diverses altérations à ma main, si je ne m'en retirais; que le chaud la brûlerait et la consumerait, que le froid l'engourdirait et la mortifierait[1], et ainsi du reste. Mais ce n'est pas là ce que j'aperçois d'abord en m'approchant du feu et de la glace. A ce premier abord il s'est fait en moi une certaine perception qui m'a fait dire : J'ai chaud, ou j'ai froid; et c'est ce qu'on appelle sensation.

Quoique la sensation demande, pour être formée, la présence actuelle de l'objet, elle peut durer quelque temps après. Le chaud ou le froid dure dans ma main après que je l'ai éloignée, ou du feu, ou de la glace qui me le causaient. Quand une grande lumière, ou le soleil même regardé fixement, a fait dans nos yeux une impression fort violente, il nous paraît encore, après les avoir fermés, des couleurs d'abord assez vives, mais qui vont s'affaiblissant peu à peu, et semblent à la fin se perdre dans l'air. La même chose nous arrive après un grand bruit; et une agréable liqueur laisse, après qu'elle est passée, un moment de goût exquis. Mais tout cela n'est qu'une suite de la première touche de l'objet présent.

---

1. Dans le sens étymologique, *lui donnerait la mort*.

II. *Le plaisir et la douleur.*

Le plaisir et la douleur accompagnent les opérations des sens : on sent du plaisir à goûter de bonnes viandes, et de la douleur à en goûter de mauvaises, et ainsi du reste.

Ce chatouillement des sens qu'on trouve, par exemple, en goûtant de bons fruits, d'agréables liqueurs et d'autres aliments exquis, c'est ce qui s'appelle plaisir ou volupté. Ce sentiment importun des sens offensés, c'est ce qui s'appelle douleur.

L'un et l'autre sont compris sous les sentiments ou sensations, puisqu'ils sont l'un et l'autre une perception soudaine et vive qui se fait d'abord en nous à la présence des objets agréables ou déplaisants : comme à la présence d'un vin délicieux qui humecte notre langue, ce que nous sentons au premier abord, c'est le plaisir qu'il nous donne ; et à la présence d'un fer qui nous perce et nous déchire, nous ne ressentons rien plus tôt ni plus vivement que la douleur qu'il nous cause.

Quoique le plaisir et la douleur soient de ces choses qui n'ont pas besoin d'être définies, parce qu'elles sont conçues par elles-mêmes, nous pouvons toutefois définir le plaisir : un sentiment agréable qui convient à la nature[1] ; et la douleur : un sentiment fâcheux contraire à la nature.

Il paraît que ces deux sentiments naissent en nous, comme tous les autres, à la présence de certains corps, qui nous accommodent ou qui nous blessent. En effet, nous sentons de la douleur quand on nous coupe, quand on nous pique, quand on nous serre, et ainsi du reste ; et nous en découvrons aisément la cause, car nous voyons ce qui nous serre et ce qui nous pique : mais nous avons d'autres douleurs plus intérieures ; par exemple, des douleurs de tête et d'estomac, des coliques et d'autres semblables. Nous avons la faim et la soif, qui sont aussi deux espèces de douleurs. Ces douleurs se ressentent au dedans, sans que nous voyions au dehors aucune chose qui nous les cause. Mais nous pouvons aisément penser qu'elles viennent des mêmes principes que les autres, c'est-à-dire que nous les sentons quand les

---

1. C'est-à-dire à notre nature, à notre organisation.

parties intérieures du corps sont picotées ou serrées par quelques humeurs qui tombent dessus, à peu près de même manière que nous les voyons arriver dans les parties extérieures. Ainsi toutes ces sortes de douleurs sont de la même nature que celles dont nous apercevons les causes, et appartiennent sans difficulté aux sensations.

La douleur est plus vive et dure plus longtemps que le plaisir; ce qui nous doit faire sentir combien notre état est triste et malheureux en cette vie.

Il ne faut pas confondre le plaisir et la douleur avec la joie et la tristesse. Ces choses se suivent de près, et nous appelons souvent les unes du nom des autres; mais plus elles sont approchantes et plus on est sujet à les confondre, plus il faut prendre soin de les distinguer.

Le plaisir et la douleur naissent à la présence effective d'un corps qui touche et affecte les organes; ils sont aussi ressentis en un certain endroit déterminé : par exemple, le plaisir du goût, précisément sur la langue, et la douleur d'une blessure, dans la partie offensée. Il n'en est pas ainsi de la joie et de la tristesse, à qui nous n'attribuons aucune place certaine. Elles peuvent être excitées en l'absence des objets sensibles, par la seule imagination ou par la réflexion de l'esprit. On a beau imaginer et considérer le plaisir du goût et celui d'une odeur exquise, ou la douleur de la goutte, on n'en fait pas naître pour cela le sentiment. Un homme qui veut exprimer le mal que lui fait la goutte ne dira pas qu'elle lui cause de la tristesse, mais de la douleur; et aussi ne dira-t-il pas qu'il ressent une grande joie dans la bouche en buvant une liqueur délicieuse, mais qu'il y ressent un grand plaisir. Un homme sait qu'il est atteint de ces sortes de maladies mortelles, qui ne sont point douloureuses; il ne sent point de douleur, et toutefois il est plongé dans la tristesse. Ainsi ces choses sont fort différentes. C'est pourquoi nous avons rangé le plaisir et la douleur avec les sensations, et nous mettrons la joie et la tristesse avec les passions dans l'appétit.

Il est aisé maintenant de marquer toutes nos sensations. Il y a celles des cinq sens; il y a le plaisir et la douleur. Les plaisirs ne sont pas tous d'une même espèce, et nous en ressentons de fort différents, non-seulement en plusieurs sens, mais dans le même. Il en faut dire autant des douleurs. Celle de la migraine ne ressemble pas à celle de la colique ou de la goutte. Il y a certaines espèces de douleurs qui reviennent et cessent tous les jours, et c'est la faim et la soif.

III. *Diverses propriétés des sens.*

Parmi nos sens quelques-uns ont leur organe double : nous avons deux yeux, deux oreilles, deux narines, et la sensation peut être exercée par ces organes conjointement ou séparément. Quand ils agissent conjointement, la sensation est un peu plus forte. On voit mieux de deux yeux ensemble que d'un seul, encore qu'il y en ait qui ne remarquent guère cette différence.

Quelques-unes de nos sensations nous font sentir d'où elles nous viennent, et d'autres ne font point ces effets en nous. Quand nous sentons la douleur de la goutte, ou de la migraine, ou de la colique, nous sentons bien la douleur dans une certaine partie, mais nous ne sentons pas d'où le coup y vient. Mais nous sentons assez de quel côté nous viennent les sons et les odeurs. Nous sentons par le toucher ce qui nous arrête ou ce qui nous cède. Nous rapportons naturellement à certaines choses le bon et le mauvais goût. La vue, surtout, rapporte toujours et fort promptement d'un certain côté et à un certain objet les couleurs qu'elle aperçoit.

De là s'ensuit que nous devons encore sentir en quelque façon la figure et le mouvement de certains objets : par exemple, des corps colorés. Car en ressentant, comme nous faisons au premier abord, de quel côté nous en vient le sentiment, parce qu'il vient de plusieurs côtés et de plusieurs points, nous en apercevons l'étendue; parce qu'ils sont réduits à certaines bornes au delà desquelles nous ne sentons rien, nous sommes frappés de leur figure; s'ils changent de place, comme un flambeau qu'on porte devant nous, nous en apercevons le mouvement; ce qui arrive principalement dans la vue, qui est le plus clair et le plus distinct de tous les sens.

Ce n'est pas que l'étendue, la figure et le mouvement soient par eux-mêmes visibles, puisque l'air, qui a toutes ces choses, ne l'est pas : on les appelle aussi visibles par accident, à cause qu'ils ne le sont que par les couleurs.

De là vient la distinction des choses sensibles par elles-mêmes, comme les couleurs, les saveurs, et ainsi du reste; et sensibles par accident, comme les grandeurs, les figures et le mouvement.

Les choses sensibles par accident s'appellent aussi sensibles communs, parce qu'elles sont communes à plusieurs sens. Nous ne sentons pas seulement par la vue, mais encore par le toucher, une certaine étendue et une certaine figure dans nos objets[1]; et quand une chose que nous tenons échappe de nos mains, nous sentons par ce moyen en quelque façon qu'elle se meut. Mais il faut bien remarquer que ces choses ne sont pas le propre objet des sens, ainsi qu'il a été dit.

Il y a donc sensibles communs et sensibles propres. Les sensibles propres sont ceux qui sont particuliers à chaque sens, comme les couleurs à la vue, le son à l'ouïe, et ainsi du reste; et les sensibles communs sont ceux dont nous venons de parler, qui sont communs à plusieurs sens.

On pourrait ici examiner si c'est une opération des sens qui nous fait apercevoir d'où nous vient le coup, et l'étendue, la figure ou le mouvement de l'objet; car peut-être que ces sensibles communs appartiennent à quelque autre opération qui se joint à celle des sens. Mais je ne veux point encore aller à ces précisions[2]; il me suffit ici d'avoir observé que la perception de ces sensibles communs ne se sépare jamais d'avec les sensations.

IV. *Le sens commun et l'imagination.*

Il reste encore deux remarques à faire sur les sensations.

La première, c'est que, toutes différentes qu'elles sont, il y a en l'âme une faculté de les réunir. Car l'expérience nous apprend qu'il ne se fait qu'un seul objet sensible de tout ce qui nous frappe ensemble, même par des sens différents, surtout quand le coup vient du même endroit. Ainsi, quand je vois le feu d'une certaine couleur, que je ressens le chaud qu'il me cause, et que j'entends le bruit qu'il fait, non-seu-

---

1. C'est-à-dire dans les objets qui frappent nos sens.
2. C'est-à-dire à ces déterminations précises.

lement je vois cette couleur, je ressens cette chaleur et j'entends ce bruit, mais je ressens ces sensations différentes comme venant du même feu.

Cette faculté de l'âme qui réunit les sensations, soit qu'elle soit seulement une suite de ces sensations, qui s'unissent naturellement quand elles viennent ensemble, ou qu'elle fasse partie de l'imaginative, dont nous allons parler; cette faculté, dis-je, quelle qu'elle soit, en tant qu'elle ne fait qu'un seul objet de tout ce qui frappe ensemble nos sens, est appelée le sens commun; terme qui se transporte aux opérations de l'esprit, mais dont la propre signification est celle que nous venons de remarquer.

La seconde chose qu'il faut observer dans les sensations, c'est qu'après qu'elles sont passées, elles laissent dans l'âme une image d'elles-mêmes et de leurs objets : c'est ce qui s'appelle imaginer.

Que l'objet coloré que je regarde se retire, que le bruit que j'entends s'apaise, que je cesse de boire la liqueur qui m'a donné du plaisir, que le feu qui m'échauffait soit éteint, et que le sentiment du froid ait succédé, si vous voulez, à la place, j'imagine encore en moi-même cette couleur, ce bruit, ce plaisir et cette chaleur; tout cela moins vif à la vérité que lorsque je voyais ou que j'entendais, que je goûtais ou que je sentais actuellement, mais toujours de même nature.

Bien plus, après une entière et longue interruption de ces sentiments, ils peuvent se renouveler. Le même objet coloré, le même son, le même plaisir d'une bonne odeur ou d'un bon goût me revient à diverses reprises, ou en veillant, ou dans les songes, et cela s'appelle mémoire ou ressouvenir. Et cet objet me revient à l'esprit tel que les sens le lui avaient présenté d'abord, et marqué des mêmes caractères dont chaque sens l'avait pour ainsi dire affecté, si ce n'est qu'un long temps les fasse oublier.

Il est aisé maintenant d'entendre ce que c'est qu'imaginer. Toutes les fois qu'un objet une fois senti par le dehors demeure intérieurement, ou se renouvelle dans ma pensée avec l'image de la sensation qu'il a causée à mon âme, c'est ce que j'appelle imaginer : par exemple, quand ce que j'ai vu ou ce que j'ai ouï dure ou me revient dans les ténèbres ou dans le silence, je ne dis pas que je le vois ou que je l'entends, mais que je l'imagine.

La faculté de l'âme où se fait cet acte s'appelle imaginative ou fantaisie, d'un mot grec[1] qui signifie à peu près la même chose, c'est-à-dire se faire une image.

L'imagination d'un objet est toujours plus faible que la sensation, parce que l'image dégénère toujours de la vivacité de l'original.

On entend par là tout ce qui regarde les sensations[2]. Elles naissent soudaines et vives à la présence des objets sensibles; celles qui regardent le même objet, quoiqu'elles viennent de divers sens, se réunissent ensemble et sont rapportées à l'objet qui les a fait naître. Enfin, après qu'elles sont passées, elles se conservent et se renouvellent par leur image.

Voilà ce qui a donné lieu à la célèbre distinction des sens extérieurs et intérieurs.

V. Des sens extérieurs et intérieurs, et plus en particulier de l'imagination.

On appelle sens extérieur celui dont l'organe paraît au dehors, et qui demande un objet externe actuellement présent.

Tels sont les cinq sens que chacun connaît. On voit les yeux, les oreilles et les autres organes des sens; et on ne peut ni voir, ni ouïr, ni sentir en aucune sorte, que les objets extérieurs, dont ces organes peuvent être frappés, ne soient présents en la manière qu'il convient.

On appelle sens intérieur celui dont les organes ne paraissent pas et qui ne demande pas un objet externe actuellement présent. On range ordinairement parmi les sens intérieurs cette faculté qui réunit les sensations, qu'on appelle le sens commun, et celle qui les conserve ou les renouvelle, c'est-à-dire l'imaginative[3].

On peut douter du sens commun, parce que ce sentiment, qui réunit, par exemple, les diverses sensations que le feu nous cause, et les rapporte à un seul objet, se fait seulement à la présence de l'objet même, et dans le même moment que les sens extérieurs agissent; mais pour l'acte d'imaginer,

---

1. C'est φαντασία, de φαίνομαι, paraître, apparaître.
2. Cet alinéa résume tout ce qui a été dit sur les sens.
3. Il faut y joindre la mémoire ou le ressouvenir.

qui continue après que les sens extérieurs cessent d'agir, il appartient sans difficulté au sens intérieur.

Il est maintenant aisé de bien connaître la nature de cet acte, et on ne peut trop s'y appliquer.

La vue et les autres sens extérieurs nous font apercevoir certains objets hors de nous; mais outre cela nous les pouvons apercevoir au dedans de nous, tels que les sens extérieurs les font sentir, lors même qu'ils ont cessé d'agir. Par exemple, je fais ici un triangle Δ, et je le vois de mes yeux. Que je les ferme, je vois encore ce même triangle intérieurement tel que ma vue me le fait sentir, de même couleur, de même grandeur et de même situation : c'est ce qui s'appelle imaginer un triangle.

Il y a pourtant une différence : c'est, comme il a été dit, que cette continuation de la sensation, se faisant par une image, ne peut pas être si vive que la sensation elle-même, qui se fait à la présence actuelle de l'objet, et qu'elle s'affaiblit de plus en plus avec le temps.

Cet acte d'imaginer accompagne toujours l'action des sens extérieurs. Toutes les fois que je vois, j'imagine en même temps; et il est assez malaisé de distinguer ces deux actes dans le temps que la vue agit. Mais ce qui nous en marque la distinction, c'est que, même en cessant de voir, je puis continuer à imaginer, et cela c'est voir encore en quelque façon la chose même, telle que je la voyais lorsqu'elle était présente à mes yeux.

Ainsi nous pouvons dire en général qu'imaginer une chose, c'est continuer de la sentir, moins vivement toutefois, et d'une autre sorte que lorsqu'elle était actuellement présente aux sens extérieurs.

De là vient qu'en imaginant un objet on l'imagine toujours d'une certaine grandeur, d'une certaine figure, avec de certaines qualités sensibles, particulières et déterminées : par exemple, blanche ou noire, dure ou molle, froide ou chaude, et cela en tel et tel degré, c'est-à-dire plus ou moins, et ainsi du reste.

Il faut soigneusement observer qu'en imaginant nous n'ajoutons que de la durée aux choses que les sens nous apportent. Pour le reste, l'imagination, au lieu d'y ajouter, le diminue : les images qui nous restent de la sensation n'étant jamais aussi vives que la sensation elle-même.

Voilà ce qui s'appelle imaginer. C'est ainsi que l'âme conserve les images des objets qu'elle a sentis, et telle est enfin cette faculté qu'on appelle imaginative.

Et il ne faut pas oublier que, lorsqu'on l'appelle sens intérieur en l'opposant à l'extérieur, ce n'est pas que les opérations de l'un et de l'autre sens ne se fassent au dedans de l'âme. Mais, comme il a été dit, c'est, premièrement, que les organes des sens extérieurs sont au dehors : par exemple, les yeux, les oreilles, la langue et le reste ; au lieu qu'il ne paraît point au dehors d'organe qui serve à imaginer ; et secondement, que quand on exerce les sens extérieurs on se sent actuellement frappé par l'objet corporel qui est au dehors, et qui pour cela doit être présent ; au lieu que l'imagination est affectée de l'objet, soit qu'il soit ou qu'il ne soit pas présent, et même quand il a cessé d'être absolument, pourvu qu'une fois il ait été bien senti. Ainsi je ne puis voir ce triangle dont nous parlions, qu'il ne soit actuellement présent ; mais je puis l'imaginer même après l'avoir effacé ou éloigné de mes yeux.

Voilà ce qui regarde les sens tant intérieurs qu'extérieurs, et la différence des uns et des autres.

VI. *Les passions.*

De ces sentiments intérieurs et extérieurs, et principalement des plaisirs et de la douleur, naissent en l'âme certains mouvements que nous appelons passions.

Le sentiment du plaisir nous touche très-vivement quand il est présent, et nous attire puissamment quand il ne l'est pas ; et le sentiment de la douleur fait un effet tout contraire. Ainsi partout où nous ressentons ou imaginons le plaisir et la douleur, nous sommes attirés ou rebutés. C'est ce qui nous donne de l'appétit pour une viande agréable, et de la répugnance pour une viande dégoûtante. Et tous les autres plaisirs, aussi bien que toutes les autres douleurs, causent en nous des appétits ou des répugnances de même nature, où la raison n'a aucune part.

Ces appétits, ou ces répugnances et aversions, sont appelés mouvements de l'âme : non qu'elle change de place, ou qu'elle se transporte d'un lieu à un autre ; mais c'est que, comme le corps s'approche ou s'éloigne en se mouvant, ainsi l'âme avec ses appétits ou aversions s'unit avec les objets ou s'en sépare.

Ces choses étant posées, nous pouvons définir la passion : un mouvement de l'âme, qui, touchée du plaisir ou de la douleur ressentie ou imaginée dans un objet, le poursuit ou s'en éloigne. Si j'ai faim, je cherche avec passion la nourriture nécessaire ; si je suis brûlé par le feu, j'ai une forte passion de m'en éloigner.

On compte ordinairement onze passions, que nous allons rapporter et définir par ordre.

L'amour est une passion de s'unir à quelque chose. On aime une nourriture agréable, on aime l'exercice de la chasse. Cette passion fait qu'on aime de s'unir à ces choses, et de les avoir en sa puissance.

La haine, au contraire, est une passion d'éloigner de nous quelque chose : je hais la douleur, je hais le travail, je hais une médecine pour son mauvais goût ; je hais un tel homme, qui me fait du mal, et mon esprit s'en éloigne naturellement.

Le désir est une passion qui nous pousse à rechercher ce que nous aimons quand il est absent.

L'aversion, autrement nommée la fuite ou l'éloignement, est une passion d'empêcher que ce que nous haïssons ne nous approche.

La joie est une passion par laquelle l'âme jouit du bien présent, et s'y repose.

La tristesse est une passion par laquelle l'âme, tourmentée du mal présent, s'en éloigne autant qu'elle peut, et s'en afflige.

Jusques ici les passions n'ont eu besoin pour être excitées que de la présence ou de l'absence de leurs objets. Les cinq autres y ajoutent la difficulté.

L'audace, ou la hardiesse, ou le courage, est une passion par laquelle l'âme s'efforce de s'unir à l'objet aimé, dont l'acquisition est difficile.

La crainte est une passion par laquelle l'âme s'éloigne d'un mal difficile à éviter.

L'espérance est une passion qui naît en l'âme quand l'acquisition de l'objet aimé est possible, quoique difficile ; car lorsqu'elle est aisée ou assurée, on en jouit par avance, et on est en joie.

Le désespoir, au contraire, est une passion qui naît en l'âme quand l'acquisition de l'objet aimé paraît impossible.

La colère est une passion par laquelle nous nous efforçons de repousser avec violence celui qui nous fait du mal, ou de nous en venger.

Cette dernière passion n'a point de contraire, si ce n'est qu'on veuille mettre parmi les passions l'inclination de faire du bien à qui nous oblige. Mais il la faut rapporter à la vertu, et elle n'a pas l'émotion ni le trouble que les passions apportent.

Les six premières passions, qui ne présupposent dans leurs objets que la présence ou l'absence, sont rapportées par les anciens philosophes à l'appétit qu'ils appellent concupiscible. Et pour les cinq dernières, qui ajoutent la difficulté à l'absence ou à la présence de l'objet, ils les rapportent à l'appétit qu'ils appellent irascible.

Ils appellent appétit concupiscible celui où domine le désir ou la concupiscence; et irascible, celui où domine la colère. Cet appétit a toujours quelque difficulté à surmonter ou quelque effort à faire, et c'est ce qui émeut la colère.

L'appétit irascible serait peut-être appelé plus convenablement courageux. Les Grecs, qui ont fait les premiers cette distinction d'appétits, expriment par un même mot la colère et le courage[1]; et il est naturel de nommer appétit courageux celui qui doit surmonter les difficultés.

Et on peut joindre les deux expressions d'irascible et de courageux, parce que la colère est née pour exciter et soutenir le courage.

Quoi qu'il en soit, la distinction des passions en passions dont l'objet est regardé simplement comme présent ou absent, et des passions où la difficulté se trouve jointe à la présence ou à l'absence, est indubitable.

Et quand nous parlons de difficulté, ce n'est pas qu'il faille toujours mettre dans les passions qui la présupposent un jugement exprès de l'entendement, par lequel il juge un tel objet difficile à acquérir; mais c'est, comme nous verrons plus amplement en son lieu, que la nature a revêtu les objets dont l'acquisition est difficile de certains caractères

1. Ce mot est Θυμός.

propres, qui par eux-mêmes font sur l'esprit des impressions et des imaginations différentes.

Outre ces onze principales passions, il y a encore la honte, l'envie, l'émulation, l'admiration et l'étonnement, et quelques autres semblables; mais elles se rapportent à celles-ci. La honte est une tristesse ou une crainte d'être exposé à la haine et au mépris pour quelque faute ou pour quelque défaut naturel, mêlée avec le désir de le couvrir ou de nous justifier. L'envie est une tristesse que nous avons du bien d'autrui, et une crainte qu'en le possédant il ne nous en prive; ou un désespoir d'acquérir le bien que nous voyons déjà occupé par un autre, avec une forte pente à haïr celui qui semble nous le détenir. L'émulation, qui naît en l'homme de cœur quand il voit faire aux autres de grandes actions, enferme l'espérance de les pouvoir faire parce que les autres les font, et un sentiment d'audace qui nous porte à les entreprendre avec confiance. L'admiration et l'étonnement comprennent en eux ou la joie d'avoir vu quelque chose d'extraordinaire et le désir d'en savoir les causes aussi bien que les suites, ou la crainte que sous cet objet nouveau il n'y ait quelque péril caché, et l'inquiétude causée par la difficulté de le connaître; ce qui nous rend comme immobiles et sans action; et c'est ce que nous appelons être étonné.

L'inquiétude, les soucis, la peur, l'effroi, l'horreur et l'épouvante ne sont autre chose que les degrés différents et les différents effets de la crainte. Un homme mal assuré du bien qu'il poursuit ou qu'il possède entre en inquiétude. Si les périls augmentent, ils lui causent de fâcheux soucis; quand le mal presse davantage, il a peur; si la peur le trouble et le fait trembler, cela s'appelle effroi et horreur; que si elle le saisit tellement qu'il paraisse comme éperdu, cela s'appelle épouvante.

Ainsi il paraît manifestement qu'en quelque manière qu'on prenne les passions et à quelque nombre qu'on les étende, elles se réduisent toujours aux onze que nous venons d'expliquer.

Et même nous pouvons dire, si nous consultons ce qui se passe en nous-mêmes, que nos autres passions se rapportent au seul amour et qu'il les enferme ou les excite toutes. La haine qu'on a pour quelque objet ne vient que de l'amour qu'on a pour un autre. Je ne hais la maladie que parce que j'aime la santé. Je n'ai d'aversion pour quelqu'un que parce qu'il m'est un obstacle à posséder ce que j'aime. Le désir n'est qu'un amour qui s'étend au bien qu'il n'a pas, comme la joie est un amour qui s'attache au bien qu'il a. La fuite et la tristesse sont un amour qui s'éloigne du mal par lequel il est privé de son bien et qui s'en afflige. L'audace est un amour qui entreprend, pour posséder l'objet aimé, ce qu'il y a de plus difficile; et la crainte, un amour qui, se voyant menacé de perdre ce qu'il recherche, est troublé de ce péril. L'espérance est un amour qui se flatte qu'il possédera l'objet aimé; et le désespoir est un amour désolé de ce qu'il s'en voit privé à jamais, ce qui cause un abattement dont on ne peut se relever. La colère est un amour irrité de ce qu'on lui veut ôter son bien, et s'efforce de le défendre. Enfin, ôtez l'amour, il n'y a plus de passions; et posez l'amour, vous les faites naître toutes.

Quelques-uns pourtant ont parlé de l'admiration comme de la première des passions, parce qu'elle naît en nous à la première surprise que nous cause un objet nouveau avant que de l'aimer ou de le haïr; mais si cette surprise en demeure à la simple admiration d'une chose qui paraît nouvelle, elle ne fait en nous aucune émotion, ni aucune passion par conséquent; que si elle nous cause quelque émotion, nous avons remarqué comme elle appartient aux passions que nous avons expliquées. Ainsi il faut persister à mettre l'amour la première des passions et la source de toutes les autres.

Voilà ce qu'un peu de réflexion sur nous-mêmes nous fera connaître de nos passions, autant qu'elles se font sentir à l'âme.

Il faudrait ajouter seulement qu'elles nous empêchent de bien raisonner, et qu'elles nous engagent dans le vice si elles ne sont réprimées. Mais ceci s'entendra mieux quand nous aurons défini les opérations intellectuelles.

VIII. *Les opérations intellectuelles, et premièrement celles de l'entendement.*

Les opérations intellectuelles sont celles qui sont élevées au-dessus des sens.

Disons quelque chose de plus précis : ce sont celles qui ont pour objet quelque raison qui nous est connue.

J'appelle ici raison l'appréhension ou la perception de quelque chose de vrai ou qui soit réputé pour tel. La suite va faire entendre tout ceci.

Il y a deux sortes d'opérations intellectuelles : celles de l'entendement et celles de la volonté.

L'une et l'autre a pour objet quelque raison qui nous est connue. Tout ce que j'entends est fondé sur quelque raison : je ne veux rien que je ne puisse dire pour quelle raison je le veux [1].

Il n'en est pas de même des sensations, comme la suite le fera paraître à qui y prendra garde de près. Disons avant toutes choses ce qui appartient à l'entendement.

L'entendement est la lumière que Dieu nous a donnée pour nous conduire. On lui donne divers noms : en tant qu'il invente et qu'il pénètre, il s'appelle esprit; en tant qu'il juge et qu'il dirige au vrai et au bien, il s'appelle raison et jugement.

Le vrai caractère de l'homme qui le distingue si fort des animaux, c'est d'être capable de raison. Il est porté naturellement à rendre raison de ce qu'il fait. Ainsi le vrai homme sera celui qui peut rendre bonne raison de sa conduite.

La raison, en tant qu'elle nous détourne du vrai mal de l'homme, qui est le péché, s'appelle conscience.

Quand notre conscience nous reproche le mal que nous avons fait, cela s'appelle syndérèse [2] ou remords de conscience.

La raison nous est donnée pour nous élever au-dessus des sens et de l'imagination. La raison qui les suit et s'y asservit est une raison corrompue, qui ne mérite plus le nom de raison.

Voilà, en général, ce que c'est que l'entendement. Mais nous le concevrons mieux quand nous aurons exactement défini son opération.

Entendre, c'est connaître le vrai et le faux et discerner

---

1. Il y a cependant des volontés *spontanées* ou *instinctives*, dont l'âme ne peut rendre compte.
2. De σύν avec; δέρω, écorcher, dépouiller, découvrir, révéler.

l'un d'avec l'autre. Par exemple, entendre ce que c'est qu'un triangle, c'est connaître cette vérité, que c'est une figure à trois côtés; ou, parce que ce mot de triangle pris absolument est affecté au triangle rectiligne, entendre ce que c'est qu'un triangle, c'est entendre que c'est une figure terminée de trois lignes droites.

Par cette définition, je connais la nature de l'entendement, et sa différence d'avec les sens.

Les sens donnent lieu à la connaissance de la vérité; mais ce n'est pas par eux précisément que je la connais.

Quand je vois les arbres d'une longue allée, quoiqu'ils soient tous à peu près égaux, se diminuer peu à peu à mes yeux, en sorte que la diminution commence dès le second et se continue à proportion de l'éloignement; quand je vois uni, poli et continu ce qu'un microscope me fait voir rude, inégal et séparé; quand je vois courbe à travers l'eau un bâton que je sais d'ailleurs être droit; quand, emporté dans un bateau par un mouvement égal, je me sens comme immobile avec tout ce qui est dans le vaisseau, pendant que je vois le reste, qui est pourtant immobile, comme s'enfuyant de moi, en sorte que j'applique mon mouvement à des choses immobiles et leur immobilité à moi qui remue : ces choses et mille autres de même nature, où les sens ont besoin d'être redressés, me font voir que c'est par quelque autre faculté que je connais la vérité et que je la discerne de la fausseté.

Et cela ne se trouve pas seulement dans les sensibles que nous avons appelés communs, mais encore dans ceux qu'on appelle propres. Il m'arrive souvent de voir sur certains objets certaines couleurs ou certaines taches qui ne proviennent point des objets mêmes, mais du milieu à travers lequel je les regarde, ou de l'altération de mon organe. Ainsi des yeux remplis de bile font voir tout jaune; et eux-mêmes, éblouis pour avoir été trop arrêtés sur le soleil, font voir après cela diverses couleurs, ou en l'air, ou sur les objets, que l'on n'y verrait nullement sans cette altération. Souvent je sens dans l'oreille des bruits semblables à ceux que me cause l'air agité dans certains corps, sans néanmoins qu'il le soit. Telle odeur paraît bonne à l'un et désagréable à l'autre. Les goûts sont différents, et un autre trouvera toujours amer ce que je trouve toujours doux. Moi-même je ne m'accorde pas toujours avec moi-même, et je sens que le goût varie en moi autant par la propre disposition de ma langue que par celle des objets mêmes. C'est à la raison à juger de ces illusions des sens, et c'est à elle par conséquent à connaître la vérité.

De plus, les sens ne m'apprennent pas ce qui se fait dans leurs organes. Quand je regarde ou que j'écoute, je ne sens ni l'ébranlement qui se fait dans le tympan que j'ai dans l'oreille, ni celui des nerfs optiques qui répondent au fond de l'œil. Lorsque ayant les yeux blessés ou le goût malade je sens tout amer et je vois tout jaune, je ne sais point par la vue ni par le goût l'indisposition de mes yeux ou de ma langue. J'apprends tout cela par les réflexions que je fais sur les organes corporels, dont mon seul entendement me fait connaître les usages naturels avec leurs dispositions bonnes ou mauvaises.

Les sens ne me disent non plus ce qu'il y a dans leurs objets capable d'exciter en moi les sensations. Ce que je sens quand je dis : J'ai chaud, ou Je brûle, sans doute n'est pas la même chose que ce que je conçois dans le feu quand je l'appelle chaud et brûlant. Ce qui me fait dire : J'ai chaud, c'est un certain sentiment que le feu, qui ne sent pas, ne peut avoir; et ce sentiment, augmenté jusqu'à la douleur, me fait dire que je brûle.

Quoique le feu n'ait en lui-même ni le sentiment ni la douleur qu'il excite en moi, il faut bien qu'il ait en lui quelque chose capable de l'exciter. Mais ce quelque chose, que j'appelle la chaleur du feu, n'est point connu par les sens; et si j'en ai quelque idée, elle me vient d'ailleurs.

Ainsi les sens ne nous apportent que leurs propres sensations, et laissent à l'entendement à juger des dispositions qu'ils marquent dans les objets. L'ouïe m'apporte seulement les sons, et le goût l'amer et le doux : comment il faut que l'air soit ému pour causer du bruit, ce qu'il y a dans les viandes qui me les fait trouver amères ou douces, sera toujours ignoré si l'entendement ne le découvre.

Ce qui se dit des sens s'entend aussi de l'imagination, qui, comme nous avons dit, ne nous apporte autre chose que des images de la sensation, qu'elle ne surpasse que dans la durée.

Et tout ce que l'imagination ajoute à la sensation est une pure illusion, qui a besoin d'être corrigée, comme quand, ou dans les songes, ou par quelque trouble, j'imagine les choses autrement que je ne les vois.

Ainsi, tant en dormant qu'en veillant, nous nous trouvons souvent remplis de fausses imaginations, dont le seul entendement peut juger. C'est pourquoi tous les philosophes sont d'accord qu'il n'appartient qu'à lui seul de connaître le vrai et le faux, et de discerner l'un d'avec l'autre.

C'est aussi lui seul qui remarque la nature des choses. Par la vue nous sommes touchés de ce qui est étendu et de ce qui est en mouvement. Le seul entendement recherche et conçoit ce que c'est que d'être étendu et ce que c'est que d'être en mouvement.

Par la même raison, il n'y a que l'entendement qui puisse errer. A proprement parler, il n'y a point d'erreur dans le sens, qui fait toujours ce qu'il doit, puisqu'il est fait pour opérer selon les dispositions non-seulement des objets, mais des organes. C'est à l'entendement, qui doit juger des organes mêmes, à tirer des sensations les conséquences nécessaires; et s'il se laisse surprendre, c'est lui qui se trompe.

Ainsi il demeure pour constant que le vrai effet de l'intelligence, c'est de connaître le vrai et le faux, et de les discerner l'un de l'autre.

C'est ce qui ne convient qu'à l'entendement, et ce qui montre en quoi il diffère tant des sens que de l'imagination.

VIII. *De certains actes de l'entendement qui sont joints aux sensations, et comment on en connaît la différence.*

Mais il y a des actes de l'entendement qui suivent de si près les sensations, que nous les confondons avec elles, à moins d'y prendre garde fort exactement.

Le jugement que nous faisons naturellement des proportions, et de l'ordre qui en résulte, est de cette sorte.

Connaître les proportions et l'ordre est l'ouvrage de la raison, qui compare une chose avec une autre et en découvre les rapports.

Le rapport de la raison et de l'ordre est extrême[1]. L'ordre ne peut être remis dans les choses que par la raison, ni être

---

1. *Extrême* est pris ici dans le sens de *très-grand* ou *intime*.

entendu que par elle. Il est ami de la raison, et son propre objet.

Ainsi on ne peut nier qu'apercevoir les proportions, apercevoir l'ordre et en juger, ne soit une chose qui passe les sens.

Par la même raison, apercevoir la beauté et en juger est un ouvrage de l'esprit; puisque la beauté ne consiste que dans l'ordre, c'est-à-dire dans l'arrangement et la proportion.

De là vient que les choses qui sont les moins belles en elles-mêmes, reçoivent une certaine beauté quand elles sont arrangées avec de justes proportions et un rapport mutuel.

Ainsi il appartient à l'esprit, c'est-à-dire à l'entendement, de juger de la beauté; parce que juger de la beauté, c'est juger de l'ordre, de la proportion et de la justesse, choses que l'esprit seul peut apercevoir.

Ces choses présupposées, il sera aisé de comprendre qu'il nous arrive souvent d'attribuer aux sens ce qui appartient à l'esprit.

Lorsque nous regardons une longue allée, quoique tous les arbres décroissent à nos yeux à mesure qu'ils s'en éloignent, nous les jugeons tous égaux. Ce jugement n'appartient point à l'œil, à l'égard duquel ces arbres sont diminués. Il se forme par une secrète réflexion de l'esprit, qui, connaissant naturellement la diminution que cause l'éloignement dans les objets, juge égales toutes les choses qui décroissent également à la vue à mesure qu'elles s'éloignent.

Mais encore que ce jugement appartienne à l'esprit, à cause qu'il est fondé sur la sensation, et qu'il la suit de près, ou plutôt qu'il naît avec elle, nous l'attribuons au sens, et nous disons qu'on voit à l'œil l'égalité de ces arbres et la juste proportion de cette allée.

C'est aussi par là qu'elle nous plaît et qu'elle nous semble belle, et nous croyons voir par les yeux plutôt qu'entendre par l'esprit cette beauté, parce qu'elle se présente à nous aussitôt que nous jetons les yeux sur cet agréable objet.

Mais nous savons d'ailleurs que la beauté, c'est-à-dire la justesse, la proportion et l'ordre, ne s'aperçoit que par l'esprit, dont il ne faut pas confondre l'opération avec celle du sens, sous prétexte qu'elle l'accompagne.

Ainsi quand nous trouvons un bâtiment beau, c'est un

jugement que nous faisons sur la justesse et la proportion de toutes les parties en les rapportant les unes aux autres; et il y a dans ce jugement un raisonnement caché que nous n'apercevons pas à cause qu'il se fait fort vite.

Nous avons donc beau dire que cette beauté se voit à l'œil, ou que c'est un objet agréable aux yeux; ce jugement nous vient par ces sortes de réflexions secrètes qui, pour être vives et promptes, et pour suivre de près les sensations, sont confondues avec elles.

Il en est de même de toutes les choses dont la beauté nous frappe d'abord. Ce qui nous fait trouver une couleur belle, c'est un jugement secret que nous portons en nous-mêmes de sa proportion avec notre œil qu'elle divertit. Les beaux tons, les beaux chants, les belles cadences, ont la même proportion avec notre oreille : en apercevoir la justesse aussi promptement que l'on touche l'ouïe, c'est ce qu'on appelle avoir l'oreille bonne[1], quoique, pour parler exactement, il fallût attribuer ce jugement à l'esprit.

Et une marque que cette justesse qu'on attribue à l'oreille est un ouvrage de raisonnement et de réflexion, c'est qu'elle s'acquiert ou se perfectionne par l'art. Il y a certaines règles qui, étant une fois connues, font sentir plus promptement la beauté de certains accords. L'usage même fait cela tout seul, parce qu'en multipliant les réflexions il les rend plus aisées et plus promptes. Et on dit qu'il raffine l'oreille, parce qu'il allie plus vite avec les sons qui la frappent le jugement que porte l'esprit sur la beauté des accords.

Les jugements que nous faisons en trouvant les choses grandes ou petites, par rapport des unes aux autres, sont encore de même nature. C'est par là que le dernier arbre d'une longue allée, quelque petit qu'il vienne à nos yeux, nous paraît naturellement aussi grand que le premier; et nous ne jugerions pas aussi sûrement de sa grandeur si le même arbre, étant seul dans une vaste campagne, ne pouvait pas être comparé à d'autres.

Il y a donc en nous une géométrie naturelle, c'est-à-dire une science des proportions, qui nous fait mesurer les grandeurs en les comparant les unes aux autres, et concilie la vérité avec les apparences.

1. On dirait aujourd'hui *musicale* ou *juste*. L'oreille *bonne* signifie *qui entend clair*.

C'est ce qui donne moyen aux peintres de nous tromper dans leurs perspectives. En imitant l'effet de l'éloignement, et la diminution qu'il cause proportionnellement dans les objets, ils nous font paraître enfoncé ou relevé ce qui est uni, éloigné ce qui est proche, et grand ce qui est petit.

C'est ainsi que, sur un théâtre de 20 ou 30 pieds, on nous fait paraître des allées immenses. Et alors si quelque homme vient se montrer au-dessus du dernier arbre de cette allée imaginaire, il nous paraît un géant, comme surpassant en grandeur cet arbre que la justesse des proportions nous fait égaler au premier.

Et par la même raison les peintres donnent souvent une figure à leurs objets pour nous en faire paraître une autre. Ils tournent en losange les pavés d'une chambre qui doivent paraître carrés, parce que dans une certaine distance les carreaux effectifs prennent à nos yeux cette figure. Et nous voyons ces carreaux peints si bien carrés, que nous avons peine à croire qu'ils soient si étroits, ou tournés si obliquement, tant est forte l'habitude que notre esprit a prise de former ses jugements sur les proportions, et de juger toujours de même, pourvu qu'on ait trouvé l'art de ne rien changer dans les apparences.

Et quand nous découvrons par raisonnement ces tromperies de la perspective, nous disons que le jugement redresse les sens; au lieu qu'il faudrait dire, pour parler avec une entière exactitude, que le jugement se redresse lui-même, c'est-à-dire qu'un jugement qui suit l'apparence est redressé par un jugement qui se fonde en vérité connue, et un jugement d'habitude par un jugement de réflexion expresse.

IX. *Différences de l'imagination et de l'entendement.*

Voilà ce qu'il faut entendre pour apprendre à ne pas confondre avec les sensations des choses de raisonnement. Mais comme il est beaucoup plus à craindre qu'on ne confonde l'imagination avec l'intelligence, il faut encore marquer les caractères propres de l'une et de l'autre.

La chose sera aisée en faisant un peu de réflexion sur ce qui a été dit.

Nous avons dit premièrement que l'entendement connaît la nature des choses, ce que l'imagination ne peut pas faire.

Il y a, par exemple, grande différence entre imaginer le triangle et entendre le triangle. Imaginer le triangle, c'est s'en représenter un d'une mesure déterminée, et avec une certaine grandeur de ses angles et de ses côtés; au lieu que l'entendre, c'est en connaître la nature, et savoir en général que c'est une figure à trois côtés, sans déterminer aucune grandeur ni proportion particulière. Ainsi quand on entend un triangle, l'idée qu'on en a convient à tous les triangles, équilatéraux, isocèles, ou autres, de quelque grandeur et proportion qu'ils soient; au lieu que le triangle qu'on imagine est restreint à une certaine espèce de triangle, et à une grandeur déterminée.

Il faut juger de la même sorte des autres choses qu'on peut imaginer et entendre. Par exemple, imaginer l'homme, c'est s'en représenter un de grande ou de petite taille, blanc ou basané, sain ou malade; et l'entendre, c'est concevoir seulement que c'est un animal raisonnable, sans s'arrêter à aucune de ces qualités particulières.

Il y a encore une autre différence entre imaginer et entendre. C'est qu'entendre s'étend beaucoup plus loin qu'imaginer. Car on ne peut imaginer que les choses corporelles et sensibles; au lieu que l'on peut entendre les choses tant corporelles que spirituelles, celles qui sont sensibles et celles qui ne le sont pas : par exemple, Dieu et l'âme.

Ainsi ceux qui veulent imaginer Dieu et l'âme tombent dans une grande erreur, parce qu'ils veulent imaginer ce qui n'est pas imaginable; c'est-à-dire ce qui n'a ni corps, ni figure, ni enfin rien de sensible.

A cela il faut rapporter les idées que nous avons de la bonté, de la vérité, de la justice, de la sainteté, et les autres semblables, dans lesquelles il n'entre rien de corporel, et qui aussi conviennent, ou principalement, ou seulement aux choses spirituelles, telles que sont Dieu et l'âme; de sorte qu'elles ne peuvent pas être imaginées, mais seulement entendues.

Comme donc toutes les choses qui n'ont point de corps ne peuvent être conçues que par la seule intelligence, il s'ensuit que l'entendement s'étend plus loin que l'imagination.

Mais la différence essentielle entre imaginer et entendre est celle qui est exprimée par la définition. C'est qu'entendre n'est autre chose que connaître et discerner le vrai et le faux;

ce que l'imagination, qui suit simplement le sens, ne peut avoir.

X. *Comment l'imagination et l'intelligence s'unissent et s'aident, ou s'embarrassent mutuellement.*

Encore que ces deux actes d'imaginer et d'entendre soient si distingués, ils se mêlent toujours ensemble. L'entendement ne définit point le triangle ni le cercle, que l'imagination ne s'en figure un. Il se mêle des images sensibles dans la considération des choses les plus spirituelles, par exemple, de Dieu et des âmes; et quoique nous les rejetions de notre pensée comme choses fort éloignées de l'objet que nous contemplons, elles ne laissent pas de le suivre.

Il se forme souvent aussi dans notre imagination des figures bizarres et capricieuses, qu'elle ne peut pas forger toute seule, et où il faut qu'elle soit aidée par l'entendement. Les Centaures[1], les Chimères[2], et les autres compositions de cette nature que nous faisons et défaisons quand il nous plaît, supposent quelque réflexion sur les choses différentes dont elles se forment, et quelque comparaison des unes avec les autres, ce qui appartient à l'entendement. Mais ce même entendement, qui donne occasion à la fantaisie de former et de lui présenter ces assemblages monstrueux, en connaît la vanité.

L'imagination, selon qu'on en use, peut servir ou nuire à l'intelligence.

Le bon usage de l'imagination est de s'en servir seulement pour rendre l'esprit attentif. Par exemple, quand en discourant de la nature du cercle et du carré, et des proportions de l'un avec l'autre, je m'en figure un dans l'esprit, cette image me sert beaucoup à empêcher les distractions et à fixer ma pensée sur ce sujet.

Le mauvais usage de l'imagination est de la laisser décider; ce qui arrive principalement à ceux qui ne croient rien

---

1. On sait que les Centaures étaient supposés moitié hommes, moitié chevaux.
2. La Chimère avait la tête d'un lion, le corps d'une chèvre, la queue d'un dragon, etc. On sait que ce mot sert à exprimer les fantaisies les plus bizarres et les plus impossibles.

de véritable que ce qui est imaginable et sensible : erreur grossière, qui confond l'imagination et le sens avec l'entendement.

Aussi l'expérience fait-elle voir qu'une imagination trop vive étouffe le raisonnement et le jugement.

Il faut donc employer l'imagination et les images sensibles seulement pour nous recueillir en nous-mêmes, en sorte que la raison préside toujours.

XI. Différence d'un homme d'esprit et d'un homme d'imagination : l'homme de mémoire.

Par là se peut remarquer la différence entre les gens d'imagination et les gens d'esprit ou d'entendement. Mais il faut auparavant démêler l'équivoque de ce terme, esprit.

L'esprit s'étend quelquefois tant à l'imagination qu'à l'entendement, et en un mot à tout ce qui agit au dedans de nous. Ainsi, quand nous avons dit qu'on se figurait dans l'esprit un cercle ou un carré, le mot d'esprit signifiait là l'imagination.

Mais la signification la plus ordinaire du mot d'esprit est de le prendre pour entendement : ainsi, un homme d'esprit et un homme d'entendement est à peu près la même chose, quoique le mot d'entendement marque un peu plus ici le bon jugement.

Cela supposé, la différence des gens d'imagination et des gens d'esprit est évidente : ceux-là sont propres à retenir et à se représenter vivement les choses qui frappent les sens; ceux-ci savent démêler le vrai d'avec le faux, et juger de l'un et de l'autre.

Ces deux qualités des hommes se remarquent dans leurs discours et dans leur conduite.

Les premiers sont féconds en descriptions, en peintures vives, en comparaisons, et autres choses semblables que les sens fournissent. Le bon esprit donne aux autres un fort raisonnement avec un discernement exact et juste, qui produit des paroles propres et précises.

Les premiers sont passionnés et emportés, parce que l'imagination, qui prévaut en eux, excite naturellement et nourrit les passions. Les autres sont réglés et modérés, parce qu'ils sont plus disposés à écouter la raison et à la suivre.

Un homme d'imagination est fécond en expédients, parce que la mémoire, qu'il a fort vive, et les passions, fort ardentes, donnent beaucoup de mouvement à son esprit. Un homme d'entendement sait mieux prendre son parti, et agit avec plus de suite. Ainsi l'un trouve ordinairement plus de moyens pour arriver à une fin, l'autre en fait un meilleur choix et se soutient mieux.

Comme nous avons remarqué que l'imagination aide beaucoup l'intelligence, il est clair que pour faire un habile homme, il faut de l'un et de l'autre. Mais, dans ce tempérament, il faut que l'intelligence et le raisonnement prévalent.

Et quand nous avons distingué les gens d'imagination d'avec les gens d'esprit, ce n'est pas que les premiers soient tout à fait destitués de raisonnement, ni les autres d'imagination. Ces deux choses vont toujours ensemble; mais on définit les hommes par la partie qui domine en eux.

Il faudrait parler ici des gens de mémoire, qui est comme un troisième caractère entre les gens de raisonnement et les gens d'imagination. La mémoire fournit beaucoup au raisonnement, mais elle appartient à l'imagination; quoique dans l'usage ordinaire on appelle gens d'imagination ceux qui sont inventifs, et gens de mémoire ceux qui retiennent ce qui est inventé par les autres.

XII. *Les actes particuliers de l'intelligence.*

Après avoir séparé l'intelligence d'avec les sens et l'imagination, il faut maintenant considérer quels sont les actes particuliers de l'intelligence.

C'est autre chose d'entendre la première fois une vérité, autre chose de la rappeler à notre esprit après l'avoir sue. L'entendre la première fois s'appelle entendre simplement, concevoir, apprendre; et la rappeler dans son esprit s'appelle se ressouvenir.

On distingue la mémoire qui s'appelle imaginative, où se retiennent les choses sensibles et les sensations, d'avec la mémoire intellectuelle, par laquelle se retiennent les vérités et les choses de raisonnement et d'intelligence.

On distingue aussi entre les pensées de l'âme qui tendent directement aux objets et celles où elle se retourne sur elle-même et sur ses propres opérations, par cette manière de penser qu'on appelle réflexion.

Cette expression est tirée des corps[1], lorsque, repoussés par d'autres corps qui s'opposent à leur mouvement, ils retournent, pour ainsi dire, sur eux-mêmes.

Par la réflexion l'esprit juge des objets, des sensations, enfin de lui-même et de ses propres jugements, qu'il redresse ou qu'il confirme. Ainsi il y a des réflexions qui se font sur les objets et les sensations simplement, et d'autres qui se font sur les actes mêmes de l'intelligence, et celles-là sont les plus sûres et les meilleures.

Mais ce qu'il y a de principal en cette matière est de bien entendre les trois opérations de l'esprit.

XIII. *Les trois opérations de l'esprit.*

Dans une proposition, c'est autre chose d'entendre les termes dont elle est composée, autre chose de les assembler ou de les disjoindre. Par exemple, dans ces deux propositions : *Dieu est éternel; l'homme n'est pas éternel*, c'est autre chose d'entendre ces termes, *Dieu, homme, éternel*; autre chose de les assembler ou de les disjoindre, en disant : *Dieu est éternel*, ou *l'homme n'est pas éternel*.

Entendre les termes : par exemple, entendre que Dieu veut dire la première cause, qu'homme veut dire animal raisonnable, qu'éternel veut dire ce qui n'a ni commencement ni fin, c'est ce qui s'appelle conception, simple appréhension ; et c'est la première opération de l'esprit.

Elle ne se fait peut-être jamais toute seule, et c'est ce qui fait dire à quelques-uns qu'elle n'est pas. Mais ils ne prennent pas garde qu'entendre les termes est chose qui précède naturellement les assembler : autrement on ne sait ce qu'on assemble.

Assembler ou disjoindre les termes, c'est en assurer[2] un de l'autre, ou en nier un de l'autre, en disant : *Dieu est éternel; l'homme n'est pas éternel*. C'est ce qui s'appelle proposition ou jugement, qui consiste à affirmer ou nier ; et c'est la seconde opération de l'esprit.

---

1. Comme les corps élastiques, ou la lumière, la chaleur, etc.
2. C'est-à-dire affirmer.

A cette opération appartient encore de suspendre son jugement quand la chose ne paraît pas claire; et c'est ce qui s'appelle douter.

Que si nous nous servons d'une chose claire pour en rechercher une obscure, cela s'appelle raisonner; et c'est la troisième opération de l'esprit.

Raisonner, c'est prouver une chose par une autre. Par exemple, prouver une proposition d'Euclide[1] par une autre; prouver que Dieu hait le péché parce qu'il est saint, ou qu'il ne change jamais ses résolutions parce qu'il est éternel et immuable dans tout ce qu'il est.

Toutes les fois que nous trouvons dans le discours ces particules, *parce que, car, puisque, donc*, et les autres qu'on nomme causales, c'est la marque indubitable du raisonnement.

Mais sa construction naturelle, et celle qui découvre toute sa force, est d'arranger trois propositions dont la dernière suive des deux autres. Par exemple, pour réduire en forme les deux raisonnements que nous venons de proposer sur Dieu, il faut dire ainsi :

Ce qui est saint hait le péché;
Dieu est saint :
Donc Dieu hait le péché.

Ce qui est éternel et immuable dans tout ce qu'il est ne change jamais ses résolutions;
Dieu est éternel et immuable dans tout ce qu'il est :
Donc Dieu ne change jamais ses résolutions.

Nous entendons naturellement que si les deux premières propositions, qu'on appelle majeure et mineure, sont bien prouvées, la troisième, qu'on appelle conclusion ou conséquence, est indubitable.

Nous ne nous astreignons guère à construire le raisonnement de cette sorte, parce que cela rendrait le discours trop long et que d'ailleurs un raisonnement s'entend très-bien sans cela. Car on dit, par exemple, en très-peu de mots :

1. Géomètre grec d'Alexandrie, vers l'an 320 avant J. C., dont il reste, entre autres ouvrages, les *Éléments*, en 15 livres.

Dieu, qui est bon, doit être bienfaisant envers les hommes, et on entend facilement que, parce qu'il est bon de sa nature, on doit croire qu'il est bienfaisant envers la nôtre.

Un raisonnement est, ou seulement probable, vraisemblable et conjectural, ou certain et démonstratif. Le premier genre de raisonnement se fait en matière douteuse ou particulière et contingente; le second se fait en matière certaine, universelle et nécessaire. Par exemple, j'entreprends de prouver que César est un ennemi de sa patrie, qui a toujours eu le dessein d'en opprimer la liberté, comme il a fait à la fin; et que Brutus, qui l'a tué, n'a jamais eu d'autre dessein que celui de rétablir la forme légitime de la république : c'est raisonner en matière douteuse, particulière et contingente, et tous les raisonnements que je fais sont du genre conjectural. Et au contraire, quand je prouve que tous les angles au sommet et les angles alternes sont égaux, et que les trois angles de tout triangle sont égaux à deux droits, c'est raisonner en matière certaine, universelle et nécessaire. Le raisonnement que je fais est démonstratif, et s'appelle démonstration.

Le fruit de la démonstration est la science. Tout ce qui est démontré ne peut pas être autrement qu'il est démontré. Ainsi toute vérité démontrée est nécessaire, éternelle et immuable : car en quelque point de l'éternité qu'on suppose un entendement humain, il sera capable de l'entendre. Et comme cet entendement ne la fait pas, mais la suppose, il s'ensuit qu'elle est éternelle, et par là indépendante de tout entendement créé.

Il faut soigneusement remarquer qu'il y a des propositions qui s'entendent par elles-mêmes et dont il ne faut point demander de preuve; par exemple, dans les mathématiques : *Le tout est plus grand que sa partie. Deux lignes parallèles ne se rencontrent jamais à quelque étendue qu'on les prolonge. De tout point donné on peut tirer une ligne à un autre point.* Et dans la morale : *Il faut suivre la raison. L'ordre vaut mieux que la confusion;* et autres de cette nature.

De telles propositions sont claires par elles-mêmes, parce que quiconque les considère et en a entendu les termes ne peut leur refuser sa croyance.

Ainsi nous n'en cherchons point de preuves, mais nous

les faisons servir de preuves aux autres qui sont plus obscures. Par exemple, de ce que l'ordre est meilleur que la confusion, je conclus qu'il n'y a rien de meilleur à l'homme que d'être gouverné selon les lois, et qu'il n'y a rien de pire que l'anarchie, c'est-à-dire de vivre sans gouvernement et sans lois.

Ces propositions, claires et intelligibles par elles-mêmes, et dont on se sert pour démontrer la vérité des autres, s'appellent axiomes ou premiers principes. Elles sont d'éternelles vérités, parce qu'ainsi qu'il a été dit, toute vérité certaine en matière universelle est éternelle ; et si les vérités démontrées le sont, à plus forte raison celles qui servent de fondement à la démonstration.

Voilà ce qui s'appelle les trois opérations de l'esprit. La première ne juge de rien, et ne discerne pas tant le vrai d'avec le faux qu'elle prépare la voie au discernement en démêlant les idées. La seconde commence à juger, car elle reçoit comme vrai ou faux ce qui est évidemment tel, et n'a pas besoin de discussion. Quand elle ne voit pas clair, elle doute, et laisse la chose à examiner au raisonnement, où se fait le discernement parfait du vrai et du faux.

XIV. *Diverses dispositions de l'entendement.*

Mais on peut douter en deux manières : car on doute premièrement d'une chose avant que de l'avoir examinée, et on en doute quelquefois encore plus après l'avoir examinée. Le premier doute peut être appelé un simple doute ; le second peut être appelé un doute raisonné, qui tient beaucoup du jugement, parce que, tout considéré, on prononce avec connaissance de cause que la chose est douteuse.

Quand par le raisonnement on entend certainement quelque chose, qu'on en comprend les raisons et qu'on a acquis la facilité de s'en ressouvenir, c'est ce qui s'appelle science. Le contraire s'appelle ignorance.

Il y a de la différence entre ignorance et erreur. Errer, c'est croire ce qui n'est pas ; ignorer, c'est simplement ne le savoir pas.

Parmi les choses qu'on ne sait pas, il y en a qu'on croit sur le témoignage d'autrui : c'est ce qui s'appelle foi. Il y en a sur lesquelles on suspend son jugement et avant et après l'examen : c'est ce qui s'appelle doute. Et quand, dans le doute, on penche d'un côté plutôt que d'un autre, sans pourtant rien déterminer absolument, cela s'appelle opinion.

Lorsque l'on croit quelque chose sur le témoignage d'autrui, ou c'est Dieu qu'on en croit, et alors c'est la foi divine; ou c'est l'homme, et alors c'est la foi humaine.

La foi divine n'est sujette à aucune erreur, parce qu'elle s'appuie sur le témoignage de Dieu, qui ne peut tromper ni être trompé.

La foi humaine, en certains cas, peut aussi être indubitable, quand ce que les hommes rapportent passe pour constant dans tout le genre humain, sans que personne le contredise : par exemple, qu'il y a une ville nommée Alep, et un fleuve nommé Euphrate, et une montagne nommée Caucase, et ainsi du reste; ou quand nous sommes très-assurés que ceux qui nous rapportent quelque chose qu'ils ont vue n'ont aucune raison de nous tromper, tels que sont, par exemple, les apôtres, qui dans les maux que leur attirait le témoignage qu'ils rendaient à Jésus-Christ ressuscité, ne pouvaient être portés à le rendre constamment jusqu'à la mort que par l'amour de la vérité.

Hors de là, ce qui n'est certifié que par les hommes peut être cru comme plus vraisemblable, mais non pas comme certain.

Il en est de même toutes les fois que nous croyons quelque chose par des raisons seulement probables et non tout à fait convaincantes. Car alors nous n'avons pas la science, mais seulement une opinion, qui encore qu'elle penche d'un certain côté, ainsi qu'il a été dit, n'ose pas s'y appuyer tout à fait et n'est jamais sans quelque crainte.

Ainsi nous avons entendu ce que c'est que science, ignorance, erreur, foi divine et humaine, opinion et doute.

XV. *Les sciences et les arts.*

Toutes les sciences sont comprises dans la philosophie. Ce mot signifie l'amour de la sagesse[1], à laquelle l'homme parvient en cultivant son esprit par les sciences.

---

1. *Philosophie* vient de φίλος, ami, σοφία, sagesse.

Parmi les sciences, les unes s'attachent à la seule contemplation de la vérité, et pour cela sont appelées spéculatives; les autres tendent à l'action, et sont appelées pratiques.

Les sciences spéculatives sont : la métaphysique, qui traite des choses les plus générales et les plus immatérielles, comme de l'être en général, et en particulier de Dieu et des êtres intellectuels faits à son image; la physique, qui étudie la nature; la géométrie, qui démontre l'essence et les propriétés des grandeurs, comme l'arithmétique celle des nombres; l'astronomie, qui apprend le cours des astres, et par là le système universel du monde, c'est-à-dire la disposition de ses principales parties, chose qui peut être aussi rapportée à la physique.

Les sciences pratiques sont la logique et la morale, dont l'une nous enseigne à bien raisonner, et l'autre à bien vouloir.

Des sciences sont nés les arts, qui ont apporté tant d'ornement et tant d'utilité à la vie humaine.

Les arts diffèrent d'avec les sciences en ce que, premièrement, ils nous font produire quelque ouvrage sensible, au lieu que les sciences exercent seulement ou règlent les opérations intellectuelles; et secondement, que les arts travaillent en matière contingente. La rhétorique s'accommode aux passions et aux affaires présentes; la grammaire, au génie des langues et à leur usage variable[1]; l'architecture, aux diverses situations; mais les sciences s'occupent d'un objet éternel et invariable, ainsi qu'il a été dit.

Quelques-uns mettent la logique et la morale parmi les arts, parce qu'elles tendent à l'action; mais leur action est purement intellectuelle, et il semble que ce doit être quelque chose de plus qu'un art qui nous apprenne par où le raisonnement et la volonté est droite; chose immuable et supérieure à tous les changements de la nature et de l'usage.

Il est pourtant vrai qu'à prendre le mot d'art pour industrie et pour méthode, on peut dire qu'il y a beaucoup d'art dans les moyens qu'emploient la logique et la morale à nous faire bien raisonner et bien vivre; joint aussi que

---

1. Cependant la *grammaire générale* s'occupe des lois immuables du langage humain, et dès lors elle rentre dans la métaphysique.

dans l'application il peut y avoir certains préceptes qui changent selon les personnes.

Les principaux arts sont : la grammaire, qui fait parler correctement; la rhétorique, qui fait parler éloquemment; la poétique, qui fait parler divinement, et comme si l'on était inspiré; la musique, qui, par la juste proportion des sons, donne à la voix une force secrète pour délecter et pour émouvoir; la médecine et ses dépendances, qui tiennent le corps humain en bon état; l'arithmétique pratique, qui apprend à calculer sûrement et facilement; l'architecture, qui donne la commodité et la beauté aux édifices publics et particuliers, qui orne les villes et les fortifie, qui bâtit des palais aux rois et des temples à Dieu; la mécanique, qui fait jouer les ressorts et transporter aisément les corps pesants, comme les pierres pour élever les édifices, et les eaux pour le plaisir ou pour la commodité de la vie; la sculpture et la peinture, qui, en imitant le naturel, reconnaissent qu'elles demeurent beaucoup au-dessous, et autres semblables.

Ces arts sont appelés libéraux, parce qu'ils sont dignes d'un homme libre; à la différence des arts qui ont quelque chose de servile, que notre langue appelle métiers, et arts mécaniques, quoique le nom de mécanique ait une plus noble signification lorsqu'il exprime ce bel art qui apprend l'usage des ressorts et la construction des machines. Mais les métiers serviles usent seulement de machines, sans en connaître la force et la construction.

Les arts règlent les métiers. L'architecture commande aux maçons, aux menuisiers et aux autres. L'art de manier les chevaux dirige ceux qui font les mors, les fers, les brides, et les autres choses semblables.

Les arts libéraux et mécaniques sont distingués en ce que les premiers travaillent de l'esprit plutôt que de la main; et les autres, dont le succès dépend de la routine et de l'usage plutôt que de la science, travaillent plus de la main que de l'esprit.

La peinture, qui travaille de la main plus que les autres arts libéraux, s'est acquis rang parmi eux, à cause que le dessin, qui est l'âme de la peinture, est un des plus excellents ouvrages de l'esprit, et que d'ailleurs le peintre, qui imite tout, doit savoir de tout. J'en dis autant de la sculpture, qui a sur la peinture l'avantage du relief, comme la peinture a sur elle celui des couleurs.

Les sciences et les arts font voir combien l'homme est ingénieux et inventif; en pénétrant par les sciences les œuvres de Dieu et en les ornant par les arts, il se montre vraiment fait à son image, et capable d'entrer, quoique faiblement, dans ses desseins.

Il n'y a donc rien que l'homme doive plus cultiver que son entendement, qui le rend semblable à son auteur. Il le cultive en le remplissant de bonnes maximes, de jugements droits et de connaissances utiles.

XVI. *Ce que c'est que bien juger; quels en sont les moyens, et quels en sont les empêchements.*

La vraie perfection de l'entendement est de bien juger.

Juger, c'est prononcer au dedans de soi sur le vrai et sur le faux; et bien juger, c'est y prononcer avec raison et connaissance.

C'est une partie de bien juger que de douter quand il faut. Celui qui juge certain ce qui est certain, et douteux ce qui est douteux, est un bon juge.

Par le bon jugement on se peut exempter de toute erreur. Car on évite l'erreur non-seulement en embrassant la vérité quand elle est claire, mais encore en se retenant quand elle ne l'est pas.

Ainsi la vraie règle de bien juger est de ne juger que quand on voit clair; et le moyen de le faire est de juger après une grande considération.

Considérer une chose, c'est arrêter son esprit à la regarder en elle-même, en peser toutes les raisons, toutes les difficultés et tous les inconvénients.

C'est ce qui s'appelle attention. C'est elle qui rend les hommes graves, sérieux, prudents, capables de grandes affaires et de hautes spéculations.

Être attentif à un objet, c'est l'envisager de tous côtés; et celui qui ne le regarde que du côté qui le flatte, quelque long que soit le temps qu'il emploie à le considérer, n'est pas vraiment attentif.

C'est autre chose d'être attaché à un objet, autre chose d'y être attentif. Y être attaché, c'est vouloir, à quelque prix que ce soit, lui donner ses pensées et ses désirs, ce qui fait qu'on ne le regarde que du côté agréable; mais y être attentif, c'est vouloir le considérer pour en bien juger, et pour cela connaître le pour et le contre.

Il y a une sorte d'attention après que la vérité est connue; et c'est plutôt une attention d'amour et de complaisance que d'examen et de recherche.

La cause de mal juger est l'inconsidération, qu'on appelle autrement précipitation.

Précipiter son jugement, c'est croire ou juger avant que d'avoir connu.

Cela nous arrive, ou par orgueil, ou par impatience, ou par prévention, qu'on appelle autrement préoccupation :

Par orgueil, parce que l'orgueil nous fait présumer que nous connaissons aisément les choses les plus difficiles, et presque sans examen : ainsi nous jugeons trop vite, et nous nous attachons à notre sens, sans vouloir jamais revenir, de peur d'être forcés à reconnaître que nous nous sommes trompés;

Par impatience, lorsqu'étant las de considérer, nous jugeons avant que d'avoir tout vu;

Par prévention en deux manières : ou par le dehors, ou par le dedans :

Par le dehors, quand nous croyons trop facilement sur le rapport d'autrui, sans songer qu'il peut nous tromper, ou être trompé lui-même;

Par le dedans, quand nous nous trouvons portés, sans raison, à croire une chose plutôt qu'une autre.

Le plus grand déréglement de l'esprit, c'est de croire les choses parce qu'on veut qu'elles soient, et non parce qu'on a vu qu'elles sont en effet.

C'est la faute où nos passions nous font tomber. Nous sommes portés à croire ce que nous désirons et ce que nous espérons, soit qu'il soit vrai, soit qu'il ne le soit pas.

Quand nous craignons quelque chose, souvent nous ne voulons pas croire qu'elle[1] arrive; et souvent aussi, par faiblesse, nous croyons trop facilement qu'elle arrivera.

Celui qui est en colère en croit toujours les causes justes,

---

1. *Elle* se rapporte à *quelque chose*, quoique la réunion de ces deux mots forme un tout *masculin*.

sans même vouloir les examiner ; et par là il est hors d'état de porter un jugement droit.

Cette séduction des passions s'étend bien loin dans la vie, tant à cause que les objets qui se présentent sans cesse nous en causent toujours quelques-unes, qu'à cause que notre humeur même nous attache naturellement à de certaines passions particulières, que nous trouverions partout dans notre conduite si nous savions nous observer.

Et comme nous voulons toujours plier la raison à nos désirs, nous appelons raison ce qui est conforme à notre humeur naturelle, c'est-à-dire à une passion secrète qui se fait d'autant moins sentir qu'elle fait comme le fond de notre nature.

C'est pour cela que nous avons dit que le plus grand mal des passions, c'est qu'elles nous empêchent de bien raisonner, et par conséquent de bien juger, parce que le bon jugement est l'effet du bon raisonnement.

Nous voyons aussi clairement, par les choses qui ont été dites, que la paresse, qui craint la peine de considérer, est le plus grand obstacle à bien juger.

Ce défaut se rapporte à l'impatience. Car la paresse, toujours impatiente quand il faut penser tant soit peu, fait qu'on aime mieux croire que d'examiner, parce que le premier est bientôt fait et que le second demande une recherche plus longue et plus pénible.

Les conseils semblent toujours trop longs au paresseux : c'est pourquoi il abandonne tout et s'accoutume à croire quelqu'un qui le mène comme un enfant et comme un aveugle.

Par toutes les causes que nous avons dites, notre esprit est tellement séduit qu'il croit savoir ce qu'il ne sait pas, et bien juger des choses dans lesquelles il se trompe. Non qu'il ne distingue très-bien entre savoir et ignorer ou se tromper : car il sait que l'un n'est pas l'autre, et au contraire qu'il n'y a rien de plus opposé ; mais c'est que, faute de considérer, il veut croire qu'il sait ce qu'il ne sait pas.

Et notre ignorance va si loin, que souvent même nous ignorons nos propres dispositions. Un homme ne veut point croire qu'il soit orgueilleux, ni lâche, ni paresseux, ni emporté ; il veut croire qu'il a raison ; et quoique sa conscience lui reproche souvent ses fautes, il aime mieux étourdir lui-même le sentiment qu'il en a que d'avoir le chagrin de les connaître.

Le vice qui nous empêche de connaître nos défauts s'appelle amour-propre; et c'est celui qui donne tant de crédit aux flatteurs.

On ne peut surmonter tant de difficultés qui nous empêchent de bien juger, c'est-à-dire de reconnaître la vérité, que par un amour extrême qu'on aura pour elle, et un grand désir de l'entendre.

De tout cela il paraît que mal juger vient très-souvent d'un vice de volonté.

L'entendement, de soi, est fait pour entendre; et toutes les fois qu'il entend, il juge bien. Car s'il juge mal, il n'a pas assez entendu; et n'entendre pas assez, c'est-à-dire n'entendre pas tout dans une matière dont il faut juger, à vrai dire, ce n'est rien entendre, parce que le jugement se fait sur le tout.

Ainsi tout ce qu'on entend est vrai. Quand on se trompe, c'est qu'on n'entend pas; et le faux, qui n'est rien de soi, n'est ni entendu ni intelligible.

Le vrai, c'est ce qui est. Le faux, c'est ce qui n'est pas.

On peut bien ne pas entendre ce qui est, mais jamais on ne peut entendre ce qui n'est pas.

On croit quelquefois l'entendre, et c'est ce qui fait l'erreur; mais, en effet, on ne l'entend pas, puisqu'il n'est pas.

Et ce qui fait qu'on croit entendre ce que l'on n'entend pas, c'est que par les raisons, ou plutôt par les faiblesses que nous avons dites, on ne veut pas considérer. On veut juger cependant, on juge précipitamment, et enfin on veut croire qu'on a entendu, et on s'impose à soi-même[1].

Nul homme ne veut se tromper; et nul homme aussi ne se tromperait s'il ne voulait des choses qui font qu'il se trompe, parce qu'il en veut qui l'empêchent de considérer et de chercher la vérité sérieusement.

De cette sorte, celui qui se trompe, premièrement, n'entend pas son objet, et secondement ne s'entend pas lui-même; parce qu'il ne veut considérer ni son objet, ni lui-même, ni la précipitation, ni l'orgueil, ni l'impatience, ni la paresse, ni les passions et les préventions qui la causent.

1. C'est-à-dire, on se trompe soi-même.

Et il demeure pour certain que l'entendement, purgé de ces vices et vraiment attentif à son objet, ne se trompera jamais; parce qu'alors ou il verra clair, et ce qu'il verra sera certain, ou il ne verra pas clair, et il tiendra pour certain qu'il doit douter jusqu'à ce que la lumière paraisse.

XVII. *Perfection de l'intelligence au-dessus du sens.*

Par les choses qui ont été dites, il se voit de combien l'entendement est élevé au-dessus des sens.

Premièrement, le sens est forcé à se tromper à la manière qu'il le peut être. La vue ne peut pas voir un bâton, quelque droit qu'il soit, à travers de l'eau, qu'elle ne le voie tortu, ou plutôt brisé; et elle a beau s'attacher à cet objet, jamais par elle-même elle ne découvrira son illusion. L'entendement, au contraire, n'est jamais forcé à errer; jamais il n'erre que faute d'attention; et s'il juge mal en suivant trop vite les sens, ou les passions qui en naissent, il redressera son jugement, pourvu qu'une droite volonté le rende attentif à son objet et à lui-même

Secondement, le sens est blessé et affaibli par les objets les plus sensibles; le bruit, à force de devenir grand, étourdit et assourdit les oreilles. L'aigre et le doux extrêmes offensent le goût, que le seul mélange de l'un et de l'autre satisfait. Les odeurs ont besoin aussi d'une certaine médiocrité pour être agréables; et les meilleures, portées à l'excès, choquent autant ou plus que les mauvaises. Plus le chaud et le froid sont sensibles, plus ils incommodent nos sens. Tout ce qui nous touche trop violemment nous blesse. Des yeux trop fixement arrêtés sur le soleil, c'est-à-dire sur le plus visible de tous les objets, et par qui les autres se voient, y souffrent beaucoup, et à la fin s'y aveugleraient. Au contraire, plus un objet est clair et intelligible, plus il est connu comme vrai, plus il contente l'entendement, et plus il le fortifie. La recherche en peut être laborieuse, mais la contemplation en est toujours douce. C'est ce qui a fait dire à Aristote que le sensible le plus fort offense le sens, mais que le parfait intelligible récrée l'entendement et le fortifie. D'où ce philosophe conclut que l'entendement, de soi, n'est point attaché à un organe corporel, et qu'il est par sa nature séparable du corps; ce que nous considérerons dans la suite.

Troisièmement, le sens n'est jamais touché que de ce qui passe, c'est-à-dire de ce qui se fait et se défait journellement : et ces choses mêmes qui passent, dans le peu de temps qu'elles demeurent, il ne les sent pas toujours de même. La même chose qui chatouille aujourd'hui mon goût, ou ne lui plaît pas toujours, ou lui plaît moins. Les objets de la vue lui paraissent autres au grand jour, au jour médiocre, dans l'obscurité, de loin ou de près, d'un certain point ou d'un autre. Au contraire, ce qui a été une fois entendu ou démontré paraît toujours le même à l'entendement. S'il nous arrive de varier sur cela, c'est que les sens et les passions s'en mêlent; mais l'objet de l'entendement, ainsi qu'il a été dit, est immuable et éternel : ce qui lui montre qu'au-dessus de lui il y a une vérité éternellement subsistante, comme nous avons déjà dit et que nous le verrons ailleurs plus clairement.

Ces trois grandes perfections de l'intelligence nous feront voir en leur temps qu'Aristote a parlé divinement quand il a dit de l'entendement, et de sa séparation d'avec les organes, ce que nous venons de rapporter.

Quand nous avons entendu les choses, nous sommes en état de vouloir et de choisir; car on ne veut jamais qu'on ne connaisse auparavant.

XVIII. *La volonté et les actes.*

Vouloir est une action par laquelle nous poursuivons le bien, et fuyons le mal, et choisissons les moyens pour parvenir à l'un et éviter l'autre.

Par exemple, nous désirons la santé, et fuyons la maladie; et pour cela nous choisissons les remèdes propres, et nous nous faisons saigner, ou nous nous abstenons des choses nuisibles, quelque agréables qu'elles soient, et ainsi du reste. Nous voulons être sages, et nous choisissons pour cela, ou de lire, ou de converser, ou d'étudier, ou de méditer en nous-mêmes, ou enfin quelques autres choses utiles pour cette fin.

Ce qui est désiré pour l'amour de soi-même, et à cause de sa propre bonté, s'appelle fin : par exemple, la santé de l'âme et du corps; et ce qui sert pour y arriver s'appelle moyen : par exemple, se faire instruire, et prendre une médecine.

Nous sommes déterminés par notre nature à vouloir le bien en général; mais nous avons la liberté de notre choix, à l'égard de tous les biens particuliers. Par exemple, tous les hommes veulent être heureux, et c'est le bien général que la nature demande. Mais les uns mettent leur bonheur dans une chose, les autres dans une autre : les uns dans la retraite, les autres dans la vie commune; les uns dans les plaisirs et dans les richesses, les autres dans la vertu.

C'est à l'égard de ces biens particuliers que nous avons la liberté de choisir, et c'est ce qui s'appelle le franc arbitre, ou le libre arbitre.

Avoir son franc arbitre, c'est pouvoir choisir une certaine chose plutôt qu'une autre; exercer son franc arbitre, c'est la choisir en effet.

Ainsi le libre arbitre est la puissance que nous avons de faire ou de ne pas faire quelque chose : par exemple, je puis parler, ou ne parler pas; remuer ma main, ou ne la remuer pas; la remuer d'un côté plutôt que d'un autre.

C'est par là que j'ai mon franc arbitre, et je l'exerce quand je prends parti entre les choses que Dieu a mises en mon pouvoir.

Avant que de prendre son parti, on raisonne en soi-même sur ce qu'on a à faire, c'est-à-dire qu'on délibère; et qui délibère, sent que c'est à lui à choisir.

Ainsi un homme qui n'a pas l'esprit gâté n'a pas besoin qu'on lui prouve son franc arbitre, car il le sent; et il ne sent pas plus clairement qu'il voit, ou qu'il reçoit les sons, ou qu'il raisonne, qu'il se sent capable de délibérer et de choisir.

De ce que nous avons notre libre arbitre pour faire ou ne pas faire quelque chose, il arrive que, selon que nous faisons bien ou mal, nous sommes dignes de blâme ou de louange, de récompense ou de châtiment; et c'est ce qui s'appelle mérite ou démérite.

On ne blâme ni on ne châtie un enfant d'être boiteux, ou d'être laid; mais on le blâme et on le châtie d'être opiniâtre, parce que l'un dépend de sa volonté, et que l'autre n'en dépend pas.

XIX. *La vertu et les vices, la droite raison et la raison corrompue.*

Un homme à qui il arrive un mal inévitable s'en plaint comme d'un malheur ; mais s'il a pu l'éviter, il sent qu'il y a de sa faute, il se l'impute, et il se fâche de l'avoir commise.

Cette tristesse que nos fautes nous causent a un nom particulier, et s'appelle repentir. On ne se repent pas d'être mal fait, ou d'être malsain ; mais on se repent d'avoir mal fait.

De là vient aussi le remords ; et la notion si claire que nous avons de nos fautes est une marque certaine de la liberté que nous avons eue à les commettre.

La liberté est un grand bien ; mais il paraît, par les choses qui ont été dites, que nous en pouvons bien et mal user. Le bon usage de la liberté, quand il se tourne en habitude, s'appelle vertu ; et le mauvais usage de la liberté, quand il se tourne en habitude, s'appelle vice.

Les principales vertus sont : la prudence, qui nous apprend ce qui est bon ou mauvais ; la justice, qui nous inspire une volonté invincible de rendre à chacun ce qui lui appartient, et de donner à chacun selon son mérite, par où sont réglés les devoirs de la libéralité, de la civilité et de la bonté ; la force, qui nous fait vaincre les difficultés qui accompagnent les grandes entreprises ; et la tempérance, qui nous enseigne à être modérés en tout, principalement dans ce qui regarde les plaisirs des sens. Qui connaîtra ces vertus connaîtra aisément les vices qui leur sont opposés, tant par excès que par défaut.

Les causes principales qui nous portent au vice sont nos passions, qui, comme nous avons dit, nous empêchent de bien juger du vrai et du faux, et nous préviennent trop violemment en faveur du bien sensible : d'où il paraît que le principal devoir de la vertu doit être de les réprimer, c'est-à-dire de les réduire aux termes de la raison.

Le plaisir et la douleur, qui, comme nous avons dit, font naître nos passions, ne viennent pas en nous par raison et par connaissance, mais par sentiment. Par exemple, le plaisir que je ressens dans le boire et le manger se fait en moi indépendamment de toute sorte de raisonnement ; et comme ces sentiments naissent en nous sans raison, il ne faut point s'étonner qu'ils nous portent aussi très-souvent à des choses déraisonnables. Le plaisir de manger fait qu'un malade se tue : le plaisir de se venger fait souvent commettre des injustices effroyables, et dont nous-mêmes nous ressentons les mauvais effets.

Ainsi les passions n'étant inspirées que par le plaisir et par la douleur, qui sont des sentiments où la raison n'a point de part, il s'ensuit qu'elle n'en a non plus dans les passions. Qui est en colère se veut venger, soit qu'il soit raisonnable de le faire ou non. Qui aime veut posséder, soit que la raison le permette ou le défende; le plaisir est son guide, et non la raison.

Mais la volonté, qui choisit, est toujours précédée par la connaissance; et étant née pour écouter la raison, elle doit se rendre plus forte que les passions, qui ne l'écoutent pas.

Par là les philosophes ont distingué en nous deux appétits : l'un que le plaisir sensible emporte, qu'ils ont appelé sensitif, irraisonnable et inférieur; l'autre, qui est né pour suivre la raison, qu'ils appellent aussi pour cela raisonnable et supérieur; et c'est celui que nous appelons proprement la volonté.

Il faut pourtant remarquer, pour ne rien confondre, que le raisonnement peut servir à faire naître les passions. Nous connaissons par la raison le péril qui nous fait craindre, et l'injure qui nous met en colère; mais, au fond, ce n'est pas cette raison qui fait naître cet appétit violent de fuir ou de se venger : c'est le plaisir ou la douleur que nous causent les objets; et la raison, au contraire, d'elle-même tend à réprimer ces mouvements impétueux.

J'entends la droite raison. Car il y a une raison, déjà gagnée par les sens et par les plaisirs, qui, bien loin de réprimer les passions, les nourrit et les irrite. Un homme s'échauffe lui-même par de faux raisonnements, qui rendent plus violent le désir qu'il a de se venger; mais ces raisonnements, qui ne procèdent point par les vrais principes, ne sont pas tant des raisonnements que des égarements d'un esprit prévenu et aveuglé.

C'est pour cela que nous avons dit que la raison qui suit les sens n'est pas une véritable raison, mais une raison corrompue, qui au fond n'est non plus raison qu'un homme mort est un homme.

XX. *Récapitulation.*

Les choses qui ont été expliquées nous ont fait connaître l'âme dans toutes ses facultés. Les facultés sensitives nous ont paru dans les opérations des sens intérieurs et extérieurs, et dans les passions qui en naissent; et les facultés intellectuelles nous ont aussi paru dans les opérations de l'entendement et de la volonté.

Quoique nous donnions à ces facultés des noms différents par rapport à leurs diverses opérations, cela ne nous oblige pas à les regarder comme des choses différentes. Car l'entendement n'est autre chose que l'âme en tant qu'elle conçoit; la mémoire n'est autre chose que l'âme en tant qu'elle retient et se ressouvient; la volonté n'est autre chose que l'âme en tant qu'elle veut et qu'elle choisit.

De même, l'imagination n'est autre chose que l'âme en tant qu'elle imagine, et se représente les choses à la manière qui a été dite. La faculté visive n'est autre chose que l'âme en tant qu'elle voit, et ainsi des autres. De sorte qu'on peut entendre que toutes ces facultés ne sont au fond que la même âme, qui reçoit divers noms à cause de ses différentes opérations.

CHAPITRE DEUXIÈME.

DU CORPS.

I. *Ce que c'est que le corps organique.*

La première chose qui paraît dans notre corps, c'est qu'il est organique, c'est-à-dire composé de parties de différente nature, qui ont différentes fonctions.

Ces organes lui sont donnés pour exercer certains mouvements.

Il y a trois sortes de mouvements : celui de haut en bas, qui nous est commun avec toutes les choses pesantes; celui de nourriture et d'accroissement, qui nous est commun avec les plantes; celui qui est excité par certains objets, qui nous est commun avec les animaux.

L'animal s'abandonne quelquefois à ce mouvement de pesanteur, comme quand il s'asseoit ou qu'il se couche; mais le plus souvent il lui résiste, comme quand il se tient droit ou qu'il marche. L'aliment est distribué dans toutes les parties du corps au préjudice du cours qu'ont naturellement les choses pesantes; de sorte qu'on peut dire que les deux derniers mouvements résistent au premier, et que c'est une des différences des plantes et des animaux d'avec les autres corps pesants.

Pour donner des noms à ces trois mouvements divers, nous pouvons nommer le premier, mouvement naturel; le second, mouvement vital; le troisième, mouvement animal. Ce qui n'empêchera pas que le mouvement animal ne soit vital, et que l'un et l'autre ne soient naturels.

Ce mouvement que nous appelons animal est le même qu'on nomme progressif, comme avancer, reculer, marcher de côté et d'autre.

Au reste, il vaut mieux, ce semble, appeler ce mouvement animal que volontaire; à cause que les animaux, qui n'ont ni raison ni volonté, le font comme nous.

Nous pourrions ajouter à ces mouvements le mouvement violent, qui arrive à l'animal, quand on le traîne ou quand on le pousse, et le mouvement convulsif. Mais il a été bon de considérer, avant toutes choses, les trois genres de mouvements qui sont, pour ainsi parler, de la première intention de la nature.

Le premier n'a pas besoin d'organes; et c'est pourquoi nous l'appelons purement naturel, quoique les médecins réservent ce nom au mouvement du cœur. Les deux autres ont besoin d'organes; et il a fallu, pour les exercer, que le corps fût composé de plusieurs parties.

II. *Division des parties du corps, et description des extérieures.*

Elles sont extérieures et intérieures.

Entre les parties extérieures, la principale est la tête, qui au dedans enferme le cerveau, et au dehors sur le devant fait paraître le visage, la plus belle partie du corps, où sont toutes les ouvertures par où les objets frappent les sens, c'est-à-dire les yeux, les oreilles, et les autres de même nature.

On y voit entre autres l'ouverture par où entrent les viandes, et par où sortent les paroles, c'est-à-dire la bouche. Elle renferme la langue, qui avec les lèvres cause toutes les articulations de la voix par ses divers battements contre le palais et contre les dents.

La langue est aussi l'organe du goût : c'est par elle qu'on goûte les viandes. Outre qu'elle nous les fait goûter, elle les humecte et les amollit, elle les porte sous les dents pour être mâchées, et aide à les avaler.

On voit ensuite le cou, sur lequel la tête est posée, et qui paraît comme un pivot sur lequel elle tourne.

Après, viennent les épaules, où les bras sont attachés, et qui sont propres à porter les grands fardeaux.

Les bras sont destinés à serrer et à repousser, à remuer ou à transporter, selon nos besoins, les choses qui nous accommodent ou nous embarrassent. Les mains nous servent aux ouvrages les plus forts et les plus délicats. Par elles nous nous faisons des instruments pour faire les ouvrages qu'elles ne peuvent faire elles-mêmes. Par exemple, les mains ne peuvent ni couper ni scier; mais elles font des couteaux, des scies, et d'autres instruments semblables, qu'elles appliquent chacun à leur usage. Les bras et les mains sont en divers endroits divisés par plusieurs articulations, qui, jointes à la fermeté des os, leur servent pour faciliter le mouvement et pour serrer les corps grands et petits. Les doigts, inégaux entre eux, s'égalent pour embrasser ce qu'ils tiennent. Le petit doigt et le pouce servent à fermer fortement et exactement la main. Les mains nous sont données pour nous défendre, et pour éloigner du corps ce qui lui nuit. C'est pourquoi il n'y a d'endroit où elles ne puissent atteindre.

On voit ensuite la poitrine, qui contient le cœur et le poumon[1]; les côtes en font et en soutiennent la cavité. Entre la poitrine et le ventre se trouve le diaphragme, qui est une cloison charnue dans son tour, et membraneuse à son centre, dont l'usage est d'allonger la concavité de la poi-

---

1. Singulier pour le pluriel; car il y a en nous deux poumons distincts.

trine en se bandant, et d'accourcir la même cavité en se relâchant et se voûtant de bas en haut, ce qui fait la meilleure partie de la respiration tranquille.

Au-dessous du diaphragme est le ventre, qui enferme l'estomac, le foie, la rate, les intestins ou les boyaux, par où les excréments se séparent et se déchargent.

Toute cette masse est posée sur les cuisses et sur les jambes, brisées en divers endroits, comme les bras, pour la facilité du mouvement et du repos.

Les pieds soutiennent le tout; et quoiqu'ils paraissent petits en comparaison de tout le corps, les proportions en sont si bien prises qu'ils portent sans peine un si grand fardeau. Les doigts des pieds y contribuent, parce qu'ils serrent et appliquent le pied contre la terre ou le pavé.

Le corps aide aussi à se soutenir par la manière dont il se situe; parce qu'il se pose naturellement sur un certain centre de pesanteur[1], qui fait que les parties se contre-balancent mutuellement, et que le tout se soutient sans peine par ce contre-poids.

Les chairs et la peau couvrent tout le corps, et servent à le défendre contre les injures de l'air.

Les chairs sont cette substance molle et tendre qui couvre les os de tous côtés. Elles sont composées de divers filets qu'on appelle fibres, tors en différents sens, qui peuvent s'allonger et se raccourcir, et par là tirer, retirer, étendre, fléchir, remuer en diverses sortes les parties du corps, ou les tenir en état. C'est ce qui s'appelle muscles, et de là vient la distinction des muscles extenseurs ou fléchisseurs.

Les muscles ont leur origine à certains endroits des os où on les voit attachés, excepté quelques-uns qui servent à l'éjection des excréments, et dont la composition est fort différente des autres.

La partie du muscle qui sort de l'os s'appelle la tête: l'autre extrémité s'appelle la queue, et c'est le tendon. Le milieu s'appelle le ventre, et c'est la plus molle, comme la plus grosse. Les deux extrémités ont plus de force, parce que l'une soutient le muscle, et que par l'autre, c'est-à-dire par le tendon, qui est aussi le plus fort, s'exerce immédiatement le mouvement.

---

1. C'est ce qu'on appelle proprement *centre de gravité*.

Il y a des muscles qui se meuvent ensemble, en concours et en même sens, pour s'aider les uns les autres; on les peut appeler concurrents: il y en a d'autres opposés et dont le jeu est contraire; c'est-à-dire que, pendant que les uns se retirent, les autres s'allongent: on les appelle antagonistes. C'est par là que se font les mouvements des parties, et le transport de tout le corps.

On ne peut assez admirer cette prodigieuse quantité de muscles qui se voient dans le corps humain, ni leur jeu si aisé et si commode, non plus que le tissu de la peau qui les enveloppe, si fort et si délicat tout ensemble.

III. *Description des parties intérieures, et premièrement de celles qui sont enfermées dans la poitrine.*

Parmi les parties intérieures, celle qu'il faut considérer la première, c'est le cœur. Il est situé au milieu de la poitrine, couché pourtant de manière que la pointe en est tournée et un peu avancée du côté gauche. Il a deux cavités, à chacune desquelles est jointe une artère et une veine, qui de là se répandent par tout le corps. Ces deux cavités, que les anatomistes appellent les deux ventricules du cœur, sont séparées par une substance solide et charnue, à qui notre langue n'a point donné de nom, et que les Latins appellent *septum medium*.

Ce qu'il y a de plus remarquable dans le cœur est son battement continuel, par lequel il se resserre et se dilate. C'est ce qui s'appelle systole[1] et diastole[2] : systole, quand il se resserre; et diastole, quand il se dilate. Dans la diastole, il s'enfle et s'arrondit; dans la systole, il s'apetisse et s'allonge. Mais l'expérience a appris que, lorsqu'il s'enfle au dehors, il se resserre au dedans; et au contraire qu'il se dilate au dedans quand il s'apetisse et s'amenuise au dehors. Ceux qui, pour connaître mieux la nature des parties, ont fait des dissections d'animaux vivants assurent qu'après avoir fait une ouverture dans le cœur, quand il bat encore, si on y enfonce le doigt, on se sent plus pressé dans la dia-

---

1. De σύν, avec, στέλλω, j'envoie, je pousse.
2. De διά, à travers, et στέλλω.

stole; et ils ajoutent que la chose doit nécessairement arriver ainsi par la seule disposition des parties.

A considérer la composition de toute la masse du cœur, les fibres et les filets dont il est tissu, et la manière dont ils sont tors, on le reconnaît pour un muscle à qui les esprits venus du cerveau causent son battement continuel[1]. Et on prétend que ces fibres ne sont pas mues selon leur longueur prise en droite ligne, mais comme torses de côté; ce qui fait que le cœur, se ramenant sur lui-même, s'enfle en rond, et en même temps que les parties qui environnent les cavités se compriment au dedans avec grande force.

Cette compression fait deux grands effets sur le sang : l'un, qu'elle le bat fortement, et par la même raison elle l'échauffe; l'autre, qu'elle le pousse avec force dans les artères après que le cœur, en se dilatant, l'a reçu par les veines.

Ainsi, par une continuelle circulation, le sang doit couler nécessairement des artères dans les veines, des veines dans le cœur, du cœur dans le poumon, où il reprend de l'air avec l'air une nouvelle vie, du poumon dans le cœur, du cœur dans les artères de la tête et dans celles de tout le corps.

C'est à l'occasion de cette distribution du sang artériel dans la tête que les esprits animaux, ou plutôt la liqueur animale, y est formée pour y être distribuée par les nerfs dans toutes les parties du corps, où elle porte par les nerfs le sentiment, et à l'occasion des nerfs distribue dans les muscles le mouvement.

Il y a beaucoup de chaleur dans le cœur. Mais ceux qui ont ouvert des animaux vivants assurent qu'ils ne la ressentent guère moins grande dans les autres parties.

Le poumon est une partie molle et vésiculaire qui, en se dilatant et se resserrant à la manière d'un soufflet, reçoit et rend l'air que nous respirons. Ce mouvement s'appelle inspiration et expiration, en général respiration.

Les mouvements du poumon se font par le moyen des muscles insérés en divers endroits au dedans du corps, et par lesquels la partie est comprimée et dilatée.

---

1. Il est reconnu aujourd'hui que le battement du cœur tient seulement à la circulation du sang.

Cette compression et dilatation se fait aussi sentir dans le bas-ventre, qui s'enfle et s'abaisse au mouvement du diaphragme, par le moyen de certains muscles qui font la communication de l'une et de l'autre partie.

Le poumon se répand de part et d'autre dans toute la capacité de la poitrine. Il est autour du cœur pour le rafraîchir par l'air qu'il attire. En rejetant cet air, on dit qu'il pousse au dehors les fumées que le cœur excite par sa chaleur, et qui le suffoqueraient si elles n'étaient évaporées. Cette même fraîcheur de l'air sert aussi à apaiser le sang et à corriger sa trop grande subtilité. Le poumon a encore beaucoup d'autres usages qui s'entendront beaucoup mieux par la suite.

C'est une chose admirable comme l'animal, qui n'a pas besoin de respirer dans le ventre de sa mère, aussitôt qu'il en est dehors, ne peut plus vivre sans respiration. Ce qui vient de la différente manière dont il se nourrit dans l'un et dans l'autre état. Sa mère mange, digère et respire pour lui, et, par les vaisseaux disposés à cet effet, lui envoie le sang tout préparé et conditionné comme il faut pour circuler dans son corps et le nourrir.

Le dedans de la poitrine est tendu d'une peau assez délicate qu'on appelle *pleure*[1]. Elle est fort sensible, et c'est de l'inflammation de cette membrane que nous viennent les douleurs de la pleurésie.

Au-dessous du poumon est l'estomac, qui est un grand sac en forme d'une bourse ou d'une cornemuse, et c'est là que se fait la digestion des viandes.

IV. *Les parties qui sont au-dessous de la poitrine.*

Du côté droit est le foie. Il enveloppe un côté de l'estomac et aide à la digestion par sa chaleur. Il fait la séparation de la bile d'avec le sang. De là vient qu'il a par-dessous un petit vaisseau, comme une petite bouteille, qu'on appelle la vésicule du fiel, où la bile se ramasse et d'où elle se décharge dans les intestins. Cette humeur âcre, en les picotant, les agite et leur sert comme d'une espèce de lavement naturel pour leur faire jeter les excréments.

1. Aujourd'hui *plèvre*, du grec πλευρον, côté.

La rate est à l'opposite du foie; c'est une espèce de sac spongieux où le sang est apporté par une grosse artère et rapporté par les veines, comme dans toutes les autres parties, sans qu'on puisse remarquer dans ce sang aucune différence d'avec celui qui passe par les autres artères, quoique l'antiquité, trompée par la couleur brune de ce sac, l'ait cru le réservoir de l'humeur mélancolique[1], et lui ait, par cette raison, attribué ces noirs chagrins dont on ne peut dire le sujet.

Derrière le foie et la rate, et un peu au-dessous, sont les deux reins, un de chaque côté, où se séparent et s'amassent les sérosités qui tombent dans la vessie par deux petits tuyaux qu'on appelle les uretères, et font les urines.

Au-dessous de toutes ces parties sont les intestins, où, par divers détours, les excréments se séparent et tombent dans les lieux où la nature s'en décharge.

Les intestins sont attachés et comme cousus aux extrémités du mésentère[2]; aussi ce mot signifie-t-il le milieu des entrailles.

Le mésentère est la partie qui s'appelle fraise dans les animaux, par le rapport qu'elle a aux fraises qu'on portait autrefois au col.

C'est une grande membrane étendue à peu près en rond, mais repliée plusieurs fois sur elle-même; ce qui fait que les intestins, qui la bordent dans toute sa circonférence, se replient de la même sorte.

On voit sur le mésentère une infinité de petites veines plus déliées que des cheveux, qu'on appelle des veines lactées, à cause qu'elles contiennent une liqueur semblable au lait, blanche et douce comme lui, dont on verra dans la suite la génération.

Au reste, les veines lactées sont si petites, qu'on ne peut les apercevoir dans l'animal qu'en l'ouvrant un peu après qu'il a mangé, parce que c'est alors, comme il sera dit, qu'elles se remplissent de ce suc blanc et qu'elles en prennent la couleur.

Au milieu du mésentère est une glande assez grande. Les veines lactées sortent toutes des intestins et aboutissent à cette glande comme à leur centre.

---

1. De μέλας, noir; χωλή, bile.
2. De μέσος, au milieu; ἔντερον, intestin.

Il paraît, par la seule situation, que la liqueur dont ces veines sont remplies leur doit venir des entrailles, et qu'elle est portée à cette glande, d'où elle est conduite en d'autres parties qui seront marquées dans la suite.

Tous les intestins ont leur pellicule commune qu'on appelle le péritoine[1], qui les enveloppe et qui contient divers vaisseaux, entre autres les ombilicaux, appelés ainsi parce qu'ils se terminent au nombril[2]. Ce sont ceux par où le sang et la nourriture sont portés au cœur de l'enfant tant qu'il est dans le ventre de sa mère. Ensuite ils n'ont plus d'usage, et aussi se resserrent-ils tellement qu'à peine les peut-on apercevoir dans la dissection.

Toute cette basse région, qui commence à l'estomac, est séparée de la poitrine par une grande membrane musculeuse, ou, pour mieux dire, par un muscle qui s'appelle le diaphragme[3]. Il s'étend d'un côté à l'autre dans toute la circonférence des côtes.

Son principal usage est de servir à la respiration. Pour l'aider, il se hausse et se baisse par un mouvement continuel qui peut être hâté ou ralenti par diverses causes.

En se baissant, il appuie sur les intestins et les presse; ce qui a de grands usages qu'il faudra considérer en leur lieu.

Le diaphragme est percé pour donner passage aux vaisseaux qui doivent s'étendre dans les parties inférieures.

Le foie et la rate y sont attachés. Quand il est secoué violemment, ce qui arrive quand nous rions avec éclat, la rate, secouée en même temps, se purge des humeurs qui la surchargent. D'où vient qu'en certains états on se sent beaucoup soulagé par un ris éclatant.

Voilà les parties principales qui sont renfermées dans la capacité de la poitrine et dans le bas-ventre. Outre cela, il y en a d'autres qui servent de passage pour conduire à celles-là.

V. *Les passages qui conduisent aux parties ci-dessus décrites, c'est-à-dire l'œsophage et la trachée-artère.*

A l'entrée de la gorge sont attachés l'œsophage[4], autre-

---

1. De περί, autour; τείνω, tendre.
2. En latin, *umbilicus*.
3. De διά, à travers; φράσσω, séparer par une clôture.
4. De οἴσω, porter ; φάγω, manger.

ment le gosier, et la trachée-artère. OEsophage signifie en grec ce qui porte la nourriture. Trachée-artère[1] et âpre-artère, c'est la même chose : elle est ainsi appelée, à cause qu'étant composée de divers anneaux, le passage n'en est pas uni.

L'œsophage, selon son nom, est le conduit par où les viandes sont portées à l'estomac, qui n'est qu'un allongement, ou, comme parle la médecine, une dilatation de l'extrémité inférieure de l'œsophage. La situation et l'usage de ce conduit font voir qu'il doit traverser le diaphragme.

La trachée-artère est le conduit par où l'air qu'on respire est porté dans le poumon, où elle se répand en une infinité de petites branches[2] qui à la fin deviennent imperceptibles; ce qui fait que le poumon s'enfle tout entier par la respiration.

Le poumon repoussant l'air par la trachée-artère avec effort forme la voix, de la même sorte qu'il se forme un son par un tuyau d'orgue. Avec l'air sont aussi poussées au dehors les humidités superflues qui s'engendent dans le poumon, et que nous crachons.

La trachée-artère a dans son entrée une petite languette[3] qui s'ouvre pour donner passage aux choses qui doivent sortir par cet endroit-là. Elle s'ouvre plus ou moins; ce qui sert à former la voix et diversifier les tons.

La même languette se ferme exactement quand on avale; de sorte que les viandes passent par-dessus pour aller dans l'œsophage, sans entrer dans la trachée-artère, qu'il faut laisser libre à la respiration. Car si l'aliment passait de ce côté-là, on étoufferait. Ce qui parait par la violence qu'on souffre et par l'effort qu'on fait lorsque, la trachée-artère étant un peu entr'ouverte, il y entre quelque goutte d'eau qu'on veut repousser.

La disposition de cette languette étant telle qu'on la vient de voir, il s'ensuit qu'on ne peut jamais parler et avaler tout ensemble.

Au bas de l'estomac, et à l'ouverture[4] qui est dans son

1. De τραχύς, âpre, raboteux.
2. On les nomme *bronches*.
3. Cette languette s'appelle *épiglotte*, d'ἐπί, sur; γλῶττα, glotte ou luette, ouverture du canal aérifère.
4. On l'appelle *pylore*, de πύλη, porte, et ὥρα, soin, garde.

fond, il y a une languette à peu près semblable qui ne s'ouvre qu'en dehors. Pressée par l'aliment qui sort de l'estomac, elle s'ouvre, mais en sorte qu'elle empêche le retour aux viandes, qui continuent leur chemin le long d'un gros boyau où commence à se faire la séparation des excréments d'avec la bonne nourriture.

VI. *Le cerveau et les organes des sens.*

Au-dessus et dans la partie la plus haute de tout le corps, c'est-à-dire dans la tête, est le cerveau, destiné à recevoir les impressions des objets, et tout ensemble à donner au corps les mouvements nécessaires pour les suivre ou les fuir.

Par la liaison qui se trouve entre les objets et le mouvement progressif, il a fallu qu'où se termine l'impression des objets, là se trouvât le principe et la cause de ce mouvement.

Le cerveau a été formé pour réunir ensemble ces deux fonctions.

L'impression des objets se fait par les nerfs qui servent au sentiment, et il se trouve que ces nerfs aboutissent tous au cerveau.

Les esprits coulés dans les muscles par les nerfs répandus dans tous les membres font le mouvement progressif. Et on croit premièrement que les esprits sont portés d'abord du cœur au cerveau, où ils prennent leur dernière forme; et secondement que les nerfs, par où s'en fait la conduite, ont leur origine dans le cerveau, comme les autres.

Il ne faut donc point douter que la direction des esprits, et par là tout le mouvement progressif, n'ait sa cause dans le cerveau. Et en effet, il est constant que le cerveau est attaqué dans les maladies où le corps est entrepris, telles que sont l'apoplexie[1] et la paralysie[2], et dans celles qui causent ces mouvements irréguliers qu'on appelle convulsions.

Comme l'action des objets sur les organes des sens et l'impression qu'ils font devait être continuée jusqu'au cerveau, il a fallu que la substance en fût tout ensemble assez molle pour recevoir les impressions, et assez ferme pour les conserver. Et en effet, elle a tout ensemble ces deux qualités.

1. De ἀπό, de haut en bas; πλήσσω, frapper.
2. De παρά, le long; λύω, délier.

Le cerveau a divers sinus et anfractuosités; outre cela, diverses cavités qu'on appelle ventricules, choses que les médecins et anatomistes démontrent plus aisément qu'ils n'en expliquent les usages.

Il est divisé en grand et petit, appelé aussi cervelet : le premier vers la partie antérieure, et l'autre vers la partie postérieure de la tête.

La communication de ces deux parties du cerveau est visible par leur structure ; mais les dernières observations semblent faire voir que la partie antérieure du cerveau est destinée aux opérations des sens ; c'est aussi là que se trouvent les nerfs qui servent à la vue, à l'ouïe, au goût et à l'odorat : au lieu que du cervelet naissent les nerfs qui servent au toucher et aux mouvements, principalement à celui du cœur. Aussi les blessures et les autres maux qui attaquent cette partie sont-ils plus mortels, parce qu'ils vont directement au principe de la vie.

Le cerveau, dans toute sa masse, est enveloppé de deux tuniques[1] déliées et transparentes, dont l'une, appelée *pie-mère*, est l'enveloppe immédiate qui s'insinue aussi dans tous les détours du cerveau; et l'autre est nommée *dure-mère*, à cause de son épaisseur et de sa consistance.

La *dure-mère*, par les artères dont elle est remplie, est en battement continuel, et bat aussi sans cesse le cerveau, dont les parties étant fort pressées, il s'ensuit que le sang et les esprits qui y sont contenus sont aussi fort pressés et fort battus. Ce qui est une des causes de la distribution, et peut-être aussi du raffinement des esprits.

C'est ce battement de la *dure-mère* qu'on ressent si fort dans les maux de tête, et qui cause des douleurs si violentes.

L'artifice de la nature est inexplicable à faire que le cerveau reçoive tant d'impressions, sans en être trop ébranlé. La disposition de cette partie y contribue, parce que par sa mollesse il ralentit le coup et s'en laisse imprimer fort doucement.

---

1. Outre ces deux membranes, il y a l'*arachnoïde*, membrane séreuse intermédiaire entre la *pie-mère* et la *dure-mère*. C'est une membrane mince et transparente, enveloppant le cerveau sans pénétrer dans ses divisions.

La délicatesse extrême des organes des sens aide aussi à produire un si bon effet, parce qu'ils ne pèsent point sur le cerveau, et y font une impression fort tendre et fort douce.

Cela veut dire que le cerveau n'en est point blessé. Car, au reste, cette impression ne laisse pas d'être forte à sa manière et de causer des mouvements assez grands, mais tellement proportionnés à la nature du cerveau, qu'il n'en est point offensé.

Ce serait ici le lieu de considérer les parties qui composent l'œil : ses pellicules appelées tuniques; ses humeurs de différente nature, par lesquelles se font diverses réfractions des rayons; les muscles qui tournent l'œil, et le présentent diversement aux objets comme un miroir; les nerfs optiques qui se terminent en cette membrane déliée qu'on nomme rétine, qui est tendue sur le fond de l'œil comme un velouté délicat et mince, et qui embrasse l'humeur vitrée, au-devant de laquelle est enchâssée la partie de l'œil qu'on nomme le cristallin, à cause qu'elle ressemble à un beau cristal.

Il faudrait aussi remarquer la construction tant extérieure qu'intérieure de l'oreille, et entre autres choses le petit tambour appelé *tympan*, c'est-à-dire cette pellicule si mince et si bien tendue qui, par un petit marteau d'une fabrique extraordinairement délicate, reçoit le battement de l'air, et le fait passer par ses nerfs jusqu'au dedans du cerveau. Mais cette description, aussi bien que celle des autres organes des sens, serait trop longue, et n'est pas nécessaire pour notre sujet.

VII. *Les parties qui règnent par tout le corps, et premièrement les os.*

Outre ces parties qui ont leur région séparée, il y en a d'autres qui s'étendent et règnent par tout le corps, comme sont les os, les artères, les veines et les nerfs.

La plupart des os sont d'une substance sèche et dure, incapable de se courber, et qui peut être cassée plutôt que fléchie. Mais quand ils sont cassés ils peuvent être facilement remis, et la nature y jette une glaire, comme une espèce de soudure, qui fait qu'ils se reprennent plus solidement que jamais. Ce qu'il y a de plus remarquable dans les os, c'est leurs jointures, leurs ligaments et les divers emboîtements des uns dans les autres, par le moyen desquels ils jouent et se meuvent.

Les emboîtements les plus remarquables sont ceux de l'épine du dos, qui règne depuis le chignon du cou jusqu'au croupion. C'est un enchaînement de petits os[1] emboîtés les uns dans les autres, en forme de double charnière, et ouverts au milieu pour donner entrée aux vaisseaux qui doivent y avoir leur passage. Il a fallu faire l'épine du dos de plusieurs pièces, afin qu'on pût courber et dresser le corps, qui serait trop roide si l'épine était d'un seul os.

Le propre des os est de tenir le corps en état, et de lui servir d'appui. Ils font dans l'architecture du corps humain ce que font les pièces de bois dans un bâtiment de charpente. Sans les os tout le corps s'abattrait, et on verrait tomber par pièces toutes les parties. Ils en renferment les unes, comme le crâne, c'est-à-dire l'os de la tête, renferme le cerveau; et les côtes, le poumon et le cœur. Ils en soutiennent les autres, comme les os des bras et des cuisses soutiennent les chairs qui y sont attachées.

Le cerveau est contenu dans plusieurs os joints ensemble, de manière qu'ils ne font qu'une boîte continue. Mais s'il en eût été de même du poumon, cet os aurait été trop grand, par conséquent ou trop fragile ou trop solide, pour se remuer au mouvement des muscles qui devaient dilater ou resserrer la poitrine. C'est pourquoi il a fallu faire ce coffre de la poitrine de plusieurs pièces, qu'on appelle côtes. Elles tiennent ensemble par les peaux qui leur sont communes, et sont plus pliantes que les autres os, pour être capables d'obéir aux mouvements que leurs muscles leur devaient donner.

Le crâne a beaucoup de choses qui lui sont particulières. Il a en haut ses sutures, où il est un peu entr'ouvert, pour laisser évaporer les fumées du cerveau, et servir à l'insertion de l'une de ses enveloppes, c'est-à-dire de la *dure-mère*. Il a aussi ses deux tables, étant composé de deux couches d'os posées l'une sur l'autre avec un artifice admi-

---

1. Ces petits os, au nombre de 32, s'appellent *vertèbres*, mot qui vient de *vertere*, tourner, courber.

rable, entre lesquelles s'insinuent les artères et les veines qui leur portent la nourriture.

VIII. *Les artères, les veines et les nerfs.*

Les artères, les veines et les nerfs sont joints ensemble, et se répandent par tout le corps jusques aux moindres parties.

Les artères et les veines sont des vaisseaux qui portent par tout le corps, pour en nourrir toutes les parties, cette liqueur qu'on appelle sang : de sorte qu'elles-mêmes, pour être nourries, sont pleines d'autres petites artères et d'autres petites veines ; et celles-là d'autres encore, jusques au terme que Dieu seul peut savoir. Et toutes ces veines et ces artères composent avec les nerfs, qui se subdivisent de la même sorte, un tissu vraiment merveilleux et inimitable.

Il y a aux extrémités des artères et des veines de secrètes communications, par où le sang passe continuellement des unes dans les autres.

Les artères le reçoivent du cœur, et les veines l'y reportent. C'est pourquoi, à l'ouverture des artères et à l'embouchure des veines du côté du cœur, il y a des valvules, ou soupapes qui ne s'ouvrent qu'en un sens, et qui, selon le sens dont elles sont tournées, donnent le passage ou empêchent le retour. Celles des artères se trouvent disposées de sorte qu'elles peuvent recevoir le sang en sortant du cœur ; et celles des veines, au contraire, de sorte qu'elles ne peuvent que le rendre au cœur, sans le pouvoir jamais recevoir immédiatement du cœur. Et il y a, par intervalles, le long des artères et des veines, des valvules de même nature qui ne permettent pas au sang, une fois passé, de remonter au lieu d'où il est venu : tellement qu'il est forcé, par le nouveau sang qui survient sans cesse, d'aller toujours en avant, et de rouler sans fin par tout le corps.

Mais ce qui aide le plus à cette circulation, c'est que les artères ont un battement continu et semblable à celui du cœur, et qui le suit. C'est ce qui s'appelle le pouls.

Et il est aisé d'entendre que les artères doivent s'enfler au battement du cœur, qui jette du sang dedans. Mais, outre cela, on a remarqué que par leur composition elles ont, comme le cœur, un battement qui leur est propre.

On peut entendre ce battement, ou en supposant que leurs fibres, une fois enflées par le sang que le cœur y jette, font sur elles-mêmes une espèce de ressort; ou qu'elles sont tournées de sorte qu'elles se remuent comme le cœur même, à la manière des muscles.

Quoi qu'il en soit, l'artère peut être considérée comme un cœur répandu partout pour battre le sang et le pousser en avant; et comme un ressort ou un muscle monté, pour ainsi parler, sur le mouvement du cœur, et qui doit battre en même cadence.

Il paraît donc que, par la structure et le battement de l'artère, le sang doit toujours avancer dans ce vaisseau; et d'ailleurs l'artère, battant sans relâche sur la veine qui lui est conjointe, y doit faire le même effet que sur elle-même, quoique non de même force; c'est-à-dire qu'elle y doit battre le sang, et le pousser continuellement de valvule en valvule, sans le laisser reposer un seul moment.

Et par là il a fallu que l'artère, qui devait avoir un battement si continuel et si ferme, fût d'une consistance plus solide et plus dure que la veine; joint que l'artère, qui reçoit le sang comme il vient du cœur, c'est-à-dire plus échauffé et plus vif, a dû encore pour cette raison être d'une structure plus forte, pour empêcher que cette liqueur n'échappât en abondance par son extrême subtilité, et ne rompît ses vaisseaux, à la manière d'un vin fumeux.

Il n'est pas possible de s'empêcher d'admirer la sagesse de la nature, qui ici, comme partout ailleurs, forme les parties de la manière qu'il faut pour les effets auxquels on les v??t manifestement destinées.

Il y a, à la base du cœur, deux artères et deux principales veines d'où naissent toutes les autres. La plus grande artère s'appelle l'*aorte*[1]; la plus grande veine s'appelle la *veine cave*. L'aorte porte le sang par tout le corps, excepté le cœur et le poumon; la veine cave le reporte de tout le corps, excepté du cœur et du poumon; l'aorte sort du ventricule gauche, la cave aboutit au ventricule droit : du même ventricule sort l'artère du poumon, moindre dans les adultes que l'aorte; aussi ne porte-t-elle que la portion du

---

1. De ἀείρω, élever, pousser, porter.

sang veinal[1] destinée au poumon. La veine du poumon aboutit au ventricule gauche; aussi ne rapporte-t-elle que le sang veinal destiné au poumon, et par lui rendu artériel par le mélange de l'air respiré dans cette partie.

Le cœur est nourri par une artère particulière qui n'a nulle communication immédiate avec l'aorte, et reçoit le sang du ventricule gauche; et le reste du sang, destiné à la nourriture, est rapporté par une veine particulière qui n'a nulle communication immédiate avec le cœur, et rend son sang dans le ventricule droit.

Immédiatement en sortant du cœur, l'aorte et la grande veine envoient une de leurs branches dans le cerveau : et c'est par là que s'y fait ce transport soudain des esprits dont il a été parlé.

Les nerfs sont comme de petites cordes, ou plutôt comme de petits filets, qui commencent par le cerveau, et s'étendent par tout le corps jusqu'aux dernières extrémités.

Partout où il y a des nerfs, il y a quelque sentiment; et partout où il y a du sentiment, il s'y rencontre des nerfs, comme le propre organe des sens.

La cavité des nerfs est remplie d'une certaine moelle qu'on dit être de même nature que le cerveau, à travers de laquelle les esprits peuvent aisément continuer leur cours.

Par là se voient deux usages principaux des nerfs. Ils sont premièrement les organes propres du sentiment. C'est pourquoi à chaque partie qui est le siége de quelqu'un des sens, il y a des nerfs destinés pour servir au sentiment. Par exemple, il y a aux yeux les nerfs optiques, les auditifs aux oreilles, les olfactifs aux narines, et les gustatifs à la langue. Ces nerfs servent aux sens situés dans ces parties; et comme le toucher se trouve par tout le corps, il y a aussi des nerfs répandus par tout le corps.

Ceux qui vont ainsi par tout le corps en sortant du cerveau passent le long de l'épine du dos, d'où ils se partagent et s'étendent dans toutes les parties.

Le second usage des nerfs n'est guère moins important : c'est de porter par tout le corps les esprits qui font agir les muscles et causent tous les mouvements.

Ces mêmes nerfs répandus partout, qui servent au tou-

---

1. On dit aujourd'hui *veineux*.

cher, servent aussi à cette conduite des esprits dans tous les muscles. Mais les nerfs que nous avons considérés comme les propres organes des quatre autres sens n'ont point cet usage.

Et il est à remarquer que les nerfs qui servent au toucher se trouvent même dans les parties qui servent aux autres sens, dont la raison est que ces parties-là ont avec leur sentiment propre celui du toucher. Les yeux, les oreilles, les narines et la langue peuvent recevoir des impressions qui ne dépendent que du toucher seul, et d'où naissent des douleurs auxquelles ni les couleurs, ni les sons, ni les odeurs, ni le goût, n'ont aucune part.

Ces parties ont aussi des mouvements qui demandent d'autres nerfs que ceux qui servent immédiatement à leurs sensations particulières. Par exemple, les mouvements des yeux qui se tournent de tant de côtés, et ceux de la langue qui paraissent si divers dans la parole, ne dépendent en aucune sorte des nerfs qui servent au goût et à la vue. Et aussi y en trouve-t-on beaucoup d'autres : par exemple, dans les yeux, les nerfs moteurs, et les autres que démontre l'anatomie.

Les parties que nous venons de décrire ont toutes, ou presque toutes, de petits passages qu'on appelle pores, par où s'échappent et s'évaporent les matières les plus légères et les plus subtiles, par un mouvement qu'on appelle transpiration.

Après avoir parlé des parties qui ont de la consistance, il faut parler maintenant des liqueurs et des esprits.

IX. *Le sang et les esprits.*

Il y a une liqueur qui arrose tout le corps, et qu'on appelle sang.

Cette liqueur est mêlée dans toute sa masse de beaucoup d'autres liqueurs, telles que sont la bile et les sérosités. Celle qui est rouge, qu'on voit à la fin se figer dans une palette, et qui en occupe le fond, est celle qu'on appelle proprement le sang.

C'est par cette liqueur que la chaleur se répand et s'entretient. C'est d'elle que se nourrissent toutes les parties ; et si l'animal ne se réparait continuellement par cette nourriture, il périrait.

C'est un grand secret de la nature de savoir comment le sang s'échauffe dans le cœur.

Et d'abord on peut penser que, le cœur étant extrêmement chaud[1], le sang s'y échauffe et s'y dilate comme l'eau dans un vaisseau déjà échauffé.

Et si la chaleur du cœur, qu'on ne trouve guère plus grande que celle des autres parties, ne suffit pas pour cela, on y peut ajouter deux choses : l'une, que le sang soit composé, ou en son tout, ou en partie, d'une matière de la nature de celles qui s'échauffent par le mouvement. Et déjà on le voit fort mêlé de bile, matière si aisée à échauffer ; et peut-être que le sang même dans sa propre substance tient de cette qualité. De sorte qu'étant comme il est continuellement battu, premièrement par le cœur, et ensuite par les artères, il vient à un degré de chaleur considérable[2].

L'autre chose qu'on peut dire est qu'il se fait dans le cœur une fermentation du sang.

On appelle fermentation lorsqu'une matière s'enfle par une espèce de bouillonnement, c'est-à-dire par la dilatation de ses parties intérieures. Ce bouillonnement se fait par le mélange d'une autre matière qui se répand et s'insinue entre les parties de celle qui est fermentée, et qui, les poussant du dedans au dehors, leur donne une plus grande circonférence. C'est ainsi que le levain enfle la pâte.

On peut donc penser que le cœur mêle dans le sang une matière, quelle qu'elle soit, capable de le fermenter ; ou même, sans chercher plus loin, qu'après que l'artère a reçu le sang que le cœur y pousse, quelque partie restée dans le cœur sert de ferment au nouveau sang que la veine y décharge aussitôt après, comme un peu de vieille pâte aigrie fermente et enfle la nouvelle.

Soit donc qu'une de ces causes suffise, soit qu'il faille les joindre toutes ensemble, ou que la nature ait encore quelque

---

1. Selon la physique du temps. On sait maintenant que la chaleur du sang, et par conséquent celle du cœur, tiennent à la combustion de l'air dans les poumons.

2. On a vu ci-dessus que la chaleur du sang tient à une autre cause.

autre secret inconnu aux hommes, il est certain que le sang s'échauffe beaucoup dans le cœur, et que cette chaleur entretient la vie.

Car d'un sang refroidi il ne s'engendre plus d'esprits; ainsi le mouvement cesse, et l'animal meurt.

Le sang doit avoir une certaine consistance médiocre; et quand il est ou trop subtil, ou trop épais, il en arrive divers maux à tout le corps.

Il bouillonne quelquefois extraordinairement, et souvent il s'épaissit avec excès; ce qui lui doit arriver par le mélange de quelque liqueur.

Et il ne faut pas croire que cette liqueur qui peut ou épaissir tout le sang, ou le faire bouillonner, soit toujours en grande quantité, l'expérience faisant voir combien peu il faut de levain pour enfler beaucoup de pâte, et que souvent une seule goutte d'une certaine liqueur agite et fait bouillir une quantité beaucoup plus grande d'une autre.

C'est par là qu'une goutte de venin, entrée dans le sang, en fige toute la masse, et nous cause une mort certaine. Et on peut croire de même qu'une goutte de liqueur d'une autre nature fera bouillonner tout le sang. Ainsi ce n'est pas toujours la trop grande quantité de sang, mais c'est souvent son bouillonnement qui le fait sortir des veines, et qui cause le saignement de nez, ou les autres accidents semblables, qu'on ne guérit pas toujours en tirant du sang, mais en trouvant ce qui est capable de le rafraîchir et de le calmer.

Nous avons déjà dit du sang, qu'il a un cours perpétuel du cœur dans les artères, des artères dans les veines, et des veines encore dans le cœur, d'où il est jeté de nouveau dans les artères; et toujours de même tant que l'animal est vivant.

Ainsi c'est le même sang qui est dans les artères et dans les veines, avec cette différence que le sang artériel, sortant immédiatement du cœur, doit être plus chaud, plus subtil et plus vif; au lieu que celui des veines est plus tempéré et plus épais. Il ne laisse pas d'avoir sa chaleur, mais plus modérée, et se figerait tout à fait s'il croupissait dans les veines et ne venait bientôt se réchauffer dans le cœur.

Le sang artériel a encore cela de particulier, que quand l'artère est piquée, on le voit saillir comme par bouillons et à diverses reprises, ce qui est causé par le battement de l'artère.

Toutes les humeurs, comme la bile, la lymphe ou sérosité, coulent avec le sang dans les mêmes vaisseaux, et en sont aussi séparées en certaines parties du corps, ainsi qu'il a été dit. Ces humeurs sont de différentes qualités par leur propre nature, selon qu'elles sont diversement préparées et pour ainsi dire criblées. C'est de cette masse commune que sont empreintes et formées live, les urines, les sueurs, les eaux contenues dans les vaisseaux lymphatiques qu'on trouve auprès des veines : celles qui remplissent les glandes de l'estomac, par exemple, qui servent tant à la digestion; ces larmes enfin que la nature fournit à certains tuyaux auprès des yeux pour les humecter.

Les esprits sont la partie la plus vive et la plus agitée du sang, et mettent en action toutes les parties.

X. *Le sommeil, la veille et la nourriture.*

Quand les esprits sont épuisés à force d'agir, les nerfs se détendent, tout se relâche, l'animal s'endort et se délasse du travail et de l'action où il est sans cesse pendant qu'il veille.

Le sang et les esprits se dissipent continuellement, et ont aussi besoin d'être réparés.

Pour ce qui est des esprits, il est aisé de concevoir qu'étant si subtils et si agités, ils passent à travers les pores, et se dissipent d'eux-mêmes par leur propre agitation.

On peut aussi aisément comprendre que le sang, à force de passer et de repasser dans le cœur, s'évaporerait à la fin. Mais il y a une raison particulière de la dissipation du sang tirée de la nourriture.

Les parties de notre corps doivent bien avoir quelque consistance. Mais si elles n'avaient aussi quelque mollesse, elles ne seraient pas assez maniables, ni assez pliantes pour faciliter le mouvement. Étant donc, comme elles sont, assez tendres, elles se dissipent et se consument facilement, tant par leur propre chaleur que par la perpétuelle agitation des corps qui les environnent. C'est pour cela qu'un corps mort, par la seule agitation de l'air auquel il est exposé, se corrompt et se pourrit[1] : car l'air ainsi agité, ébranlant ce corps mort par le dehors, et s'insinuant dans les pores par sa subtilité, à la fin l'altère et le dissout. Le même arriverait à un corps vivant, s'il n'était réparé par la nourriture.

Ce renouvellement des chairs et des autres parties du corps paraît principalement dans la guérison des blessures qu'on voit se fermer, et en même temps les chairs revenir par une assez prompte régénération.

Cette réparation se fait par le moyen du sang qui coule dans les artères, dont les plus subtiles parties, s'échappant par les pores, dégouttent sur tous les membres, où elles se prennent, s'y attachent, et les renouvellent. C'est par là que le corps croît et s'entretient, comme on voit les plantes et les fleurs croître et s'entretenir par l'eau de la pluie. Ainsi le sang, toujours employé à nourrir et à réparer l'animal, s'épuiserait aisément s'il n'était lui-même réparé, et la source en serait bientôt tarie.

La nature y a pourvu par les aliments qu'elle nous a préparés, et par les organes qu'elle a disposés pour renouveler le sang, et par le sang tout le corps.

L'aliment commence premièrement à s'amollir dans la bouche par le moyen de certaines eaux épreintes des glandes qui y aboutissent. Ces eaux détrempent les viandes, et font qu'elles peuvent plus facilement être brisées et broyées par les mâchoires, ce qui est un commencement de digestion.

De là elles sont portées par l'œsophage dans l'estomac, où il coule dessus d'autres sortes d'eaux épreintes d'autres glandes, qui se voient en nombre infini dans l'estomac même. Par le moyen de ces eaux, et à la faveur de la chaleur du foie, les viandes se cuisent dans l'estomac, à peu près comme elles feraient dans une marmite mise sur le feu. Ce qui se fait d'autant plus facilement, que ces eaux de l'estomac sont de la nature des eaux fortes ; car elles ont la vertu d'inciser les viandes, et les coupent si menues qu'il n'y a plus rien de l'ancienne forme.

C'est ce qui s'appelle la digestion, qui n'est autre chose

---

1. On sait maintenant que la corruption des corps tient, non pas à l'agitation de l'air, mais à la décomposition de leurs parties, sous l'influence des gaz délétères qu'ils engendrent, lorsqu'ils sont privés de vie.

que l'altération que souffre l'aliment dans l'estomac, pour être disposé à s'incorporer à l'animal.

Cette matière digérée blanchit et devient comme liquide : c'est ce qui s'appelle le chyle.

Il est porté de l'estomac au boyau qui est au-dessous, et où se commence la séparation du pur et de l'impur, laquelle se continue tout le long des intestins.

Elle se fait par le pressement continuel que cause la respiration, et le mouvement du diaphragme sur les boyaux. Car étant ainsi pressés, la matière dont ils sont pleins est contrainte de couler dans toutes les ouvertures qu'elle trouve dans son passage; en sorte que les veines lactées, qui sont attachées aux boyaux, ne peuvent manquer d'être remplies par ce mouvement.

Mais comme elles sont fort minces, elles ne peuvent recevoir que les parties les plus délicates, qui, exprimées par le pressement des intestins, se jettent dans ces veines, et y forment cette liqueur blanche qui les remplit et les colore, pendant que le plus grossier, par la force du même pressement, continue son chemin dans les intestins jusqu'à ce que le corps en soit déchargé.

Car il y a quelques valvules disposées d'espace en espace dans les gros boyaux, qui empêchent également la matière de remonter et de descendre trop vite; et on remarque, outre cela, un mouvement vermiculaire de haut en bas, qui détermine la matière à prendre un certain cours.

La liqueur des veines lactées est celle que la nature prépare pour la nourriture de l'animal. Le reste est le superflu, et comme le marc qu'elle rejette, qu'on appelle aussi, par cette raison, excrément.

Ainsi se fait la séparation du liquide d'avec le grossier, et du pur d'avec l'impur, à peu près de la même sorte que le vin et l'huile s'expriment du raisin et de l'olive pressée; ou comme la fleur de farine par un sas plutôt que le son; ou que certaines liqueurs, passées par une chausse, se clarifient, et y laissent ce qu'elles ont de plus grossier.

Les détours des boyaux repliés les uns sur les autres font que la matière, digérée dans l'estomac, séjourne plus longtemps dans les boyaux, et donne tout le loisir nécessaire à la respiration pour exprimer tout le bon suc, en sorte qu'il ne s'en perde aucune partie.

Il arrive aussi, par ces détours et par la disposition intérieure des boyaux, que l'animal ayant une fois pris nourriture peut demeurer longtemps sans en prendre de nouvelle, parce que le suc épuré qui le nourrit est longtemps à s'exprimer; ce qui fait durer la distribution, et empêche la faim de revenir sitôt.

Et on remarque que les animaux qu'on voit presque toujours affamés, comme par exemple les loups, ont les intestins fort droits. D'où il arrive que l'aliment digéré y séjourne peu, et que le besoin de manger est pressant et revient souvent.

Comme les entrailles, pressées par la respiration, jettent dans les veines lactées la liqueur dont nous venons de parler, ces veines, pressées par la même force, la poussent au milieu du mésentère dans la glande où nous avons dit qu'elles aboutissent; d'où le même pressement les porte dans un certain réservoir, nommé le *réservoir de Pecquet*[1], du nom d'un fameux anatomiste de nos jours, qui l'a découvert.

De là il passe dans un long vaisseau qui, par la même raison, est appelé le canal ou le *conduit de Pecquet*. Ce vaisseau, étendu le long de l'épine du dos, aboutit un peu au-dessus du cou à une des veines qu'on appelle sous-clavières; d'où il est porté dans le cœur, et là il prend tout à fait la forme de sang.

Il sera aisé de comprendre comme le chyle est élevé à cette veine, si on considère que le long de ce *vaisseau de Pecquet* il y a des valvules disposées par intervalles, qui empêchent cette liqueur de descendre; et que d'ailleurs elle est continuellement poussée en haut, tant par la matière qui vient en abondance des veines lactées, que par le mouvement du poumon qui fait monter ce suc en pressant le vaisseau où il est contenu.

Il n'est pas croyable à combien de choses sert la respiration. Elle rafraîchit le cœur et le sang; elle entraîne avec elle et pousse dehors les fumées qu'excite la chaleur du cœur; elle fournit l'air dont se forme la voix et la parole; elle aide, par l'air qu'elle attire, à la génération des esprits; elle pousse le chyle des entrailles dans les veines lactées, de là

---

1. C'est le réservoir du chyle.

dans la glande du mésentère, ensuite dans le *reservoir* et le *canal de Pecquet*, et enfin dans la sous-clavière; et en même temps elle facilite l'éjection des excréments, toujours en pressant les intestins.

Voilà quelle est à peu près la disposition du corps, et l'usage de ses parties, parmi lesquelles il paraît que le cœur et le cerveau sont les principales, et celles, pour ainsi dire, qui mènent toutes les autres.

XI. *Le cœur et le cerveau sont les deux maîtresses-parties.*

Ces deux maîtresses-parties influent dans tout le corps. Le cœur y renvoie partout le sang dont il est nourri; et le cerveau y distribue de tous côtés les esprits par lesquels il est remué.

Au premier, la nature a donné les artères et les veines pour la distribution du sang; et elle a donné les nerfs au second pour l'administration des esprits.

Nous avons vu que la fabrique des esprits se commence par le cœur, lorsque battant le sang et l'échauffant, il en élève les parties les plus subtiles au cerveau, qui les perfectionne, et qui ensuite en renvoie au cœur ce qui est nécessaire pour produire son battement.

Ainsi, ces deux maîtresses-parties, qui mettent, pour ainsi dire, tout le corps en action, s'aident mutuellement dans leurs fonctions, puisque, sans le sang que le cœur envoie au cerveau, le cerveau n'aurait pas de quoi former les esprits, et que le cœur aussi n'aurait point de mouvement sans les esprits que le cerveau lui renvoie.

Dans ce secours nécessaire que se donnent ces deux parties, laquelle des deux commence? c'est ce qu'il est malaisé de déterminer; et il faudrait pour cela avoir recours à la première formation de l'animal.

Pour entendre ce qu'il y a ici de plus constant, il faut penser, avant toutes choses, que le fœtus ou l'embryon, c'est-à-dire l'animal qui se forme, est engendré d'autres animaux déjà formés et vivants, où il y a par conséquent du sang et des esprits déjà tout faits, qui peuvent se communiquer à l'animal qui commence.

On voit, en effet, que l'embryon est nourri du sang de la

mère qui le porte. On peut donc penser que ce sang, étant conduit dans le cœur de ce petit animal qui commence d'être, s'y échauffe et s'y dilate par la chaleur naturelle à cette partie; que de là passe au cerveau ce sang subtil, qui achève de s'y former en esprits en la manière qui a été dite; que ces esprits, revenus au cœur par les nerfs, causent son premier battement, qui se continue ensuite à peu près comme celui d'un pendule après une première vibration.

On peut penser aussi, et peut-être plus vraisemblablement, que l'animal étant tiré des semences pleines d'esprits, le cerveau, par sa première conformation, en peut avoir ce qu'il lui en faut pour exciter dans le cœur cette première pulsation, d'où suivent toutes les autres.

Quoi qu'il en soit, l'animal qui se forme venant d'un animal déjà formé, on peut aisément comprendre que le mouvement se continue de l'un à l'autre; et que le premier ressort dont Dieu a voulu que tout dépendît étant une fois ébranlé, ce même mouvement s'entretient toujours.

Au reste, outre les parties que nous venons de considérer dans le corps, il y en a beaucoup d'autres connues et inconnues à l'esprit humain; mais ceci suffit pour entendre l'admirable économie de ce corps, si sagement et si délicatement organisé, et les principaux ressorts par lesquels s'en exercent les opérations.

XII. *La santé, la maladie, la mort; et, à propos des maladies, les passions en tant qu'elles regardent le corps.*

Quand le corps est en bon état et dans sa disposition naturelle, c'est ce qui s'appelle santé. La maladie, au contraire, est la mauvaise disposition du tout ou de ses parties. Que si l'économie du corps est tellement troublée que les fonctions naturelles cessent tout à fait, la mort de l'animal s'ensuit.

Cela doit arriver précisément quand les deux maîtresses-pièces, c'est-à-dire le cerveau et le cœur, sont hors d'état d'agir; c'est-à-dire quand le cœur cesse de battre, et que le cerveau ne peut plus exercer cette action, quelle qu'elle soit, qui envoie les esprits au cœur.

Car encore que le concours des autres parties soit nécessaire pour nous faire vivre, la cessation de leur action nous fait languir, mais ne nous tue pas tout à coup; au lieu que quand l'action du cerveau ou du cœur cesse tout à fait, on meurt à l'instant.

Or, on peut en général concevoir trois choses capables de causer dans ces deux parties cette cessation : la première, si elles sont ou altérées dans leurs substances, ou dérangées dans leur composition; la seconde, si les esprits, qui sont, pour ainsi dire, l'âme du ressort, viennent à manquer; la troisième, si, ne manquant pas et se trouvant préparés, ils sont empêchés par quelque autre cause de couler, ou du cerveau dans le cœur, ou du cœur dans le cerveau.

Et il semble que toute machine doive cesser par une de ces causes : car ou le ressort se rompt, comme les tuyaux dans un orgue et les roues ou les meules dans un moulin; ou le moteur cesse, comme si la rivière qui fait aller les roues est détournée, ou que le soufflet qui pousse l'air dans l'orgue soit brisé; ou, le moteur ou le mobile étant en état, l'action de l'un sur l'autre est empêchée par quelque autre corps, comme si quelque chose au dedans de l'orgue empêche le vent d'y entrer, ou que, l'eau et toutes les roues étant comme il faut, quelque corps interposé en un endroit principal empêche le jeu.

Appliquant ceci au corps de l'homme, machine sans comparaison plus composée et plus délicate, mais, en ce que l'homme a de corporel, pure machine, on peut concevoir qu'il meurt, si les ressorts principaux se corrompent; si les esprits, qui sont le moteur, s'éloignent; ou si, les ressorts étant en état et les esprits prêts, le jeu en est empêché par quelque autre cause.

S'il arrive, par quelque coup, que le cerveau ou le cœur soient entamés et que la continuité des filets soit interrompue, et, sans entamer la substance, si le cerveau ou se ramollit ou se dessèche excessivement, ou que, par un accident semblable, les fibres du cœur se roidissent ou se relâchent tout à fait; alors l'action de ces deux ressorts, d'où dépend tout le mouvement, ne subsiste plus, et toute la machine est arrêtée.

Mais quand le cerveau et le cœur demeureraient en leur entier, dès là que les esprits manquent, les ressorts cessent faute de moteur. Et quand il se formerait des esprits conditionnés comme il faut, si les tuyaux par où ils doivent passer, ou resserrés, ou remplis de quelque autre chose, leur ferment l'entrée ou le passage, c'est de même que s'ils n'étaient plus. Ainsi le cerveau et le cœur, dont l'action et la communication nous font vivre, restent sans force; le mouvement cesse dans son principe, toute la machine demeure et ne se peut plus rétablir.

Voilà ce qu'on appelle la mort; et les dispositions à cet égard s'appellent maladies.

Ainsi toute altération dans le sang qui l'empêche de fournir pour les esprits une matière louable rend le corps malade. Et si la chaleur naturelle, ou étouffée par la trop grande épaisseur du sang, ou dissipée par son excessive subtilité, n'envoie plus d'esprits, il faut mourir : tellement qu'on peut définir la mort, la cessation du mouvement dans le sang et dans le cœur.

Outre les altérations qui arrivent dans le corps par les maladies, il y en a qui sont causées par les passions, qui, à vrai dire, sont une espèce de maladie. Il serait trop long d'expliquer ici toutes ces altérations; et il suffit d'observer, en général, qu'il n'y a point de passion qui ne fasse quelque changement dans les esprits, et par les esprits dans le cœur et dans le sang. Et c'est une suite nécessaire de l'impression violente que certains objets font dans le cerveau.

De là il arrive nécessairement que quelques-unes des passions les y excitent et les y agitent avec violence, et que les autres les y ralentissent. Les unes par conséquent les font couler plus abondamment dans le cœur, et les autres moins. Celles qui les font abonder, comme la colère et l'audace, les répandent avec profusion, et les poussent de tous côtés au dedans et au dehors. Celles qui tendent à les supprimer et à les retenir, telles que sont la tristesse et le désespoir, les retiennent serrés au dedans, comme pour les ménager.

De là naissent, dans le cœur et dans le pouls, des battements, les uns plus lents, les autres plus vites; les uns incertains et inégaux, et les autres plus mesurés : d'où il arrive dans le sang divers changements, et de là conséquemment de nouvelles altérations dans les esprits. Les membres extérieurs reçoivent aussi de différentes dispositions. Quand on est attaqué, le cerveau envoie plus d'esprits aux bras et aux mains, et c'est ce qui fait qu'on est plus fort dans la colère. Dans cette passion, les muscles s'affermissent, les nerfs se bandent, les poings se ferment, tout se tourne à l'ennemi pour l'écraser, et le corps est disposé à se ruer sur lui de tout son poids. Quand il s'agit de poursuivre un bien ou de fuir un mal pressant, les esprits accourent avec abondance aux cuisses et aux jambes pour hâter la course; tout le corps, soutenu par leur extrême vivacité, devient plus léger; ce qui a fait dire au poëte[1], parlant d'Apollon et de Daphné : *Hic spe celer, illa timore.* Si un bruit un peu extraordinaire menace de quelque coup, on s'éloigne naturellement de l'endroit d'où vient le bruit, en y jetant l'œil, afin d'esquiver plus facilement; et quand le coup est reçu, la main se porte aussitôt aux parties blessées pour ôter, s'il se peut, la cause du mal, tant les esprits sont disposés dans les passions à seconder promptement les membres qui ont besoin de se mouvoir.

Par l'agitation du dedans la disposition du dehors est toute changée. Selon que le sang accourt au visage ou s'en retire, il y paraît ou rougeur ou pâleur. Ainsi on voit dans la colère les yeux allumés; on y voit rougir le visage, qui, au contraire, pâlit dans la crainte. La joie et l'espérance en adoucissent les traits, ce qui répand sur le front une image de sérénité. La colère et la tristesse, au contraire, les rendent plus rudes, et leur donnent un air ou plus farouche, ou plus sombre. La voix change aussi en diverses sortes : car selon que le sang ou les esprits coulent plus ou moins dans le poumon, dans les muscles qui l'agitent et dans la trachée-artère par où il respire l'air, ces parties, ou dilatées, ou pressées diversement, poussent tantôt des sons éclatants, tantôt des cris aigus, tantôt des voix confuses, tantôt de longs gémissements, tantôt des soupirs entrecoupés. Les larmes accompagnent de tels états, lorsque les tuyaux qui en sont la source sont dilatés ou pressés à une certaine mesure. Si le sang refroidi, et par là épaissi, se porte lentement au cerveau, et lui fournit moins de matière d'esprits qu'il ne faut; ou si, au contraire, étant ému et échauffé plus qu'à l'ordinaire, il en fournit trop, il arrivera tantôt des tremblements et des convulsions, tantôt des langueurs et des défaillances. Les muscles

---

1. Ovide, dans ses *Métamorphoses.*

se relâcheront, et on se sentira prêt à tomber. Ou bien les fibres mêmes de la peau qui couvre la tête, faisant alors l'effet des muscles et se resserrant excessivement, la peau, se retirant sur elle-même, fera dresser les cheveux, dont elle enferme la racine, et causera ce mouvement qu'on appelle horreur. Les physiciens expliquent en particulier ces altérations; mais c'est assez pour notre dessein d'en avoir remarqué en général la nature, les causes, les effets et les signes.

Les passions, à les regarder seulement dans le corps, semblent n'être autre chose qu'une agitation extraordinaire des esprits ou du sang, à l'occasion de certains objets qu'il faut fuir ou poursuivre.

Ainsi la cause des passions doit être l'impression et le mouvement qu'un objet de grande force fait dans le cerveau.

De là suit l'agitation et des esprits et du sang, dont l'effet naturel doit être de disposer le corps de la manière qu'il faut pour fuir l'objet ou le suivre; mais cet effet est souvent empêché par accident.

Les signes des passions, qui en sont aussi des effets, mais moins principaux, c'est ce qui en paraît au dehors: tels sont les larmes, les cris et les autres changements, tant de la voix que des yeux et du visage.

Car comme il est de l'institution de la nature que les passions des uns fassent impression sur les autres, par exemple que la tristesse de l'un excite la pitié de l'autre; que, lorsque l'un est disposé à faire du mal par la colère, l'autre soit disposé, en même temps, ou à la défense, ou à la retraite, et ainsi du reste; il a fallu que les passions n'eussent pas seulement de certains effets au dedans, mais qu'elles eussent encore au dehors chacune son propre caractère, dont les autres hommes pussent être frappés.

Et cela paraît tellement du dessein de la nature, qu'on trouve sur le visage une infinité de nerfs et de muscles dont on ne reconnaît point d'autre usage que d'en tirer en divers sens toutes les parties, et d'y peindre les passions par la secrète correspondance de leurs mouvements avec les mouvements intérieurs.

XIII. *La correspondance de toutes les parties.*

Il nous reste encore à considérer le consentement de toutes les parties du corps pour s'entr'aider mutuellement et pour la défense du tout. Quand on tombe d'un côté, la tête, le cou et tout le corps se tournent à l'opposite. De peur que la tête ne se heurte, les mains se jettent devant elle et s'exposent aux coups qui la briseraient. Dans la lutte, on voit le coude se présenter comme un bouclier devant le visage, les paupières se ferment pour garantir l'œil. Si on est fortement penché d'un côté, le corps se porte de l'autre pour faire le contre-poids, et se balance lui-même en diverses manières pour prévenir une chute ou pour la rendre moins incommode. Par la même raison, si on porte un grand poids d'un des côtés, on se sert de l'autre pour contre-peser. Une femme qui porte un seau d'eau pendu à la droite étend le bras gauche, et se penche de ce côté-là. Celui qui porte sur le dos se penche en avant; et, au contraire, quand on porte sur la tête, le corps naturellement se tient droit. Enfin il ne manque jamais de se situer de la manière la plus convenable pour se soutenir; en sorte que les parties ont toujours un même centre de gravité qu'on prend au juste, comme si on savait la mécanique. A cela on peut rapporter certains effets des passions que nous avons remarqués. Enfin il est visible que les parties du corps sont disposées à se prêter un secours mutuel et à concourir ensemble à la conservation de leur tout.

Tant de mouvements si bien ordonnés et si forts, selon les règles de la mécanique, se font en nous sans science, sans raisonnement et sans réflexion; au contraire, la réflexion ne feroit ordinairement qu'embarrasser. Nous verrons dans la suite qu'il se fait en nous, sans que nous le sachions ou que nous le sentions, une infinité de mouvements semblables. La prunelle s'élargit ou se rétrécit de la manière la plus convenable à nous donner plus ou moins de jour; l'œil s'aplatit et s'allonge, selon que nous avons besoin de voir de loin ou de près. La glotte s'élargit ou s'étrécit, selon les tons qu'elle doit former. La bouche se dispose et la langue se remue comme il faut pour les différentes articulations. Un petit enfant, pour tirer des mamelles de sa nourrice la liqueur dont il se nourrit, ajuste aussi bien ses lèvres et sa langue que s'il savait l'art des pompes aspirantes; ce qu'il fait même en dormant, tant la nature a voulu nous faire voir que ces choses n'avaient pas besoin de notre attention.

Mais moins il y a d'adresse et d'art, de notre côté, dans des mouvements si proportionnés et si justes, plus il en paraît dans celui qui a si bien disposé toutes les parties de notre corps.

XIV. *Récapitulation, où sont ramassées les propriétés de l'âme et du corps.*

Par les choses qui ont été dites, il est aisé de comprendre la différence de l'âme et du corps; et il n'y a qu'à considérer les diverses propriétés que nous y avons remarquées.

Les propriétés de l'âme sont : voir, ouïr, goûter, sentir, imaginer ; avoir du plaisir ou de la douleur, de l'amour ou de la haine, de la joie ou de la tristesse, de la crainte ou de l'espérance; assurer, nier, douter, raisonner, réfléchir et considérer, comprendre, délibérer, se résoudre, vouloir ou ne vouloir pas. Toutes choses qui dépendent du même principe et que nous avons entendues très-distinctement sans nommer le corps, si ce n'est comme l'objet que l'âme aperçoit ou comme l'organe dont elle se sert.

La marque que nous entendons distinctement ces opérations de notre âme, c'est que jamais nous ne prenons l'une pour l'autre. Nous ne prenons point le doute pour l'assurance, ni affirmer pour nier, ni raisonner pour sentir; nous ne confondons pas l'espérance avec le désespoir, ni la crainte avec la colère, ni la volonté de vivre selon la raison avec celle de vivre selon les sens et les passions.

Ainsi nous connaissons distinctement les propriétés de l'âme. Voyons maintenant celles du corps.

Les propriétés du corps, c'est-à-dire des parties qui le composent, sont d'être étendues plus ou moins, d'être agitées plus vite ou plus lentement, d'être ouvertes ou d'être fermées, dilatées ou pressées, tendues ou relâchées, jointes ou séparées les unes des autres, épaisses ou déliées, capables d'être insinuées en certains endroits plutôt qu'en d'autres; choses qui appartiennent au corps et qui en font manifestement la nourriture, l'augmentation, la diminution, le mouvement et le repos.

En voilà assez pour connaître la nature de l'âme et du corps et l'extrême différence de l'un et de l'autre.

CHAPITRE TROISIÈME.

DE L'UNION DE L'ÂME ET DU CORPS.

I. *L'âme est naturellement unie au corps.*

Il a plu néanmoins à Dieu que des natures si différentes fussent étroitement unies. Et il était convenable, afin qu'il y eût de toutes sortes d'êtres dans le monde, qu'il s'y trouvât et des corps qui ne fussent unis à aucun esprit, tels que sont la terre et l'eau et les autres de cette nature; et des esprits qui, comme Dieu même, ne fussent unis à aucun corps, tels que sont les anges; et aussi des esprits unis à un corps, tels qu'est l'âme raisonnable, à qui, comme à la dernière de toutes les créatures intelligentes, il devait échoir en partage ou plutôt convenir naturellement de faire un même tout avec le corps qui lui est uni.

Ce corps, à le regarder comme organique, est un par la proportion et la correspondance de ses parties; de sorte qu'on peut l'appeler un même organe, de même et à plus forte raison qu'un luth ou un orgue est appelé un seul instrument. D'où il résulte que l'âme lui doit être unie en son tout, parce qu'elle lui est unie comme à un seul organe parfait dans sa totalité.

II. *Deux effets principaux de cette union et deux genres d'opérations dans l'âme.*

C'est cette union admirable de notre corps et de notre âme que nous avons à considérer. Et quoiqu'il soit difficile et peut-être impossible à l'esprit humain d'en pénétrer le secret, nous en voyons pourtant quelque fondement dans les choses qui ont été dites.

Nous avons distingué dans l'âme deux sortes d'opérations : les opérations sensitives et les opérations intellectuelles; les unes attachées à l'altération et au mouvement des organes corporels, les autres supérieures au corps et nées pour le gouverner.

Car il est visible que l'âme se trouve assujettie par ses sensations aux dispositions corporelles; et il n'est pas moins clair que, par le commandement de la volonté, guidée par l'intelligence, elle remue les bras, les jambes, la tête, et enfin transporte tout le corps.

Que si l'âme n'était simplement qu'intellectuelle, elle serait tellement au-dessus du corps qu'on ne saurait par où elle y devrait tenir; mais parce qu'elle est sensitive, c'est-à-dire jointe à un corps, et par là chargée de veiller à sa conservation et à sa défense, elle a dû être unie au corps par cet endroit-là, ou, pour mieux dire, par toute sa substance, puisqu'elle est indivisible et qu'on peut bien en distinguer les opérations, mais non pas la partager dans son fond.

Dès là que l'âme est sensitive, elle est sujette au corps de ce côté-là, puisqu'elle souffre de ses mouvements, et que les sensations, les unes fâcheuses et les autres agréables, y sont attachées.

De là suit que l'âme, qui remue les membres et tout le corps par sa volonté, le gouverne comme une chose qui lui est intimement unie, qui la fait souffrir elle-même, lui cause des plaisirs et des douleurs extrêmement vives.

Or, l'âme ne peut mouvoir le corps que par sa volonté, qui naturellement n'a nul pouvoir sur le corps, comme le corps ne peut naturellement rien sur l'âme pour la rendre heureuse ou malheureuse; les deux substances étant de nature si différente que l'une ne pourrait rien sur l'autre si Dieu, créateur de l'une et de l'autre, n'avait, par sa volonté souveraine, joint ces deux substances par la dépendance mutuelle de l'une à l'égard de l'autre; ce qui est une espèce de miracle perpétuel, général et subsistant, qui paraît dans toutes les sensations de l'âme et dans tous les mouvements volontaires du corps.

Voilà ce que nous pouvons entendre de l'union de l'âme avec le corps, et elle se fait remarquer principalement par deux effets.

Le premier est que de certains mouvements du corps suivent certaines pensées ou sentiments dans l'âme; et le second, réciproquement, qu'à une certaine pensée ou sentiment qui arrive à l'âme sont attachés certains mouvements qui se font en même temps dans le corps : par exemple, de ce que les chairs sont coupées, c'est-à-dire séparées les unes des autres, ce qui est un mouvement dans le corps, il arrive que je sens en moi la douleur, que nous avons vue être un sentiment de l'âme; et de ce que j'ai dans l'âme la volonté que ma main soit remuée, il arrive qu'elle l'est en effet au même moment.

Le premier de ces deux effets paraît dans les opérations où l'âme est assujettie au corps, qui sont les opérations sensitives; et le second paraît dans les opérations où l'âme préside au corps, qui sont les opérations intellectuelles.

Considérons ces deux effets l'un après l'autre. Voyons, avant toutes les choses, ce qui se fait dans l'âme ensuite des mouvements du corps; et nous verrons après ce qui arrive dans le corps ensuite des pensées de l'âme.

III. *Les sensations sont attachées à des mouvements corporels qui se font en nous.*

Et d'abord il est clair que tout ce qu'on appelle sentiment ou sensation, je veux dire la perception des couleurs, des sons, du bon et du mauvais goût, du chaud et du froid, de la faim et de la soif, du plaisir et de la douleur, suivent les mouvements et l'impression que font les objets sensibles sur nos organes corporels.

Mais pour entendre plus distinctement par quels moyens cela s'exécute, il faut supposer plusieurs choses constantes :

La première, qu'en toute sensation il se fait un contact et une impression réelle et matérielle sur nos organes, qui vient ou immédiatement ou originairement de l'objet.

Et déjà, pour le toucher et le goût, le contact y est palpable et immédiat. Nous ne goûtons que ce qui est immédiatement appliqué à notre langue; et à l'égard du toucher, le mot l'emporte, puisque toucher et contact c'est la même chose.

Et encore que le soleil et le feu nous échauffent étant éloignés, il est clair qu'ils ne font impression sur notre corps qu'en la faisant sur l'air qui le touche. Le même se doit dire du froid; et ainsi ces deux sensations appartenantes au toucher se font par l'application et l'attouchement de quelque corps.

On doit croire que si le goût et le toucher demandent un contact réel, il ne sera pas moins dans les autres sens, quoiqu'il y soit plus délicat.

Et l'expérience le fait voir même dans la vue, où le contact des objets et l'ébranlement de l'organe corporel paraît le moins; car on peut aisément sentir, en regardant le soleil, combien ses rayons directs sont capables de nous blesser; ce qui ne peut venir que d'une trop violente agitation des parties qui composent l'œil. Cette agitation, causée par l'union des rayons dans le cristallin, a un point brûlant qui aveuglerait, c'est-à-dire brûlerait l'organe de la vision, si on s'opiniâtrait à regarder fixement le soleil.

Mais encore que ces rayons nous blessent moins étant réfléchis, le coup en est souvent très-fort, et le seul effet du blanc nous fait sentir que les couleurs ont plus de force que nous ne pensons pour nous émouvoir; car il est certain que le blanc frappe fortement les nerfs optiques. C'est pourquoi cette couleur blesse la vue; ce qui paraît tellement à ceux qui voyagent parmi les neiges pendant que la campagne en est couverte, qu'ils sont contraints de se défendre contre l'effort que cette blancheur fait sur les yeux en les couvrant de quelque verre, sans quoi ils perdraient la vue. Les ténèbres, qui font sur nous le même effet que le noir, nous font perdre la vue d'une autre sorte, lorsque les nerfs optiques, par une longue désaccoutumance de souffrir la lumière même réfléchie, sont exposés tout à coup à une grande lumière dans un lieu où tout est blanc; ou lorsque, après une longue captivité dans un lieu parfaitement ténébreux, faute d'exercice, ils s'affaissent et se flétrissent, et par là deviennent immobiles et incapables d'être ébranlés par les objets. On sent aussi, à la longue, qu'un noir trop foncé fait beaucoup de mal; et par l'effet sensible de ces deux couleurs principales, on peut juger de celui de toutes les autres.

Quant aux sons, l'agitation de l'air et le coup qui en vient à notre oreille sont choses trop sensibles pour être révoquées en doute. On se sert du son des cloches pour dissiper les nuées. Souvent de grands cris ont tellement fendu l'air que les oiseaux en sont tombés; d'autres ont été jetés par terre par le seul vent d'un boulet. Et peut-on avoir peine à croire que les oreilles soient agitées par le bruit, puisque même les bâtiments en sont ébranlés et qu'on les en voit trembler? On peut juger par là de ce que fait une plus douce agitation sur des parties plus délicates.

Cette agitation de l'air est si palpable, qu'elle se fait même sentir en d'autres parties du corps. Chacun peut remarquer ce que certains sons, comme celui d'un orgue ou d'une basse de viole, font sur son corps. Les paroles se font sentir aux extrémités des doigts situés d'une certaine façon; et on peut croire que les oreilles, formées pour recevoir cette impression, la recevront aussi beaucoup plus forte.

L'effet des senteurs nous paraît par l'impression qu'elles font sur la tête. De plus, on ne verrait pas les chiens suivre le gibier en flairant les endroits où il a passé, s'il ne restait quelques vapeurs sorties de l'animal poursuivi. Et quand on brûle des parfums, on en voit la fumée se répandre dans toute une chambre, et l'odeur se fait sentir en même temps que la vapeur vient à nous. On doit croire qu'il sort des fumées à peu près de même nature, quoique imperceptibles, de tous les corps odoriférants, et que c'est ce qui cause tant de bons et de mauvais effets dans le cerveau. Car il faut apprendre à juger des choses qui ne se voient pas par celles qui se voient.

IV. *Les mouvements corporels qui se font en nous dans les sensations viennent des objets par le milieu.*

Il est donc vrai qu'il se fait dans toutes nos sensations une impression réelle et corporelle sur nos organes; mais nous avons ajouté qu'elle vient immédiatement ou originairement de l'objet.

Elle vient immédiatement dans le toucher et dans le goût, où l'on voit les corps appliqués par eux-mêmes à nos organes. Elle en vient originairement dans les autres sensations où l'application de l'objet n'est pas immédiate, mais où le mouvement qui se fait en vient jusqu'à nous tout à travers de l'air par une parfaite continuité.

C'est ce que l'expérience nous découvre aussi certainement que tout le reste que nous avons dit. Un corps interposé m'empêche de voir le tableau que je regardais. Quand le milieu est transparent, selon la nature dont il est, l'objet vient à moi différemment. L'eau qui rompt la ligne droite le courbe à mes yeux. Les verres, selon qu'ils sont colorés ou taillés, en changent les couleurs, les grandeurs et les figures : l'objet ou se grossit ou s'apetisse, ou se renverse ou se redressse, ou se multiplie. Il faut donc premièrement qu'il se commence quelque chose sur l'objet même, et c'est, par exemple, à l'égard de la vue la réflexion de quelque rayon du soleil ou d'un autre corps lumineux ; il faut secondement que cette réflexion, qui se commence à l'objet, se continue tout à travers de l'air jusqu'à mes yeux : ce qui montre que l'impression qui se fait sur moi vient originairement de l'objet même.

Il est de même de l'agitation qui cause les sons et de la vapeur qui excite les senteurs. Dans l'ouïe, le corps résonnant qui cause le bruit doit être agité, et on y sent au doigt, par un attouchement très-léger tant que le bruit dure, un trémoussement qui cesse quand la main presse davantage. Dans l'odorat, une vapeur doit s'exhaler du corps odoriférant ; et dans l'un et dans l'autre sens, si le corps qui agite l'air rompt le coup qui venait à nous, nous ne sentons rien.

Ainsi dans les sensations, à n'y regarder seulement que ce qu'il y a dans le corps, nous trouvons trois choses à considérer : l'objet, le milieu et l'organe même : par exemple, les yeux et les oreilles.

V. *Les mouvements de nos corps auxquels les sensations sont attachées sont les mouvements des nerfs.*

Mais comme ces organes sont composés de plusieurs parties, pour savoir précisément quelle est celle qui est le propre instrument destiné par la nature pour les sensations, il ne faut que se souvenir qu'il y a en nous certains petits filets qu'on appelle nerfs, qui prennent leur origine dans le cerveau, et qui de là se répandent dans tout le corps.

Souvenons-nous aussi qu'il y a des nerfs particuliers attribués par la nature à chaque sens. Il y en a pour les yeux, pour les oreilles, pour l'odorat, pour le goût ; et comme le toucher se répand par tout le corps, il y a aussi des nerfs répandus partout dans les chairs. Enfin il n'y a point de sentiment où il n'y a point de nerfs, et les parties nerveuses sont les plus sensibles. C'est pourquoi tous les philosophes sont d'accord que les nerfs sont le propre organe des sens.

Nous avons vu, outre cela, que les nerfs aboutissent tous au cerveau, et qu'ils sont pleins des esprits qu'il y envoie continuellement; ce qui doit les tenir toujours tendus en quelque manière pendant que l'animal veille. Tout cela supposé, il sera facile de déterminer le mouvement précis auquel la sensation est attachée; et enfin tout ce qui regarde tant la nature que l'usage des sensations, en tant qu'elles servent au corps et à l'âme.

C'est ce qui sera expliqué en douze propositions, dont les six premières feront voir les sensations attachées à l'ébranlement des nerfs, et les six autres expliqueront l'usage que l'âme fait des sensations, et l'instruction qu'e en reçoit tant pour le corps que pour elle-même.

VI. *Six propositions qui expliquent comment les sensations sont attachées à l'ébranlement des nerfs.*

1re Proposition. *Les nerfs sont ébranlés par les objets du dehors qui frappent les sens.*

C'est de quoi on ne peut douter dans le toucher, où l'on voit des corps appliqués immédiatement sur le nôtre, qui, étant en mouvement, ne peuvent manquer d'ébranler les nerfs qu'ils trouvent répandus partout. L'air chaud ou froid qui nous environne doit avoir un effet semblable : il est clair que l'un dilate les parties du corps et que l'autre les resserre; ce qui ne peut être sans quelque ébranlement des nerfs. Le même doit arriver dans les autres sens, où nous avons vu que l'altération de l'organe n'est pas moins réelle. Ainsi les nerfs de la langue seront touchés et ébranlés par le suc exprimé des viandes; les nerfs *auditifs*, par l'air qui s'agite au mouvement des corps résonnants; les nerfs de l'odorat[1], par les vapeurs qui sortent des corps; les nerfs optiques, par les rayons ou directs ou réfléchis du soleil, ou d'un autre corps lumineux : autrement les coups que nous recevons non-seulement du soleil trop fixement regardé, mais encore du blanc, ne seroient pas aussi forts que nous

---

1. On les appelle *olfactifs*, d'*olfacere*, sentir.

les avons remarqués. Enfin, généralement, dans toutes les sensations les nerfs sont frappés par quelque objet; et il est aisé d'entendre que des filets si déliés et si bien tendus ne peuvent manquer d'être ébranlés aussitôt qu'ils sont touchés avec quelque force.

2ᵉ Proposition. *Cet ébranlement des nerfs frappés par les objets se continue jusqu'au dedans de la tête et du cerveau.*

La raison est que les nerfs sont continués jusque-là; ce qui fait qu'ils portent au dedans le mouvement et les impressions qu'ils reçoivent du dehors.

Cela s'entend en quelque manière par le mouvement d'une corde ou d'un filet bien tendu, qu'on ne peut mouvoir à une de ses extrémités sans que l'autre soit ébranlée à l'instant, à moins qu'on n'arrête le mouvement au milieu.

Les nerfs sont semblables à cette corde ou à ce filet, avec cette différence qu'ils sont sans comparaison plus déliés et pleins outre cela d'un esprit très-vif et très-vite, c'est-à-dire d'une subtile vapeur qui coule sans cesse au dedans et les tient tendus, de sorte qu'ils sont remués par les moindres impressions du dehors, et les porte fort promptement au dedans de la tête, où est leur racine.

3ᵉ Proposition. *Le sentiment est attaché à cet ébranlement des nerfs.*

Il n'y a point en cela de difficulté. Et puisque les nerfs sont le propre organe des sens, il est clair que c'est à l'impression qui se fait dans cette partie que la sensation doit être attachée.

De là il doit arriver qu'elle s'excite toutes les fois que les nerfs sont ébranlés, qu'elle dure autant que dure l'ébranlement des nerfs; et, au contraire, que les mouvements qui n'ébranlent point les nerfs ne sont point sentis: et l'expérience fait voir que la chose arrive ainsi.

Premièrement nous avons vu qu'il y a toujours quelque contact de l'objet, et par là quelque ébranlement dans les nerfs, lorsque la sensation s'excite.

Et sans même qu'aucun objet extérieur frappe nos oreilles, nous y sentons certains bruits qui ne peuvent guère arriver que de ce que, par quelque cause interne que ce soit, le tympan est ébranlé; ce qui fait sentir des tintements plus ou moins clairs ou des bourdonnements plus ou moins graves, selon que les nerfs sont diversement touchés.

Par une raison semblable, on voit des étincelles de lumière s'exciter au mouvement de l'œil frappé ou de la tête heurtée; et rien ne les fait paraître que l'ébranlement causé par ces coups dans les nerfs, semblable à celui auquel la perception de la lumière est naturellement attachée.

Et ce qui le justifie, ce sont ces couleurs changeantes que nous continuons de voir, même après avoir fermé les yeux, lorsque nous les avons tenus quelque temps arrêtés sur une grande lumière ou sur un objet mêlé de différentes couleurs, surtout quand elles sont éclatantes.

Comme alors l'ébranlement des nerfs optiques a dû être fort violent, il doit durer quelque temps, quoique plus faible, après que l'objet est disparu. C'est ce qui fait que la perception d'une grande et vive lumière se tourne en couleurs plus douces, et que l'objet qui nous avait ébloui par ses couleurs variées nous laisse, en se retirant, quelques restes d'une semblable vision.

Si ces couleurs semblent vaguer au milieu de l'air, si elles s'affaiblissent peu à peu, si enfin elles se dissipent, c'est que le coup que donnait l'objet présent ayant cessé, le mouvement qui reste dans le nerf est moins fixe, qu'il se ralentit, et enfin qu'il cesse tout à fait.

La même chose arrive à l'oreille lorsque, étonnée par un grand bruit, elle en conserve quelque sentiment après même que l'agitation a cessé dans l'air.

C'est par la même raison que nous continuons quelque temps à avoir chaud dans un air froid, et à avoir froid dans un air chaud, parce que l'impression causée dans les nerfs par la présence de l'objet subsiste encore.

Supposé, par exemple, que l'altération que cause le feu dans ma main et dans les nerfs qu'il y rencontre soit une grande agitation de toutes les parties qui irait enfin à les dissoudre et à les réduire en cendres; et, au contraire, que l'impression qu'y fait le froid soit d'arrêter le mouvement des parties, en les tenant pressées les unes contre les autres, ce qui causerait à la fin un entier engourdissement; il est clair que, tant que dure cette altération, le sentiment du froid et du chaud doit durer aussi, quoique je me sois retiré de l'air glacé et de l'air brûlant.

Mais comme après qu'on a éloigné les objets qui faisaient cette impression sur les organes elle s'affaiblit, et que ces organes reviennent peu à peu à leur état naturel, il doit aussi arriver que la sensation diminue, et la chose ne manque pas de se faire ainsi.

Ce qui fait durer si longtemps la douleur de la goutte ou de la colique, c'est la continuelle régénération de l'humeur mordicante qui la fait naître, et qui ne cesse de picoter ou de tirailler les parties que la présence des nerfs rend sensibles.

La douleur de la faim et de la soif vient d'une cause semblable. Ou le gosier desséché se resserre et tire les nerfs, ou le dissolvant que l'estomac rend par les glandes dont il est comme pavé dans son fond pour y faire la digestion des viandes, se tourne contre lui et pique ses nerfs, jusqu'à ce qu'on leur ait donné, en mangeant, une matière plus propre à recevoir son action.

Pour la douleur d'une plaie, si elle se fait sentir longtemps après le coup donné, c'est à cause de l'impression violente qu'il a faite sur la partie, et à cause de l'inflammation et des accidents qui surviennent, par lesquels le picotement des nerfs est continué.

Il est donc vrai que le sentiment s'élève par le mouvement du nerf partout où le nerf est ébranlé, et dure par la continuation de cet ébranlement. Et il est vrai aussi que les mouvements qui n'ébranlent pas les nerfs ne sont point sentis. Ce qui fait que l'on ne se sent point croître, et qu'on ne sent non plus comment l'aliment s'incorpore à toutes les parties, parce qu'il ne se fait dans ce mouvement aucun ébranlement des nerfs; comme on l'entendra aisément si on considère combien est lente et insensible l'insinuation de l'aliment dans les parties qui le reçoivent.

Ce qui vient d'être expliqué dans cette troisième proposition sera confirmé par les suivantes.

4ᵉ Proposition. *L'ébranlement des nerfs, auquel le sentiment est attaché, doit être considéré dans toute son étendue, c'est-à-dire en tant qu'il se communique d'une extrémité à l'autre des parties du nerf qui sont frappées au dehors, jusqu'à l'endroit où il sort du cerveau.*

L'expérience le fait voir. C'est pour cela qu'on bande les nerfs au-dessus quand on veut couper au-dessous, afin que le mouvement se porte plus languissamment dans le cerveau et que la douleur soit moins vive. Que si on pouvait tout à fait arrêter le mouvement du nerf au milieu, il n'y aurait point du tout de sentiment.

On voit aussi que, dans le sommeil, on ne sent pas quand on est touché légèrement, parce que les nerfs étant détendus, ou il ne s'y fait aucun mouvement, ou il est trop léger pour se communiquer jusqu'au dedans de la tête.

5ᵉ Proposition. *Quoique le sentiment soit principalement uni à l'ébranlement du nerf au dedans du cerveau, l'âme, qui est présente à tout le corps, rapporte le sentiment qu'elle reçoit à l'extrémité où l'objet frappe.*

Par exemple, j'attribue la vue d'un objet à l'œil tout seul, le goût à la seule langue ou au seul gosier; et si je suis blessé au bout du doigt, je dis que j'ai mal au doigt, sans songer seulement si j'ai un cerveau ni s'il s'y fait quelque impression.

De là vient qu'on voit souvent que ceux qui ont la jambe coupée ne laissent pas de sentir du mal au bout du pied, de dire qu'il leur démange, et de gratter leur jambe de bois, parce que, le nerf qui répondait au pied et à la jambe étant ébranlé dans le cerveau, il se fait un sentiment que l'âme rapporte à la partie coupée comme si elle subsistait encore.

Et il fallait nécessairement que la chose arrivât ainsi. Car encore que la jambe soit emportée avec les bouts des nerfs qui y étaient, le reste, qui demeure continu avec le cerveau, est capable des mêmes mouvements qu'il avait auparavant, et le cerveau capable d'en recevoir le contre-coup, tant à cause qu'il a été formé pour cela qu'à cause que l'âme est accoutumée à rapporter à certaines parties semblables mouvements. S'il arrive donc que le nerf qui répondait à la jambe, ébranlé par les esprits ou par les humeurs, vienne à faire le mouvement qu'il faisait lorsque la jambe était encore unie au corps, il est clair qu'il se doit exciter en nous un sentiment semblable, et que nous le rapportons encore à la partie à laquelle la nature avait coutume de le rapporter.

Néanmoins cette partie du nerf, issue du cerveau, n'étant plus frappée des objets accoutumés, elle doit perdre insensiblement, et avec le temps, la disposition qu'elle avait à son mouvement ordinaire. Et c'est pourquoi ces douleurs qu'on sent aux parties blessées cessent à la fin. A quoi sert aussi beaucoup la réflexion que nous faisons, que nous n'avons plus ces parties.

Quoi qu'il en soit, cette expérience confirme que le sentiment de l'âme est attaché à l'ébranlement du nerf, en tant qu'il se communique au cerveau, et fait voir aussi que ce sentiment est rapporté naturellement à l'endroit extérieur du corps où se faisait autrefois le contact du nerf et de l'objet.

6ᵉ Proposition. *Quelques-unes de nos sensations se terminent à un objet; et les autres, non.*

Cette différence des sensations, déjà touchée dans le chapitre de l'*âme*, mérite, par son importance, encore un peu d'explication. Nous n'aurons, pour bien entendre la chose, qu'à écouter nos expériences.

Toutes les fois que l'ébranlement des nerfs vient du dedans, par exemple, lorsque quelque humeur formée au dedans de nous se jette sur quelque partie et y cause de la douleur, nous ne rapportons cette sensation à aucun objet et nous ne savons d'où elle vient.

La goutte nous prend à la main; une humeur âcre picote nos yeux : le sentiment douloureux qui suit de ces mouvements n'a aucun objet.

C'est pourquoi, généralement, dans toutes les sensations que nous rapportons aux parties intérieures de notre corps, nous n'apercevons aucun objet qui les cause; par exemple, les douleurs de tête, ou d'estomac, ou d'entrailles : dans la faim et dans la soif, nous sentons simplement de la douleur en certaines parties ; mais une sensation si vive ne nous fait pas regarder un objet, parce que l'ébranlement vient du dedans.

Au contraire, quand l'ébranlement des nerfs vient du dehors, notre sensation ne manque jamais de se terminer à quelque objet qui est hors de nous. Les corps qui nous environnent nous paraissent, dans la vision, comme tapissés par les couleurs ; nous attribuons aux viandes le bon ou le mauvais goût ; celui qui est arrêté se sent arrêté par quelque chose ; celui est battu sent venir les coups de quelque chose qui le frappe. On sent pareillement et les sons et les odeurs comme venus du dehors, et ainsi du reste.

Mais encore que cela s'observe dans toutes ces sensations, ce n'est pas avec la même netteté ; car, par exemple, on ne sent pas si distinctement d'où viennent les sons et les odeurs, qu'on sent d'où viennent les couleurs ou la lumière regardée directement. Donc la raison est que la vision se fait en ligne droite, et que les objets ne viennent à l'œil que du côté où il est tourné ; au lieu que les sons et les odeurs viennent de tous côtés indifféremment, et par des lignes souvent rompues au milieu de l'air, qui ne peuvent par conséquent se rapporter à un endroit fixe.

Il faut aussi remarquer, touchant les objets, qu'ordinairement on n'en voit qu'un, quoique le sens ait un double organe. Je dis ordinairement, parce qu'il arrive quelquefois que les deux yeux doublent les objets, et voici sur ce sujet quelle est la règle.

Quand on change la situation naturelle des organes, par exemple, quand on presse l'œil en sorte que les nerfs optiques ne sont point frappés en même sens, alors l'objet paraît double en des lieux différents, quoiqu'en l'un plus obscur qu'en l'autre, de sorte que visiblement il excite deux sensations. Mais quand les deux yeux demeurent dans leur situation, comme deux cordes semblables montées sur un même ton et touchées en même temps ne rendent qu'un même son à notre oreille, ainsi les nerfs des deux yeux, touchés de la même sorte, ne présentent à l'âme qu'un seul objet et ne lui font remarquer qu'une sensation. La raison en est évidente : puisque les deux nerfs touchés de même ont un même rapport à l'objet, ils le doivent par conséquent faire voir tout à fait un, sans aucune diversité ni de couleur, ni de situation, ni de figure.

Il est donc absolument impossible que nous ayons en ce cas deux sensations qui nous paraissent distinctes, parce que leur parfaite ressemblance et leur rapport uniforme au même objet ne permet pas à l'âme de les distinguer; au contraire elles doivent s'y unir ensemble comme choses qui conviennent en tout point. Et ce qui doit résulter de leur union, c'est qu'elles soient plus fortes étant unies que séparées; en sorte qu'on voie un peu mieux de deux yeux que d'un, comme l'expérience le montre.

Voilà ce qu'il y avait à considérer sur la nature et les différences des sensations, en tant qu'elles appartiennent au corps et à l'âme et qu'elles dépendent de leur concours. Avant que de passer à l'usage que l'âme en fait pour le corps et pour elle-même, il est bon de recueillir ce qui vient d'être expliqué, et d'y faire un peu de réflexion.

VII. *Réflexions sur la doctrine précédente.*

Si nous l'avons bien compris, nous avons vu qu'il se fait en toutes les sensations un mouvement enchaîné qui commence à l'objet et se termine au dedans du cerveau.

Il n'est pas besoin de parler ni du toucher ni du goût, où l'application de l'objet est immédiate, et trop palpable pour être niée. A l'égard des trois autres sens, nous avons dit que dans la vue le rayon doit se réfléchir de dessus l'objet; que dans l'ouïe le corps résonnant doit être agité; enfin, que dans l'odorat une vapeur doit s'exhaler du corps odoriférant.

Voilà donc un mouvement qui se commence à l'objet; mais ce n'est rien s'il ne continue dans tout le milieu qui est entre l'objet et nous.

C'est ici que nous avons remarqué ce que peuvent les vents et l'eau, et les autres corps interposés, opaques et non transparents, pour empêcher les objets et leur effet naturel.

Mais posons qu'il n'y ait rien dans le milieu qui empêche le mouvement de se continuer jusqu'à moi; ce n'est pas assez. Si je ferme les yeux ou que je bouche les oreilles et les narines, les rayons réfléchis, et l'air agité, et la vapeur exhalée, viendront à moi inutilement. Il faut donc que ce mouvement, qui a commencé à l'objet et s'est étendu dans le milieu, se continue encore dans les organes. Et nous avons reconnu qu'il se pousse le long des nerfs jusques au dedans du cerveau.

Toute cette suite de mouvements enchaînés et continués est nécessaire pour la sensation, et c'est après tout cela qu'elle s'excite dans l'âme.

Mais le secret de la nature, ou, pour mieux parler, celui de Dieu, est d'exciter la sensation où l'enchaînement finit, c'est-à-dire, où le nerf ébranlé aboutit au cerveau, et de faire qu'elle soit rapportée à l'endroit où l'enchaînement commence, c'est-à-dire à l'objet même, comme nous l'avons expliqué.

Par là il sera aisé d'entendre de quoi nous instruisent les sensations et à quoi nous sert cette instruction, tant pour le corps que pour l'âme.

Pour cela remettons-nous bien dans l'esprit les quatre choses que nous venons d'observer dans les sensations, c'est-à-dire, ce qui se fait dans l'objet, ce qui se fait dans le milieu, ce qui se fait dans nos organes, ce qui se fait dans notre âme, c'est-à-dire la sensation elle-même, dont tout le reste a été la préparation.

VIII. *Six propositions, qui font voir de quoi l'âme est instruite par les sensations, et l'usage qu'elle en fait tant pour le corps que pour elle-même.*

1re Proposition. *Ce qui se fait dans les nerfs, c'est-à-dire l'ébranlement auquel le sentiment est attaché, n'est ni senti ni connu.*

Quand nous voyons, quand nous écoutons ou que nous goûtons, nous ne sentons ni ne connaissons en aucune manière ce qui se fait dans notre corps ou dans nos nerfs et dans notre cerveau, ni même si nous avons un cerveau et des nerfs. Tout ce que nous apercevons, c'est qu'à la présence de certains objets il s'excite en nous divers sentiments : par exemple, ou un sentiment de plaisir, ou un sentiment de douleur, ou un bon, ou un mauvais goût; et ainsi du reste. Ce bon et ce mauvais goût se trouve attaché à certains mouvements des organes, c'est-à-dire des nerfs; mais ce bon et ce mauvais goût ne nous fait rien sentir ni apercevoir de ce qui se fait dans les nerfs. Tout ce que nous en savons nous vient du raisonnement, qui n'appartient pas à la sensation et n'y sert de rien.

2ᵉ Proposition. *Non-seulement nous ne sentons pas ce qui se fait dans nos nerfs, c'est-à-dire leur ébranlement; mais nous ne sentons non plus ce qu'il y a dans l'objet qui le rend capable de les ébranler, ni ce qui se fait dans le milieu par où l'impression de l'objet vient jusqu'à nous.*

Cela est constant par l'expérience. La vue ne nous rapporte pas les diverses réflexions de la lumière qui se font dans les objets, et dont nos yeux sont frappés; ni comme il faut que l'objet ou le milieu soient faits pour être opaques ou transparents, pour causer les réflexions ou les réfractions, et les autres accidents semblables; ni pourquoi le blanc ébranle si fortement nos nerfs, et ainsi des autres couleurs. L'ouïe ne nous fait sentir ni l'agitation de l'air, ni celle des corps résonnants, que nous pourrions ignorer, si nous ne la savions d'ailleurs ou par les réflexions de notre esprit, ou même par l'ébranlement de tout le corps et par la douleur de l'oreille, comme on l'éprouve au moment d'un coup de canon tiré de près; mais alors c'est par le toucher qu'on reçoit cette impression. L'odorat ne nous dit rien des vapeurs qui nous affectent; ni le goût, des sucs exprimés sur notre langue, ni comment ils doivent être faits pour nous causer du plaisir ou de la douleur, de la douceur ou de l'aigreur, ou de l'amertume. Enfin, le toucher ne nous apprend pas ce qui fait que l'air chaud ou froid dilate ou ferme nos pores, et cause à tout notre corps, principalement à nos nerfs, des agitations si différentes.

Lorsque nous nous sentons enfoncer dans l'eau et dans les corps mous, ce qui nous fait sentir cet enfoncement, c'est que le froid ou le chaud que nous ne sentons qu'à une partie s'étend plus avant; mais pour savoir ce qui fait que ce corps nous cède, le sens ne nous en dit mot.

Il ne nous dit non plus pourquoi les corps nous résistent; et, à regarder la chose de près, ce que nous sentons alors, c'est seulement la douleur qui s'excite, ou qui se commence par la rencontre des corps durs et mal polis dont la dureté blesse le nôtre plus tendre.

Si l'eau et les corps humides s'attachent à notre peau et s'y font sentir, le sens ne découvre pas la délicatesse de leurs parties qui les rend capables de mouiller notre peau et de s'y tenir attachées, ni pourquoi les corps secs n'en font autant qu'étant réduits en poussière, ni d'où vient la différence que nous sentons entre la poudre et les gouttes d'eau qui s'attachent à notre main. Tout cela n'est point aperçu précisément par le toucher, et enfin aucun de nos sens ne peut seulement soupçonner pourquoi il est touché par ces objets.

Toutes les choses que je viens de remarquer n'ont besoin pour être entendues que d'une simple exposition. Mais on ne peut se la faire à soi-même trop claire ni trop précise si on veut comprendre la différence du sens et de l'entendement, dont on est sujet à confondre les opérations.

3° Proposition. *En sentant, nous apercevons seulement la sensation elle-même, mais quelquefois terminée à quelque chose que nous appelons objet.*

Pour ce qui est de la sensation, il n'est pas besoin de prouver qu'elle est aperçue en sentant. Chacun en est à soi-même un bon témoin, et celui qui sent n'a pas besoin d'en être averti.

C'est pourtant par quelque autre chose que la sensation que nous connaissons la sensation. Car elle ne peut pas réfléchir sur elle-même et se tourne toute à l'objet auquel elle est terminée.

Ainsi le vrai effet de la sensation est de nous aider à discerner les objets. En effet, nous distinguons les choses qui nous touchent ou nous environnent par les sensations qu'elles nous excitent; et c'est comme une enseigne que la nature nous a donnée pour les connaître.

Mais avec tout cela, il paraît, par les choses qui ont été dites, qu'en vertu de la sensation précisément prise, nous ne connaissons rien du tout au fond de l'objet. Nous ne savons ni de quelles parties il est composé, ni quel en est l'arrangement, ni pourquoi il est propre à nous renvoyer les rayons, ou à exhaler certaines vapeurs, ou à exciter dans l'air tant de divers mouvements qui font la diversité des sons, et ainsi du reste. Nous remarquons seulement que nos sensations se terminent à quelque chose hors de nous dont pourtant nous ne savons rien, sinon qu'à sa présence il se fait en nous un certain effet, qui est la sensation.

Il semblerait qu'une perception de cette nature ne serait guère capable de nous instruire. Nous recevons pourtant de grandes instructions par le moyen de nos sens; et voici comment.

4° Proposition. *Les sensations servent à l'âme à s'instruire de ce qu'elle doit ou rechercher ou fuir pour la conservation du corps qui lui est uni.*

L'expérience justifie cet usage des sensations; et c'est peut-être la première fin que la nature se propose en nous les donnant; mais à cela il faut ajouter ce qui suit.

5° Proposition. *L'instruction que nous recevons par les sensations serait imparfaite, ou plutôt nulle, si nous n'y joignions la raison.*

Ces deux propositions seront éclaircies toutes deux ensemble, et il ne faut que s'observer soi-même pour les entendre.

La douleur nous fait connaître que tout le corps ou quelqu'une de ses parties est mal disposée, afin que l'âme soit sollicitée à fuir ce qui cause le mal et à y donner remède.

C'est pourquoi il a fallu que la douleur se rapportât, ainsi qu'il a été dit, à la cause externe et à la partie offensée, parce que l'âme est instruite par ce moyen à appliquer le remède où est le mal.

Il en est de même du plaisir; celui que nous avons à manger et à boire nous sollicite à donner au corps les aliments nécessaires, et nous fait employer à cet usage les parties où nous ressentons le plaisir du goût.

Car les choses sont tellement disposées que ce qui est convenable au corps est accompagné de plaisir, comme ce qui lui est nuisible est accompagné de douleur : de sorte que le plaisir et la douleur servent à intéresser l'âme dans ce qui regarde le corps, et l'obligent à chercher les choses qui en font la conservation.

Ainsi, quand le corps a besoin de nourriture ou de rafraîchissement, il se fait en l'âme une douleur qu'on appelle faim et soif, et cette douleur nous sollicite à manger et à boire.

Le plaisir s'y mêle aussi pour nous y engager plus doucement. Car, outre que nous sentons du plaisir à faire cesser la douleur de la faim et de la soif, le manger et le boire nous causent d'eux-mêmes un plaisir particulier qui nous pousse encore davantage à donner au corps les choses dont il a besoin.

C'est en cette sorte que le plaisir et la douleur servent à l'âme d'instruction pour lui apprendre ce qu'elle doit au corps; et cette instruction est utile, pourvu que la raison y préside. Car le plaisir, de lui-même, est un trompeur; et quand l'âme s'y abandonne sans raison, il ne manque jamais de l'égarer, non-seulement en ce qui la touche, comme quand il lui fait abandonner la vertu, mais encore en ce qui regarde le corps, puisque souvent la douceur du goût nous porte à manger et à boire tellement à contre-temps que l'économie du corps en est troublée.

Il y a aussi des choses qui nous causent beaucoup de douleur, et toutefois qui ne laissent pas d'être dans la suite un grand remède à nos maux.

Enfin, toutes les autres sensations qui se font en nous servent à nous instruire; car chaque sensation différente présuppose naturellement quelque diversité dans les objets. Ainsi ce que je vois jaune est autre que ce que je vois vert; ce qui est amer au goût est autre que ce qui est doux; ce que je sens chaud est autre que ce que je sens froid. Et si un objet qui me causait une sensation commence à m'en causer une autre, je connais par là qu'il y est arrivé quelque changement. Si l'eau qui me semble froide commence à me sembler chaude, c'est que depuis elle aura été mise sur le feu. Et cela c'est discerner les objets, non point en eux-mêmes, mais par les effets qu'ils font sur nos sens, comme par une marque posée au dehors. A cette marque l'âme distingue les choses qui sont autour d'elle, et juge par quel endroit elles peuvent faire du bien ou du mal au corps.

Mais il faut encore en cela que la raison nous dirige, sans quoi nos sens pourraient nous tromper. Car le même objet, vu à même distance, me paraît grand dès que je l'estime plus éloigné, et me paraît moindre dès que je l'estime plus près : par exemple, la lune me paraît plus grande vue à l'horizon, et plus petite quand elle est fort élevée, quoiqu'en l'une et en l'autre position elle doit être précisément sous le même angle, c'est-à-dire à même distance. Le même bâton qui me paraît droit dans l'air, me paraît courbe[1] dans l'eau. La même eau, quand elle est tiède, si j'ai la main chaude, me paraît froide ; et si je l'ai froide, me paraît chaude. Tout me paraît vert à travers un verre de cette couleur; et par la même raison tout me paraît jaune lorsque la bile, jaune elle-même, s'est répandue sur mes yeux. Quand la même humeur se jette sur la langue, tout me paraît amer. Lorsque les nerfs qui servent à la vue et à l'ouïe sont agités au dedans, il se forme des étincelles, des couleurs, des bruits confus, ou des tintements qui ne sont attachés à aucun objet sensible : les illusions de cette sorte sont infinies.

L'âme serait donc souvent trompée si elle se fiait à ses sens, sans consulter la raison. Mais elle peut profiter de leur erreur ; et toujours, quoi qu'il arrive, lorsque nous avons des sensations nouvelles, nous sommes avertis par là qu'il s'est fait quelque changement, ou dans les objets qui nous paraissent, ou dans le milieu par où nous les apercevons, ou même dans les organes de nos sens : dans les objets, quand ils sont changés, comme quand de l'eau froide devient chaude, ou que des feuilles, auparavant vertes, deviennent pâles étant desséchées ; dans le milieu, quand il est tel qu'il empêche ou qu'il altère l'action de l'objet, comme quand l'eau rompt la ligne du rayon qu'un bâton renvoie à nos yeux ; dans l'organe des sens, quand ils sont notablement altérés par les humeurs qui s'y jettent, ou par d'autres causes semblables.

Au reste, quand quelqu'un de nos sens nous trompe, nous pouvons aisément rectifier ce mauvais jugement, par le rapport des autres sens et par la raison. Par exemple, quand un bâton paraît courbé à nos yeux étant dans l'eau, outre que si on l'en retire la vue se corrigera elle-même, le toucher que nous sentirons affecté comme il a coutume de l'être quand les corps sont droits, et la raison seule qui nous fera voir que l'eau ne peut pas tout d'un coup l'avoir rompu,

---

1. Ou plus exactement *brisé*.

nous peut redresser. Si tout me paraît amer au goût, ou que tout semble jaune à ma vue, la raison me fera connaître que cette uniformité ne peut pas être venue tout à coup aux choses où auparavant j'ai senti tant de différence; et ainsi je connaîtrai l'altération de mes organes, que je tâcherai de remettre en leur naturel.

Ainsi nos sensations ne manquent jamais de nous instruire, je dis même quand elles nous trompent, et nos deux propositions demeurent constantes.

6ᵉ Proposition. *Outre les secours que donnent les sens à notre raison pour entendre les besoins du corps, ils l'aident aussi beaucoup à connaître toute la nature.*

Car notre âme a en elle-même des principes de vérité éternelle et un esprit de rapport, c'est-à-dire des règles de raisonnement, et un art de tirer des conséquences. Cette âme ainsi formée, et pleine de ces lumières, se trouve unie à un corps si petit, à la vérité, qu'il est moins que rien à l'égard de cet univers immense, mais qui pourtant a ses rapports avec ce grand tout dont il est une si petite partie. Et il se trouve composé de sorte qu'on dirait qu'il n'est qu'un tissu de petites fibres infiniment déliées, disposées d'ailleurs avec tant d'art que des mouvements très-forts ne les blessent pas, et que toutefois les plus délicats ne laissent pas d'y faire leurs impressions; en sorte qu'il lui en vient de très-remarquables et de la lune et du soleil, et même, au moins à l'égard de la vue, des sphères les plus hautes, quoique éloignées de nous par des espaces incompréhensibles. Or, l'union de l'âme et du corps se trouve faite de si bonne main, enfin l'ordre y est si bon et la correspondance si bien établie, que l'âme, qui doit présider, est avertie par ses sensations de ce qui se passe dans ce corps et aux environs, jusqu'à des distances infinies. Car comme ses sensations ont leur rapport à certaines dispositions de l'objet, ou du milieu, ou de l'organe, ainsi qu'il a été dit, à chaque sensation l'âme apprend des choses nouvelles, dont quelques-unes regardent la substance du corps qui lui est uni, et la plupart n'y servent de rien. Car que sert, par exemple, au corps humain la vue de ce nombre prodigieux d'étoiles qui se découvrent à nos yeux pendant la nuit? Et même, en considérant ce qui profite au corps, l'âme découvre par occasion une infinité d'autres choses; en sorte que, du petit corps où elle est enfermée, elle tient à tout, et voit tout l'univers se venir, pour ainsi dire, marquer sur ce corps, comme le cours du soleil[1] se marque sur un cadran. Elle apprend donc, par ce moyen, des particularités considérables, comme le cours du soleil; le flux et le reflux de la mer; la naissance, l'accroissement, les propriétés différentes des animaux, des plantes, des minéraux; et autres choses innombrables, les unes plus grandes, les autres plus petites, mais toutes enchaînées entre elles et toutes même en particulier capables d'annoncer leur Créateur à quiconque le sait bien considérer. De ces particularités elle compose l'histoire de la nature, dont les faits sont toutes les choses qui frappent nos sens. Et par un esprit de rapport, elle a bientôt remarqué combien ces faits sont suivis. Ainsi elle rapporte l'un à l'autre, elle compte, elle mesure, elle observe les oppositions et le concours, les effets du mouvement et du repos, l'ordre, les proportions, les correspondances, les causes particulières et universelles, celles qui font aller les parties et celle qui tient tout en état. Ainsi joignant ensemble les principes universels qu'elle a dans l'esprit et les faits particuliers qu'elle apprend par le moyen des sens, elle voit beaucoup dans la nature et en sait assez pour juger que ce qu'elle n'y voit pas encore est le plus beau; tant il a été utile de faire des nerfs qui pussent être touchés de si loin, et d'y joindre des sensations par lesquelles l'âme est avertie de si grandes choses.

IX. *De l'imagination et des passions, et de quelle sorte il les faut considérer.*

Voilà ce que nous avions à considérer sur l'union naturelle des sensations avec le mouvement des nerfs. Il faut maintenant entendre à quels mouvements du corps l'imagination et les passions sont attachées.

Mais il faut premièrement remarquer que les imaginations et les passions s'excitent en nous, ou simplement par les sens, ou parce que la raison et la volonté s'en mêlent.

1. On voit bien qu'il s'agit ici du cours apparent du soleil.

Car souvent nous nous appliquons expressément à imaginer quelque chose, et souvent aussi il nous arrive d'exciter exprès et de fortifier quelque passion en nous-mêmes : par exemple, ou l'audace ou la colère, à force de nous représenter ou nous laisser représenter par les autres les motifs qui nous les peuvent causer.

Comme nos imaginations et nos passions peuvent être excitées et fortifiées par notre choix, elles peuvent aussi par là être ralenties. Nous pouvons fixer par une attention volontaire les pensées confuses de notre imagination dissipée, et arrêter par vive force de raisonnement et de volonté le cours emporté de nos passions.

Si nous regardions cet état mêlé d'imagination, de passion, de raisonnement et de choix, nous confondrions ensemble les opérations sensitives et les intellectuelles, et nous n'entendrions jamais l'effet parfait des unes et des autres. Faisons-en donc la séparation. Et comme, pour mieux entendre ce que feraient par eux-mêmes des chevaux fougueux, il faut les considérer sans bride et sans conducteur qui les pousse ou qui les retienne, considérons l'imagination et les passions purement abandonnées aux sens et à elles-mêmes, sans que l'empire de la volonté ou aucun raisonnement s'y mêle, ou pour les exciter ou pour les calmer. Au contraire, comme il arrive toujours que la partie supérieure est sollicitée à suivre l'imagination et la passion, mettons encore avec elles et regardons comme une partie de leur effet naturel tout ce que la partie supérieure leur donne par nécessité avant qu'elle ait pris sa dernière résolution ou pour ou contre. Ainsi nous découvrirons ce que peuvent par elles-mêmes l'imagination et les passions, et à quelles dispositions du corps elles s'excitent.

X. *De l'imagination en particulier, et à quel mouvement du corps elle est attachée.*

Et pour commencer par l'imagination, comme elle suit naturellement la sensation, il faut que l'impression que le corps reçoit dans l'une soit attachée à celle qu'il reçoit dans l'autre; et quoique la seule construction des organes du cerveau ne nous apprenne rien du détail de ce qui s'y passe à cette occasion, nous sommes bien fondés à croire qu'il s'y passe quelque chose à l'occasion de quoi l'âme avertie reçoit de son Créateur telle ou telle idée; il ne faut que se souvenir que le cerveau est l'origine de tous les nerfs, et que l'ébranlement des nerfs par les objets sensibles aboutit au cerveau.

La chose sera encore moins difficile à entendre, si on regarde toute la substance du cerveau, ou quelques-unes de ses parties principales, comme composées de petits filets qui tiennent aux nerfs, quoiqu'ils soient d'une autre nature : à quoi l'anatomie ne répugne pas; et au contraire l'analogie des autres parties du corps nous porte à le croire.

Car les chairs et les muscles, qui ne paraissent à nos yeux, au premier aspect, qu'une masse uniforme et inarticulée, paraissent dans une dissection délicate un écheveau de petits cordons, nommés fibres, qui sont elles-mêmes des écheveaux de petits filets parallèles. La peau et les autres membranes sont aussi un composé de filets très-fins, dont le tissu est fait de la manière qui convient à chacune pour son usage, pour donner à tout ce genre de parties la souplesse et la consistance que demandent les besoins du corps.

On peut bien croire que la nature n'aurait pas été moins soigneuse du cerveau, qui est l'instrument principal des fonctions animales, et que la composition n'en sera pas moins industrieuse.

On comprendra donc aisément qu'il sera composé d'une infinité de petits filets, que l'affluence des esprits à cette partie et leur continuel mouvement tiendront toujours en état : en sorte qu'ils pourront être aisément mus et pliés, à l'ébranlement des nerfs, en autant de manières qu'il faudra.

Que si on n'observe pas cette distinction de petits filets dans le cerveau d'un animal mort, il est aisé de concevoir que la mollesse de cette partie, et l'extinction de la chaleur naturelle, d'où suit celle des esprits, en est la cause : joint que dans les autres parties du corps, quoique plus grossières, plus constantes et plus différentes, le tissu n'est aperçu qu'avec beaucoup de travail, et jamais dans toute sa délicatesse.

Car la nature travaille avec tant d'adresse, et réduit les corps à des parties si fines et si déliées, que ni l'art ne la peut imiter, ni la vue la plus perçante la suivre dans des divisions si délicates, quelque secours qu'elle cherche dans les microscopes.

Ces choses présupposées, il est clair que l'impression, ou le coup que les nerfs reçoivent de l'objet, portera nécessairement sur le cerveau; et comme la sensation se trouve conjointe à l'ébranlement du nerf, l'imagination le sera à l'ébranlement qui se fera sur le cerveau même.

Sans cela, l'imagination doit suivre, mais de fort près, la sensation, comme le mouvement du cerveau doit suivre celui du nerf.

Et comme l'impression qui se fait dans le cerveau doit imiter celle du nerf, aussi avons-nous vu que l'imagination n'est autre chose que l'image de la sensation.

De même aussi que le nerf est d'une nature à recevoir un mouvement plus vite et plus ferme que le cerveau, la sensation aussi est plus vive que l'imagination.

L'imagination dure plus que la sensation, il faut donc qu'il y ait une cause de cette durée; mais si cette cause subsiste dans le cerveau, où, et de quelle manière? ou si elle consiste dans la puissance obédientielle de l'âme une fois touchée de cette idée, et de l'institution de son Créateur tout-puissant, c'est ce qu'il serait inutile de chercher, puisqu'il paraît impossible de parvenir à cette connaissance.

On dit sur cela que, le cerveau ayant tout ensemble assez de mollesse pour recevoir facilement les impressions, et assez de consistance pour les retenir, il y peut demeurer, à peu près comme sur la cire, des marques fixes et durables, qui servent à rappeler les objets et donnent lieu au souvenir. Mais il ne faut qu'approfondir cette idée pour voir combien elle est superficielle, téméraire, insuffisante, même en général, et encore infiniment plus en détail.

On peut aisément comprendre que les coups qui viennent ensemble par divers sens portent à peu près au même endroit du cerveau, ce qui fait que divers objets n'en font qu'un seul quand ils viennent dans le même temps.

J'aurai, par exemple, rencontré un lion en passant par les déserts de Libye, et j'en aurai vu l'affreuse figure; mes oreilles auront été frappées de son rugissement terrible; j'aurai senti, si vous le voulez, quelque atteinte de ses griffes, dont une main secourable m'aura arraché. Il se fait dans mon cerveau, par ces trois sens divers, trois fortes impressions de ce que c'est qu'un lion : mais parce que ces trois impressions, qui viennent à peu près ensemble, ont porté au même endroit, une seule remuera le tout; et ainsi il arrivera qu'au seul aspect du lion, à la seule ouïe de son cri, ce furieux animal reviendra tout entier à mon imagination.

Et cela ne s'étend pas seulement à tout l'animal, mais encore au lieu où j'ai été frappé la première fois d'un objet si effroyable. Je ne reverrai jamais le vallon désert où j'en aurai fait la rencontre sans qu'il me prenne quelque émotion ou même quelque frayeur.

Ainsi, de tout ce qui frappe en même temps les sens, il ne s'en compose qu'un seul objet, qui fait son impression dans le même endroit du cerveau et y a son caractère particulier. Et c'est pourquoi, en passant, il ne faut pas s'étonner si un chat frappé d'un bâton au bruit d'un grelot qui y était attaché, est ému après par le grelot seul, qui a fait son impression avec le bâton au même endroit du cerveau.

Toutes les fois que les endroits du cerveau où les marques des objets restent imprimées sont agités, ou par les vapeurs qui montent continuellement à la tête, ou par le cours des esprits, ou par quelque autre cause que ce soit, les objets doivent revenir à l'esprit; ce qui nous cause en veillant tant de différentes pensées qui n'ont point de suite, et en dormant tant de vaines imaginations que nous prenons pour des vérités.

Et parce que le cerveau, composé, comme il a été dit, de tant de parties si délicates, et plein d'esprits si vifs et si prompts, est dans un mouvement continuel, et que d'ailleurs il est agité à secousses inégales et irrégulières, selon que les vapeurs et les esprits montent à la tête, il arrive de là que notre esprit est plein de pensées si vagues, si nous ne le retenons et ne le fixons par l'attention.

Ce qui fait qu'il y a pourtant quelque suite dans ces pensées, c'est que les marques des objets gardent un certain ordre dans le cerveau.

Et il y a une grande utilité dans cette agitation qui ramène tant de pensées vagues, parce qu'elle fait que tous les objets dont notre cerveau retient les traces se représentent devant nous de temps en temps par une espèce de circuit: d'où il arrive que les traces s'en rafraîchissent, et que l'âme choisit l'objet qui lui plaît pour en faire l'objet de son attention.

Souvent aussi les esprits prennent leur cours si impétueusement et avec un si grand concours vers un endroit du cerveau, que les autres demeurent sans mouvement, faute d'esprits qui les agitent; ce qui fait qu'un certain objet déterminé s'empare de notre pensée, et qu'une seule imagination fait cesser toutes les autres.

C'est ce que nous voyons arriver dans les grandes passions, et lorsque nous avons l'imagination échauffée, c'est-à-dire qu'à force de nous attacher à un objet nous ne pouvons plus nous en arracher, comme nous voyons arriver aux peintres et aux personnes qui composent, surtout aux poëtes, dont l'ouvrage dépend tout entier d'une certaine chaleur d'imagination.

Cette chaleur, qu'on attribue à l'imagination, est en effet une affection du cerveau lorsque les esprits, naturellement ardents, accourus en abondance, l'échauffent en l'agitant avec violence. Et comme il ne prend pas feu tout à coup, son ardeur ne s'éteint aussi qu'avec le temps.

XI. *Des passions, et à quelle disposition du corps elles sont unies.*

De cette agitation du cerveau, et des pensées qui l'accompagnent, naissent les passions, avec tous les mouvements qu'elles causent dans le corps et tous les désirs qu'elles excitent dans l'âme.

Pour ce qui est des mouvements corporels, il y en a de deux sortes dans les passions : les intérieurs, c'est-à-dire ceux des esprits et du sang; et les extérieurs, c'est-à-dire ceux des pieds, des mains et de tout le corps, pour s'unir à l'objet ou s'en éloigner, ce qui est le propre effet des passions.

La liaison de ces mouvements intérieurs et extérieurs, c'est-à-dire du mouvement des esprits avec celui des membres externes, est manifeste, puisque les membres ne se remuent qu'au mouvement des muscles, ni les muscles qu'au mouvement et à la direction des esprits.

Et il faut en général que les mouvements des animaux suivent l'impression des objets dans le cerveau, puisque la fin naturelle de leur mouvement est de les approcher ou de les éloigner des objets mêmes.

C'est pourquoi nous avons vu que pour lier ces deux choses, c'est-à-dire l'impression des objets et le mouvement, la nature a voulu qu'au même endroit où aboutit le dernier coup de l'objet, c'est-à-dire dans le cerveau, commençât le premier branle du mouvement; et pour la même raison elle a conduit jusqu'au cerveau les nerfs, qui sont tout ensemble et les organes par où les objets nous frappent, et les tuyaux par où les esprits sont portés dans les muscles et les font jouer.

Ainsi, par la liaison qui se trouve naturellement entre l'impression des objets et les mouvements par lesquels le corps est transporté d'un lieu à un autre, il est aisé de comprendre qu'un objet qui fait une impression forte par là dispose le corps à de certains mouvements, et l'ébranle pour les exercer.

En effet, il ne faut que songer ce que c'est que le cerveau frappé, agité, imprimé, pour ainsi parler, par les objets, pour entendre qu'à ces mouvements quelques passages seront ouverts et d'autres fermés; et que de là il arrivera que les esprits, qui tournent sans cesse avec grande impétuosité dans le cerveau, prendront leur cours à certains endroits plutôt qu'en d'autres, qu'ils rempliront par conséquent certains nerfs plutôt que d'autres, et qu'ensuite le cœur, les muscles, enfin toute la machine, mue et ébranlée en conformité, sera poussée en certains objets ou à l'opposite, selon la convenance ou l'opposition que la nature aura mise entre nos corps et ces objets.

En cela la sagesse de celui qui a réglé tous ces mouvements consistera seulement à construire le cerveau de sorte que le corps soit ébranlé vers les objets convenables, et détourné des objets contraires.

Après cela il est clair que s'il veut joindre une âme à un corps, afin que tout se rapporte, il doit joindre les désirs de l'âme à cette secrète disposition qui ébranle le corps d'un certain côté; puisque même nous avons vu que les désirs sont à l'âme ce que le mouvement progressif est au corps, et que c'est par là qu'elle s'approche ou qu'elle s'éloigne à sa manière.

Voilà donc entre l'âme et le corps une proportion admirable. Les sensations répondent à l'ébranlement des nerfs, les imaginations aux impressions du cerveau, et les désirs, ou les aversions, à ce branle secret que reçoit le corps dans les passions pour s'approcher ou s'éloigner de certains objets.

Et pour entendre ce dernier effet de correspondance, il ne faut que considérer en quelle disposition entre le corps dans les grandes passions, et en même temps combien l'âme est sollicitée à y accommoder ses désirs.

Dans une grande colère, le corps se trouve plus prêt à insulter l'ennemi et à l'abattre, et se tourne tout à cette insulte; et l'âme, qui se sent aussi vivement pressée, tourne toutes ses pensées au même dessein.

Au contraire, la crainte se tourne à l'éloignement et à la fuite, qu'elle rend vite et précipitée plus qu'elle ne le serait naturellement, si ce n'est qu'elle devienne si extrême qu'elle dégénère en langueur et en défaillance. Et ce qu'il y a de merveilleux, c'est que l'âme entre aussitôt dans des sentiments convenables à cet état: elle a autant de désir de fuir que le corps y a de disposition. Que si la frayeur nous saisit, de sorte que le sang se glace si fort que le corps tombe en défaillance, l'âme semble s'affaiblir en même temps, le courage tombe avec les forces, et il n'en reste pas même assez pour pouvoir prendre la fuite.

Il était convenable à l'union de l'âme et du corps que la difficulté du mouvement, aussi bien que la disposition à le faire, eût quelque chose dans l'âme qui lui répondît; et c'est aussi ce qui fait naître le découragement, la profonde mélancolie et le désespoir.

Contre de si tristes passions, et au défaut de la joie, qu'on a rarement bien pure, l'espérance nous est donnée comme une espèce de charme qui nous empêche de sentir nos maux. Dans l'espérance, les esprits ont de la vigueur, le courage se soutient aussi, et même il s'excite. Quand elle manque, tout tombe, et on se sent comme enfoncé dans un abîme.

Selon ce qui a été dit, on pourra définir la passion, à la prendre en ce qu'elle est dans l'âme, en ce qui regarde les choses corporelles, un désir ou une aversion qui naît dans elle à proportion que le corps est capable ou dedans de concourir avec l'âme à poursuivre ou à fuir certains objets, et dans le corps, une disposition par laquelle il est capable d'exciter dans l'âme des désirs ou des aversions pour certains objets.

Ainsi le concours de l'âme et du corps est visible dans les passions. Mais il est clair que le premier mobile est tantôt dans la pensée de l'âme, tantôt dans le mouvement commencé par la disposition du corps.

Car comme les passions suivent les sensations, et que les sensations suivent les dispositions du corps dont elles doivent avertir l'âme, il paraît que les passions les doivent suivre aussi ; en sorte que le corps doit être ébranlé par un certain mouvement avant que l'âme soit sollicitée à s'y joindre par son désir.

En un mot, en ce qui regarde les sensations, les imaginations et les passions, elle est purement patiente[1] ; et il faut toujours penser que, comme la sensation suit l'ébranlement du nerf, et que l'imagination suit l'impression du cerveau, le désir ou l'aversion suivent aussi la disposition où le corps est mis par les objets qu'il faut ou fuir ou chercher.

La raison est que les sensations et tout ce qui en dépend est donné à l'âme pour l'exciter à pourvoir aux besoins du corps, et que tout cela, par conséquent, devait être accommodé à ce qu'il souffre.

Il ne faut, pour nous en convaincre, que nous observer nous-mêmes dans un de nos appétits les plus naturels, qui est celui de manger. Le corps vide de nourriture en a besoin, et l'âme aussi la désire ; le corps est altéré par ce besoin, et l'âme ressent aussi la douleur pressante de la faim. Les viandes frappent l'œil ou l'odorat, et en ébranlent les nerfs ; les sensations conformes s'excitent, c'est-à-dire que nous voyons et sentons les viandes par l'ébranlement des nerfs ; cet objet est imprimé dans le cerveau, et le plaisir de manger remplit l'imagination. A l'occasion de l'impression que les viandes font dans le même cerveau, les esprits coulent dans tous les endroits qui servent à la nutrition, l'eau vient à la bouche, et on sait que cette eau est propre à ramollir les viandes, à en exprimer le suc, à nous les faire avaler ; d'autres eaux s'apprêtent dans l'estomac, et déjà elles le picotent ; tout se prépare à la digestion, et l'âme dévore déjà les viandes par la pensée.

C'est ce qui fait dire ordinairement que l'appétit facilite la

---

1. On dirait aujourd'hui *passive*.

digestion, non qu'un désir puisse de soi-même inciser les viandes, les cuire et les digérer; mais c'est que ce désir vient dans le temps que tout est prêt dans le corps à la digestion.

Et qui verrait un homme affamé, en présence de la nourriture offerte après un long temps, verrait ce que peut l'objet présent, et comme tout le corps se tourne à le saisir, à l'engloutir.

Il en est donc de notre corps dans les passions, par exemple, dans une faim, ou dans une colère violente, comme d'un arc bandé, dont toute la disposition tend à décocher le trait; et on peut dire qu'un arc en cet état ne tend pas plus à tirer que le corps d'un homme en colère tend à frapper l'ennemi. Car, et le cerveau, et les nerfs, et les muscles, le tournent tout entier à cette action, comme les autres passions le tournent aux actions qui leur sont conformes.

Et encore qu'en même temps que le corps est en cet état il s'élève dans notre âme mille imaginations et mille désirs, ce n'est pas tant ces pensées qu'il faut regarder que les mouvements du cerveau auxquels elles se trouvent jointes; puisque c'est par ces mouvements que les passages sont ouverts, que les esprits coulent, que les nerfs, et par eux les muscles, en sont remplis, et que tout le corps est tendu à un certain mouvement.

Et ce qui fait croire que, dans cet état, il faut moins regarder les pensées de l'âme que les mouvements du cerveau, c'est que dans les passions, comme nous les considérons, l'âme est patiente, et qu'elle ne préside pas aux dispositions du corps, mais qu'elle y sert.

C'est pourquoi il n'entre dans les passions ainsi regardées aucune sorte de raisonnement ou de réflexion. Car nous y considérons ce qui prévient tout raisonnement et toute réflexion, et ce qui suit naturellement la direction des esprits pour causer certains mouvements.

Et encore que nous ayons vu ci-dessus[1] que les passions se diversifient à la présence ou à l'absence des objets, et par la facilité ou par la difficulté de les acquérir, ce n'est pas qu'il intervienne une réflexion par laquelle nous concevons l'objet présent ou absent, facile ou difficile à acquérir; mais c'est que l'éloignement aussi bien que la présence de l'objet ont

---

1. Chap. I, n° vi.

leurs caractères propres qui se marquent dans les organes et dans le cerveau : d'où suivent dans tout le corps les dispositions convenables, et dans l'âme aussi des sentiments et des désirs proportionnés.

Au reste, il est bien certain que les réflexions qui suivent après augmentent ou ralentissent les passions ; mais ce n'est pas encore de quoi il s'agit. Je ne regarde ici que le premier coup que porte la passion au corps et à l'âme. Et il me suffit d'avoir observé, comme une chose indubitable, que le corps est disposé par les passions à de certains mouvements, et que l'âme est en même temps puissamment portée à y consentir. De là viennent les efforts qu'elle fait, quand il faut, par la vertu, s'éloigner des choses où le corps est disposé : elle s'aperçoit alors combien elle y tient, et que la correspondance n'est que trop grande.

XII. *Second effet de l'union de l'âme et du corps, où se voient les mouvements du corps assujettis aux actions de l'âme.*

Jusques ici nous avons regardé dans l'âme ce qui suit les mouvements du corps. Voyons maintenant dans le corps ce qui suit les pensées de l'âme.

C'est ici le bel endroit de l'homme. Dans ce que nous venons de voir, c'est-à-dire dans les opérations sensuelles[1], l'âme est assujettie au corps; mais dans les opérations intellectuelles, que nous allons considérer, non-seulement elle est libre, mais elle commande.

Et il lui convenait d'être la maîtresse, parce qu'elle est la plus noble, et qu'elle est née par conséquent pour commander.

Nous voyons en effet comme nos membres se meuvent à son commandement, et comme le corps se transporte promptement où elle veut.

Un aussi prompt effet du commandement de l'âme ne nous donne plus d'admiration parce que nous y sommes accoutumés; mais nous en demeurons étonnés, pour peu que nous y fassions de réflexion.

Pour remuer la main, nous avons vu qu'il faut faire agir

---

1. *Sensuelles*, pris ici dans le sens de *sensitives*.

premièrement le cerveau, et ensuite les esprits, les nerfs et les muscles; et cependant de toutes ces parties il n'y a souvent que la main qui nous soit connue. Sans connaître toutes les autres ni les ressorts intérieurs qui font mouvoir notre main, ils ne laissent pas d'agir, pourvu que nous voulions seulement la remuer.

Il en est de même des autres membres qui obéissent à la volonté. Je veux exprimer ma pensée: les paroles convenables me sortent aussitôt de la bouche, sans que je sache aucun des mouvements que doivent faire, pour les former, la langue ou les lèvres; encore moins ceux du cerveau, du poumon et de la trachée-artère, puisque je ne sais pas même naturellement si j'ai de telles parties, et que j'ai eu besoin de m'étudier moi-même pour le savoir.

Que je veuille avaler, la trachée-artère se ferme infailliblement sans que je songe à la fermer, et sans que je la connaisse ni que je la sente agir.

Que je veuille regarder loin, la prunelle de l'œil se dilate; et, au contraire, elle se resserre quand je veux regarder de près, sans que je sache qu'elle soit capable de ce mouvement, ou en quelle partie précisément il se fait. Il y a une infinité d'autres mouvements semblables qui se font dans notre corps à notre seule volonté, sans que nous sachions comment, ni pourquoi, ni même s'ils se font.

Celui de la respiration est admirable, en ce que nous le suspendons et l'avançons quand il nous plaît; ce qui était nécessaire pour avoir le libre usage de la parole: et cependant, quand nous dormons, elle se fait sans que notre volonté y ait part.

Ainsi, par un secret merveilleux, le mouvement de tant de parties dont nous n'avons nulle connaissance ne laisse pas de dépendre de notre volonté. Nous n'avons qu'à nous proposer un certain effet connu, par exemple, de regarder, de parler ou de marcher: aussitôt mille ressorts inconnus, des esprits, des nerfs, des muscles, et le cerveau même qui mène tous ces mouvements, se remuent pour le produire, sans que nous connaissions autre chose sinon que nous le voulons, et qu'aussitôt que nous le voulons l'effet s'ensuit.

Outre tous ces mouvements qui dépendent du cerveau, il faut que nous exercions sur le cerveau même un pouvoir immédiat, puisque nous pouvons être attentifs quand nous la voulons; ce qui ne se fait pas sans quelque tension du cerveau, comme l'expérience le fait voir.

Par cette même attention, nous mettons volontairement certaines choses dans notre mémoire, que nous nous rappelons aussi quand il nous plaît avec plus ou moins de peine, suivant que le cerveau est bien ou mal disposé.

Car il en est de cette partie comme des autres, qui, pour être en état d'obéir à l'âme, demandent certaines dispositions; ce qui montre, en passant, que le pouvoir de l'âme sur le corps a ses limites.

Afin donc que l'âme commande avec effet, il faut toujours supposer que les parties soient bien disposées et que le corps soit en bon état. Car quelquefois on a beau vouloir marcher, il se sera jeté telle humeur sur les jambes, et tout le corps se trouvera si faible par l'épuisement des esprits, que cette volonté sera inutile.

Il y a pourtant certains empêchements dans les parties qu'une forte volonté peut surmonter; et c'est un grand effet du pouvoir de l'âme sur le corps qu'elle puisse même délier des organes qui, jusque-là, avaient été empêchés d'agir : comme on dit du fils de Crésus[1], qui, ayant perdu l'usage de la parole, la recouvra quand il vit qu'on allait tuer son père, et s'écria qu'on se gardât bien de toucher à la personne du roi. L'empêchement de sa langue pouvait être surmonté par un grand effort que la volonté de sauver son père lui fit faire.

Il est donc indubitable qu'il y a une infinité de mouvements dans le corps qui suivent les pensées de l'âme, et ainsi les deux effets de l'union restent parfaitement établis.

XIII. *L'intelligence n'est attachée par elle-même à aucun organe, ni à aucun mouvement du corps.*

Mais afin que rien ne passe sans réflexion, voyons ce que fait le corps et à quoi il sert dans les opérations intellectuelles, c'est-à-dire tant dans celles de l'entendement que dans celles de la volonté.

---

1. Crésus, roi de Lydie, vaincu par Cyrus, roi de Perse, faillit être tué par des soldats qui ne le connaissaient pas (548 ans avant Jésus-Christ).

Et d'abord il faut reconnaître que l'intelligence, c'est-à-dire la connaissance de la vérité, n'est pas, comme la sensation et l'imagination, une suite de l'ébranlement de quelque nerf ou de quelque partie du cerveau.

Nous en serons convaincus en considérant les trois propriétés de l'entendement, par lesquelles nous avons vu, dans le chap. I, n° XVII, qu'il est élevé au-dessus des sens et de toutes leurs dépendances.

Car il y paraît que la sensation ne dépend pas seulement de la vérité de l'objet, mais qu'elle suit tellement les dispositions et du milieu et de l'organe, que par là l'objet vient à nous tout autre qu'il n'est. Un bâton droit devient courbe à nos yeux au milieu de l'eau ; le soleil et les autres astres y viennent infiniment plus petits qu'ils ne sont en eux-mêmes. Nous avons beau être convaincus de toutes les raisons par lesquelles on sait et que l'eau n'a pas tout d'un coup rompu ce bâton, et que tel astre, qui ne nous paraît qu'un point dans le ciel, surpasse sans proportion toute la grandeur de la terre ; ni le bâton pour cela n'en vient plus droit à nos yeux, ni les étoiles plus grandes. Ce qui montre que la vérité ne s'imprime pas sur les sens, mais que toutes les sensations sont une suite nécessaire des dispositions du corps, sans qu'elles puissent jamais s'élever au-dessus d'elles.

Que s'il en était autant de l'entendement, il pourrait être de même forcé à l'erreur. Or est-il que nous n'y tombons que par notre faute, et pour ne vouloir pas apporter l'attention nécessaire à l'objet dont il faut juger. Car dès lors que l'âme se tourne directement à la vérité, résolue de ne céder qu'à elle seule, elle ne reçoit d'impression que de la vérité même; en sorte qu'elle s'y attache quand elle paraît, et demeure en suspens si elle ne paraît pas; toujours exempte d'erreur en l'un et en l'autre état, ou parce qu'elle connaît la vérité, ou parce qu'elle connaît du moins qu'elle ne peut pas encore la connaître.

Par le même principe, il paraît qu'au lieu que les objets les plus sensibles sont pénibles et insupportables, la vérité, au contraire, plus elle est intelligible, plus elle plaît. Car la sensation n'étant qu'une suite d'un organe corporel, la plus forte doit nécessairement devenir pénible par le coup violent que l'organe aura reçu, tel qu'est celui que reçoivent les yeux par le soleil et les oreilles par un grand bruit, en sorte qu'on est forcé de détourner les yeux et de boucher les oreilles. De même une forte imagination nous travaille ordinairement, parce qu'elle ne peut pas être sans une commotion trop violente du cerveau. Et si l'entendement avait la même dépendance du corps, le corps ne pourrait manquer d'être blessé par la vérité la plus forte, c'est-à-dire la plus certaine et la plus connue : si donc cette vérité, loin de blesser, plaît et soulage, c'est qu'il n'y a aucune partie qu'elle doive rudement frapper ou émouvoir, car ce qui peut être blessé de cette sorte est un corps; mais qu'elle s'unit paisiblement à l'entendement, en qui elle trouve une entière correspondance, pourvu qu'il ne se soit point gâté lui-même par les mauvaises dispositions que nous avons marquées ailleurs.

Que si cependant nous éprouvons que la recherche de la vérité soit laborieuse, nous découvrirons bientôt de quel côté nous vient ce travail; mais, en attendant, nous voyons qu'il n'y a point de vérité qui nous blesse par elle-même étant connue, et que plus une âme droite la regarde, plus elle en est contente.

De là vient encore que tant que l'âme s'attache à la vérité, sans écouter les passions et les imaginations, elle la voit toujours la même; ce qui ne pourrait pas être si la connaissance suivait le mouvement du cerveau toujours agité et du corps toujours changeant.

C'est de là aussi qu'il arrive que le sens varie souvent, ainsi que nous l'avons dit au lieu allégué. Car ce n'est point la vérité seule qui agit en lui, mais il s'excite à l'agitation qui arrive dans son organe; au lieu que l'entendement, qui, agissant en son naturel, ne reçoit d'impression que de la seule vérité, la voit aussi toute uniforme.

Car posons, par exemple, quelque vérité clairement connue, comme serait que rien ne se donne l'être à soi-même, ou qu'il faut suivre la raison en tout, et toutes les autres qui suivent de ces beaux principes : nous pouvons bien n'y penser pas; mais tant que nous serons véritablement attentifs, nous les verrons toujours de même, jamais altérées ni diminuées. Ce qui montre que la connaissance de ces vérités ne dépend d'aucune disposition changeante, et n'est pas, comme la sensation, attachée à un organe altérable.

C'est pourquoi, au lieu que la sensation, qui s'élève au concours momentané de l'objet et de l'organe aussi vite qu'une étincelle au choc de la pierre et du fer, ne nous fait rien apercevoir qui ne passe presque à l'instant; l'entendement, au contraire, voit des choses qui ne passent pas, parce qu'il n'est attaché qu'à la vérité, dont la substance est éternelle.

Ainsi il n'est pas possible de regarder l'intelligence comme une suite de l'altération qui se sera faite dans le corps, ni par conséquent l'entendement comme attaché à un organe corporel dont il suive le mouvement.

XIV. *L'intelligence, par sa liaison avec les sens, dépend en quelque sorte du corps, mais par accident.*

Il faut pourtant reconnaître qu'on n'entend point sans imaginer ni sans avoir senti; car il est vrai que, par un certain accord entre toutes les parties qui composent l'homme, l'âme n'agit pas, c'est-à-dire ne pense et ne connaît pas sans le corps, ni la partie intellectuelle sans la partie sensitive.

Et déjà, à l'égard de la connaissance des corps, il est certain que nous ne pouvons entendre qu'il y en ait d'existants dans la nature que par le moyen des sens. Car en cherchant d'où nous viennent nos sensations, nous trouvons toujours quelque corps qui a affecté nos organes, et ce nous est une preuve que ces corps existent.

Et en effet, s'il y a des corps dans l'univers, c'est chose de fait, dont nous sommes avertis par nos sens comme des autres faits. Et sans le secours des sens, je ne pourrais non plus deviner s'il y a un soleil que s'il y a un tel homme dans le monde.

Bien plus, l'esprit occupé de choses incorporelles, par exemple, de Dieu et de ses perfections, s'y est senti excité par la considération de ses œuvres, ou par sa parole, ou enfin par quelque autre chose dont les sens ont été frappés.

Et notre vie ayant commencé par de pures sensations, avec peu ou point d'intelligence indépendante du corps, nous avons dès l'enfance contracté une si grande habitude de sentir et d'imaginer, que ces choses nous suivent toujours sans que nous en puissions être entièrement séparés.

De là vient que nous ne pensons jamais ou presque jamais à quelque objet que ce soit que le nom dont nous l'appelons ne nous revienne; ce qui marque la liaison des choses qui frappent nos sens, telles que sont les noms, avec nos opérations intellectuelles.

On met en question s'il peut y avoir, en cette vie, un pur acte d'intelligence dégagé de toute image sensible; et il n'est pas incroyable que cela puisse être, durant de certains moments, dans les esprits élevés à une haute contemplation et exercés durant un long temps à se mettre au-dessus des sens : mais cet état est fort rare, et il faut parler ici de ce qui est ordinaire à l'entendement.

L'expérience fait voir qu'il se mêle toujours ou presque toujours à ces opérations quelque chose de sensible, dont même il se sert pour s'élever aux objets les plus intellectuels.

Aussi avons-nous reconnu que l'imagination, pourvu qu'on ne la laisse pas dominer et qu'on sache la retenir en certaines bornes, aide naturellement l'intelligence.

Nous avons vu aussi que notre esprit, averti de cette suite de faits que nous apprenons par nos sens, s'élève au-dessus, admirant en lui-même et la nature des choses, et l'ordre du monde. Mais les règles et les principes par lesquels il aperçoit de si belles vérités dans les objets sensibles sont supérieurs aux sens; et il en est à peu près des sens et de l'entendement comme de celui qui propose simplement les faits et de celui qui en juge.

Il y a donc déjà en notre âme une opération, et c'est celle de l'entendement, qui précisément, et en elle-même, n'est point attachée au corps, encore qu'elle en dépende indirectement, en tant qu'elle se sert des sensations et des images sensibles.

XV. *La volonté n'est attachée à aucun organe corporel, et loin de suivre les mouvements du corps, elle y préside.*

La volonté n'est pas moins indépendante; et je le reconnais par l'empire qu'elle a sur les membres extérieurs et sur tout le corps.

Je sens que je puis vouloir ou tenir ma main immobile, ou lui donner du mouvement; et cela en haut ou en bas, à droite ou à gauche, avec une égale facilité : de sorte qu'il n'y a rien qui me détermine que ma seule volonté.

Car je suppose que je n'ai dessein, en remuant ma main, de ne m'en servir ni pour prendre, ni pour soutenir, ni pour approcher, ni pour éloigner quoi que ce soit; mais seulement de la mouvoir du côté que je voudrai, ou, si je veux, de la tenir en repos.

Je fais en cet état une pleine expérience de ma liberté et du pouvoir que j'ai sur mes membres, que je tourne où je veux, et comme je veux, seulement parce que je le veux.

Et parce que j'ai connu que les mouvements de ces membres dépendent tous du cerveau, il faut, par nécessité, que ce pouvoir que j'ai sur mes membres, je l'aie principalement sur le cerveau même.

Il faut donc que ma volonté le domine, tant s'en faut qu'elle puisse être une suite de ses mouvements et de ses impressions.

Un corps ne choisit pas où il se meut, mais il va comme il est poussé; et s'il n'y avait en moi que le corps, ou que ma volonté fût, comme les sensations, attachée à quelqu'un des mouvements du corps, bien loin d'avoir quelque empire, je n'aurais pas même de liberté.

Aussi ne suis-je pas libre à sentir ou ne sentir pas quand l'objet est présent. Je puis bien fermer les yeux ou les détourner, et en cela je suis libre; mais je ne puis, en ouvrant les yeux, empêcher la sensation attachée nécessairement aux impressions corporelles, où la liberté ne peut pas être.

Ainsi l'empire si libre que j'exerce sur mes membres me fait voir que je tiens le cerveau en mon pouvoir, et que c'est là le siége principal de l'âme.

Car, encore qu'elle soit unie à tous les membres et qu'elle les doive tenir tous en sujétion, son empire s'exerce immédiatement sur la partie d'où dépendent tous les mouvements progressifs, c'est-à-dire sur le cerveau.

En dominant cette partie où aboutissent les nerfs, elle se rend arbitre des mouvements, et tient en main, pour ainsi dire, les rênes par où tout le corps est poussé ou retenu.

Soit donc qu'elle ait le cerveau entier immédiatement sous sa puissance, soit qu'elle y ait quelque maîtresse pièce par où elle contienne les autres parties, comme un pilote conduit tout le vaisseau par le gouvernail, il est certain que le cerveau est son siége principal, et que c'est de là qu'elle préside à tous les mouvements du corps.

Et ce qu'il y a ici de merveilleux, c'est qu'elle ne sent point naturellement ni ce cerveau qu'elle meut, ni les mouvements qu'elle y fait pour contenir ou pour ébranler le reste du corps, ni d'où lui vient un pouvoir qu'elle exerce si absolument. Nous connaissons seulement qu'un empire est donné à l'âme, et qu'une loi est donnée au corps, en vertu de laquelle il obéit.

XVI. *L'empire que la volonté exerce sur les mouvements extérieurs la rend indirectement maîtresse des passions.*

Cet empire de la volonté sur les membres d'où dépendent les mouvements extérieurs est d'une extrême conséquence : car c'est par là que l'homme se rend maître de beaucoup de choses qui par elles-mêmes semblaient n'être point soumises à ses volontés.

Il n'y a rien qui paraisse moins soumis à la volonté que la nutrition ; et cependant elle se réduit à l'empire de la volonté, en tant que l'âme, maîtresse des membres extérieurs, donne à l'estomac ce qu'elle veut, et dans la mesure que la raison prescrit, en sorte que la nutrition est rangée sous cette règle.

Et l'estomac même en reçoit la loi, la nature l'ayant fait propre à se laisser plier par l'accoutumance.

Par ces mêmes moyens, l'âme règle aussi le sommeil et le fait servir à la raison.

En commandant aux membres des exercices pénibles, elle les fortifie, elle les durcit aux travaux, et se fait un plaisir de les assujettir à ses lois.

Ainsi elle se fait un corps plus souple et plus propre aux opérations intellectuelles. La vie des saints religieux en est une preuve.

Elle étend aussi son empire sur l'imagination et les passions, c'est-à-dire, sur ce qu'elle a de plus indocile.

L'imagination et les passions naissent des objets, et, par le pouvoir que nous avons sur les mouvements extérieurs, nous pouvons ou nous approcher, ou nous éloigner des objets.

Les passions, dans l'exécution, dépendent des mouvements extérieurs; il faut frapper pour achever ce qu'a commencé la colère, il faut fuir pour achever ce qu'a commencé la crainte; mais la volonté peut empêcher la main de frapper et les pieds de fuir.

Nous avons vu, dans la colère, tout le corps tendu à frapper, comme un arc à tirer son coup. L'objet a fait son impression, les esprits coulent, le cœur bat plus violemment qu'à l'ordinaire, le sang coule avec vitesse, et envole des esprits et plus abondants et plus vifs; les nerfs et les muscles en sont remplis, ils sont tendus, les poings en sont fermés, et le bras affermi et prêt à frapper; mais il faut encore lâcher la corde, il faut que la volonté laisse aller le corps, autrement le mouvement ne s'achève pas.

Ce qui se dit de la colère se dit de la crainte et des autres passions qui disposent tellement le corps aux mouvements qui lui conviennent, que nous ne les retenons que par vive force de raison et de volonté.

On peut dire que ces derniers mouvements, auxquels le corps est si disposé, par exemple, celui de frapper, s'achèverait tout à fait par la force de cette disposition, s'il n'était réservé à l'âme de lâcher ce dernier coup.

Et il en arriverait à peu près de même que dans la respiration, que nous pouvons suspendre par la volonté quand nous veillons, mais qui s'achève, pour ainsi dire, toute seule par la simple disposition du corps quand l'âme le laisse agir naturellement, par exemple, dans le sommeil.

En effet, il arrive quelque chose de semblable dans les premiers mouvements des passions; et les esprits et le sang s'émeuvent quelquefois si vite dans la colère, que le bras se trouve lâché avant qu'on ait le loisir d'y faire réflexion. Alors la disposition du corps a prévalu, et il ne reste plus à la volonté prévenue qu'à regretter le mal qui s'est fait sans elle.

Mais ces mouvements sont rares, et ils n'arrivent guère à ceux qui s'accoutument de bonne heure à se maîtriser eux-mêmes.

XVII. *La nature de l'attention, et ses effets immédiats sur le cerveau, par où paraît l'empire de la volonté.*

Outre la force donnée à la volonté pour empêcher le dernier effet des passions, elle peut encore, en prenant la chose de plus haut, les arrêter et les modérer dans leur principe; et cela par le moyen de l'attention qu'elle fera volontairement à certains objets, ou dans le temps des passions pour les calmer, ou devant les passions pour les prévenir.

Cette force de l'attention, et l'effet qu'elle a sur le cerveau, et par le cerveau sur tout le corps, et même sur la partie imaginative de l'âme, et par là sur les passions et les appétits, est digne d'une grande considération.

Nous avons déjà observé que la contention de la tête se ressent fort grande dans l'attention, et par là il est sensible qu'elle a un grand effet dans le cerveau.

On éprouve d'ailleurs que cette attention dépend de la volonté, en sorte que le cerveau doit être sous son empire, en tant qu'il sert à l'attention.

Pour entendre tout ceci, il faut remarquer que les pensées naissent dans notre âme quelquefois à l'agitation naturelle du cerveau, et quelquefois par une attention volontaire.

Pour ce qui est de l'agitation du cerveau, nous avons observé qu'elle passe quelquefois d'une partie à une autre. Alors nos pensées sont vagues comme le cours des esprits. Mais quelquefois aussi elle se fait en un seul endroit, et alors nos pensées sont fixes, et l'âme est plus attachée, comme le cerveau est aussi plus fortement et plus uniformément tendu.

Par là nous observons en nous-mêmes une attention forcée : ce n'est pas là toutefois ce que nous appelons attention, nous donnons ce nom seulement à l'attention où nous choisissons notre objet pour y penser volontairement.

Que si nous n'étions capables d'une telle attention, nous ne serions jamais maîtres de nos considérations et de nos pensées, qui ne seraient qu'une suite de l'agitation du cerveau : nous serions sans liberté, et l'esprit serait en tout asservi au corps, toutes choses contraires à la raison et même à l'expérience.

Par ces choses on peut comprendre la nature de l'attention, et que c'est une application volontaire de notre esprit sur un objet.

Mais il faut encore ajouter que nous voulions considérer cet objet par l'entendement, c'est-à-dire raisonner dessus, ou enfin y contempler la vérité. Car s'abandonner volontairement à quelque imagination qui nous plaise, sans vouloir nous en détourner, ce n'est pas attention ; il faut vouloir entendre et raisonner.

C'est donc proprement par l'attention que commence le raisonnement et les réflexions ; et l'attention commence elle-même par la volonté de considérer et d'entendre.

Et il paraît clairement que, pour se rendre attentif, la première chose qu'il faut faire, c'est d'ôter l'empêchement naturel de l'attention, c'est-à-dire la dissipation et ces pensées vagues qui s'élèvent dans notre esprit ; car il ne peut être tout ensemble dissipé et attentif.

Pour faire taire ces pensées qui nous dissipent, il faut que l'agitation naturelle du cerveau soit en quelque sorte calmée ; car, tant qu'elle durera, nous ne serons jamais maîtres de nos pensées pour avoir de l'attention.

Ainsi, le premier effet du commandement de l'âme est que, voulant être attentive, elle apaise l'agitation naturelle du cerveau.

Et nous avons déjà vu que, pour cela, il n'est pas besoin qu'elle connaisse le cerveau, ou qu'elle ait intention d'agir sur lui : il suffit qu'elle veuille faire ce qui dépend d'elle immédiatement, c'est-à-dire être attentive. Le cerveau, s'il n'est prévenu par quelque agitation trop violente, obéit naturellement, et se calme par la seule subordination du corps à l'âme.

Mais comme les esprits qui tournoient dans le cerveau tendent toujours à l'agiter à leur ordinaire, son mouvement ne peut être arrêté sans quelque effort. C'est ce qui fait que l'attention a quelque chose de pénible et veut être relâchée de temps en temps.

Aussi le cerveau, abandonné aux esprits et aux vapeurs qui le poussent sans cesse, souffrirait un mouvement trop irrégulier ; les pensées seraient trop dissipées, et cette dissipation, outre qu'elle tournerait à une espèce d'extravagance, d'elle-même est fatigante. C'est pourquoi il faut nécessairement, même pour son propre repos, brider ces mouvements irréguliers du cerveau.

Voilà donc l'empêchement levé, c'est-à-dire la dissipation ôtée : l'âme se trouve tranquille, et les imaginations confuses sont disposées à tourner en raisonnement et en considération.

XVIII. *L'âme attentive à raisonner se sert du cerveau, par le besoin qu'elle a des images sensibles.*

Il ne faut pourtant pas penser qu'elle doive rejeter alors toute imagination et toute image sensible, puisque nous avons reconnu qu'elle s'en aide pour raisonner.

Ainsi, loin de rejeter toutes sortes d'images sensibles, elle songe seulement à rappeler celles qui sont convenables à son sujet et qui peuvent aider son raisonnement.

Mais d'autant que ces images sensibles sont attachées aux impressions ou aux marques qui demeurent dans le cerveau, et qu'ainsi elles ne peuvent revenir sans que le cerveau soit ému dans les endroits où sont les marques, comme il a déjà été remarqué, il faut conclure que l'âme peut, quand elle veut, non-seulement calmer le cerveau, mais encore l'exciter en tel endroit qu'il lui plaît, pour rappeler les objets selon ses besoins. L'expérience nous fait voir aussi que nous sommes maîtres de rappeler comme nous voulons les choses confiées à notre mémoire. Et encore que ce pouvoir ait ses bornes, et qu'il soit plus grand dans les uns que dans les autres, il n'y aurait aucun raisonnement si nous ne pouvions l'exercer jusques à un certain point. Et c'est une nouvelle raison de l'immobilité de l'âme pour montrer combien le cerveau doit être en repos quand il s'agit de raisonner; car, agité et déjà ému, il serait peu en état d'obéir à l'âme, et de faire à point nommé les mouvements nécessaires pour lui présenter les images sensibles dont elle a besoin.

C'est ici que le cerveau peine en tous ceux qui n'ont pas acquis cette heureuse immobilité; car au lieu que son naturel est d'avoir un mouvement libre et incertain, comme le cours des esprits, il est réduit, premièrement, à un repos violent, et puis à des mouvements suivis et réguliers qui le travaillent beaucoup.

Car lorsqu'il est détendu et abandonné au cours naturel des esprits, le mouvement en peu de temps erre en plus de parties, mais il est aussi moins rapide et moins violent; au lieu qu'on a besoin, en raisonnant, de se représenter fort vivement les objets : ce qui ne se peut sans que le cerveau soit fortement remué.

Et il faut, pour faire un raisonnement, tant rappeler d'images sensibles, par conséquent remuer le cerveau fortement en tant d'endroits, qu'il n'y aurait rien à la longue de plus fatigant. D'autant plus qu'en rappelant ces objets divers qui servent au raisonnement, l'esprit demeure toujours attaché à l'objet qui en fait le sujet principal; de sorte que le cerveau est en même temps calmé à l'égard de son agitation universelle, tendu et dressé à un point fixe par la considération de l'objet principal, et remué fortement en divers endroits pour rappeler les objets seconds et subsidiaires.

Il faut, pour des mouvements si réguliers et si forts, beaucoup d'esprits; et la tête aussi en reçoit tant dans ses opérations quand elles sont longues, qu'elle épuise le reste du corps.

De là suit une lassitude universelle et une nécessité indispensable de relâcher son attention.

Mais la nature y a pourvu en nous donnant le sommeil; surtout de la nuit, où les nerfs sont détendus, où les sensations sont éteintes, où le cerveau et tout le corps se repose. Comme donc c'est là le vrai temps du relâchement, le jour doit être donné à l'attention, qui peut être plus ou moins forte, et par là tantôt tendre le cerveau, et tantôt le soulager.

Voilà ce qui doit se faire dans le cerveau durant le raisonnement, c'est-à-dire durant la recherche de la vérité, recherche que nous avons dit devoir être laborieuse; et on aperçoit maintenant que ce travail ne vient pas précisément de l'acte d'entendre, mais des imaginations qui doivent aller en concours, et qui présupposent dans le cerveau un grand mouvement.

Au reste, quand la vérité est trouvée, tout le travail cesse; et l'âme, ravie de la découverte, comme les yeux le seraient d'un beau spectacle, voudrait n'en être jamais arrachée, parce que la vérité ne cause par elle-même aucune altération.

Et lorsqu'elle demeure clairement connue, l'imagination agit peu ou point du tout : de là vient qu'on ne ressent que peu ou point de travail.

Car, dans la recherche de la vérité, où nous procédons par comparaisons, par oppositions, par proportions, par autres choses semblables, pour lesquelles il faut appeler beaucoup d'images sensibles, l'imagination agit beaucoup. Mais quand la chose est trouvée, l'âme fait taire l'imagination autant qu'elle peut, et ne fait plus que tourner vers la vérité un simple regard, en quoi consiste l'acte d'entendre.

Et plus cet acte est démêlé de toute image sensible, plus il est tranquille; ce qui montre que l'acte d'entendre de soi-même ne fait point de peine.

Il en fait pourtant par accident; parce que, pour y demeurer, il faut arrêter l'imagination, et par conséquent tenir en bride le cerveau contre le cours des esprits.

Ainsi la contemplation, quelque douce qu'elle soit par elle-même, ne peut pas durer longtemps, par le défaut du corps continuellement agité.

Et les seuls besoins du corps, qui sont si fréquents et si grands, font diverses impressions et rappellent diverses pensées auxquelles il est nécessaire de prêter l'oreille; de sorte que l'âme est forcée de quitter la contemplation.

Par les choses qui ont été dites, on entend le premier effet de l'attention sur le corps. Il regarde le cerveau, qui, au lieu d'une agitation universelle, est fixé à un certain commandement de l'âme quand elle veut être attentive, et, au reste, demeure en état d'être excitée subsidiairement où elle veut.

Il y a un second effet de l'attention qui s'étend sur les passions; nous allons le considérer. Mais avant que de passer outre, il ne faut pas oublier une chose considérable, qui regarde l'attention prise en elle-même : c'est qu'un objet qui a commencé de nous occuper par une attention volontaire nous tient dans la suite longtemps attaché, même malgré nous, parce que les esprits qui ont pris un certain cours ne peuvent pas aisément être détournés.

Ainsi notre attention est mêlée de volontaire et d'involontaire. Un objet qui nous a occupés par force nous flatte souvent; de sorte que la volonté s'y donne : de même qu'un objet choisi par une forte application nous devient une occupation inévitable.

Et comme l'agitation naturelle de notre cerveau rappelle beaucoup de pensées qui nous viennent malgré nous, l'attention volontaire de notre âme fait de son côté de grands

Bossuet. Connaissance de Dieu.

effets sur le cerveau même; les traces que les objets y avaient laissées en deviennent plus profondes, et le cerveau est disposé à s'émouvoir plus aisément dans ces endroits-là.

Et par l'accord établi entre le corps et l'âme, il se fait naturellement une telle liaison entre les impressions du cerveau et les pensées de l'âme, que l'un ne manque jamais de ramener l'autre. Et ainsi, quand une forte imagination a causé, par l'attention que l'âme y apporte, un grand mouvement dans le cerveau, en quelque sorte que ce mouvement soit renouvelé, il fait revivre, et souvent dans toute leur force, les pensées qui l'avaient causé la première fois.

C'est pourquoi il faut beaucoup prendre garde de quelles imaginations on se remplit volontairement, et se souvenir que dans la suite elles reviendront souvent malgré nous, par l'agitation naturelle du cerveau et des esprits.

Mais il faut aussi conclure qu'en prenant les choses de loin, et ménageant bien notre attention dont nous sommes maîtres, nous pouvons gagner beaucoup sur les impressions de notre cerveau et le plier à l'obéissance.

XIX. *L'effet de l'attention sur les passions, et comment l'âme les peut tenir en sujétion dans leur principe; où il est parlé de l'extravagance, de la folie et des songes.*

Par cet empire sur notre cerveau, nous pouvons aussi tenir en bride les passions, qui en dépendent toutes; et c'est le plus bel effet de l'attention.

Pour l'entendre, il faut observer quelle sorte d'empire nous pouvons avoir sur nos passions.

Premièrement, il est certain que nous ne leur commandons pas directement, comme à nos bras et à nos mains. Nous ne pouvons pas élever ou apaiser notre colère, comme nous pouvons ou remuer le bras ou le tenir sans action.

Secondement, il n'est pas moins clair, et nous l'avons déjà dit, que par le pouvoir que nous avons sur les membres extérieurs nous en avons aussi un très-grand sur les passions; mais indirectement, puisque nous pouvons par là, et nous éloigner des objets qui les font naître, et en empêcher l'effet. Ainsi je puis m'éloigner d'un objet odieux qui m'irrite; et, lorsque ma colère est excitée, je lui puis refuser mon bras dont elle a besoin pour se satisfaire.

Mais, pour cela, il le faut vouloir, et le vouloir fortement. Et la grande difficulté est de vouloir autre chose que ce que la passion nous inspire; parce que, dans les passions, l'âme se trouve tellement portée à s'unir aux dispositions du corps, qu'elle ne peut presque se résoudre à s'y opposer.

Il faut donc chercher un moyen de calmer, ou de modérer, ou même de prévenir les passions dans leur principe, et ce moyen est l'attention bien gouvernée.

Car le principe de la passion, c'est l'impression puissante d'un objet dans le cerveau; l'effet de cette impression ne peut être mieux empêché qu'en se rendant attentif à d'autres objets.

En effet, nous avons vu que l'âme attentive fixe le cerveau en un certain état dans lequel elle détermine d'une certaine manière le cours des esprits, et par là elle rompt le coup de la passion, qui, les portant à un autre endroit, causait de mauvais effets dans tout le corps.

C'est pourquoi on dit, il est vrai, que le remède le plus naturel des passions, c'est de détourner l'esprit autant qu'on peut des objets qu'elles lui présentent; et il n'y a rien pour cela de plus efficace que de s'attacher à d'autres objets.

Et il faut ici observer qu'il en est des esprits émus et poussés d'un certain côté à peu près comme d'une rivière, qu'on peut plus aisément détourner que l'arrêter de droit fil. Ce qui fait qu'on réussit mieux dans la passion en pensant à d'autres choses qu'en s'opposant directement à son cours.

Et de là vient qu'une passion violente a souvent servi de frein ou de remède aux autres : par exemple, l'ambition ou la passion de la guerre, à l'amour.

Et il est quelquefois utile de s'abandonner à des passions innocentes pour détourner ou pour empêcher des passions criminelles.

Il sert aussi beaucoup de faire un grand choix des personnes avec qui on converse. Ce qui est en mouvement répand aisément son agitation autour de soi, et rien n'émeut plus les passions que les discours et les actions des hommes passionnés.

Au contraire, une âme tranquille nous tire en quelque façon hors de l'agitation et semble nous communiquer son repos, pourvu toutefois que cette tranquillité ne soit pas insensible et fade. Il faut quelque chose de vif qui s'accorde un peu avec notre mouvement, mais où, dans le fond, il se trouve de la consistance.

Enfin, dans les passions il faut calmer les esprits par une espèce de diversion, et se jeter, pour ainsi dire, à côté, plutôt que de combattre de front, c'est-à-dire qu'il n'est plus temps d'opposer des raisons à une passion déjà émue; car, en raisonnant sur sa passion même pour l'attaquer, on en rappelle l'objet, on en imprime plus fortement les traces, et on irrite plutôt les esprits qu'on ne les calme. Où les sages réflexions sont de grand effet, c'est à prévenir les passions. Il faut donc nourrir son esprit de considérations sensées, et lui donner de bonne heure des attachements honnêtes, afin que les objets des passions trouvent la place déjà prise, les esprits déterminés à un certain cours, et le cerveau affermi.

Car la nature ayant formé cette partie capable d'être occupée par les objets, et aussi d'obéir à la volonté, il est clair que la disposition qui prévient doit l'emporter.

Si donc l'âme s'accoutume de bonne heure à être maîtresse de son attention et qu'elle l'attache à de bons objets, elle sera par ce moyen maîtresse, premièrement du cerveau, par là du cours des esprits, et par là enfin des émotions que les passions excitent.

Mais il faut se souvenir que l'attention véritable est celle qui considère l'objet tout entier. Ce n'est qu'être à demi attentif à un objet, comme serait une femme tendrement aimée, que de n'y considérer que le plaisir dont on est flatté en l'aimant, sans songer aux suites honteuses d'un semblable engagement.

Il est donc nécessaire d'y bien penser, et d'y penser de bonne heure; parce que si on laisse le temps à la passion de faire toute son impression dans le cerveau, l'attention viendra trop tard.

Car, en considérant le pouvoir de l'âme sur le corps, il faut observer soigneusement que ses forces sont bornées et restreintes : de sorte qu'elle ne peut pas faire tout ce qu'elle veut des bras et des mains, et encore moins du cerveau.

C'est pourquoi nous venons de voir qu'elle le perdrait en le poussant trop, et qu'elle est obligée à le ménager.

Par la même raison, il s'y fait souvent des agitations si violentes que l'âme n'en est plus maîtresse, non plus qu'un cocher de chevaux fougueux qui ont pris le frein aux dents.

Quand cette disposition est fixe et perpétuelle, c'est ce qui s'appelle folie; quand elle a une cause qui finit avec le temps, comme un mouvement de fièvre, cela s'appelle délire et rêverie.

Dans la folie et dans le délire, il arrive de deux choses l'une : ou le cerveau est agité tout entier avec un égal dérèglement, alors il s'est fait une parfaite extravagance, et il ne paraît aucune suite dans les pensées ni dans les paroles : ou le cerveau n'est blessé que dans un endroit, alors la folie ne s'attache aussi qu'à un objet déterminé. Tels sont ceux qui s'imaginent être toujours à la comédie et à la chasse, et tant d'autres qui, frappés d'un certain objet, parlent raisonnablement de tous les autres, et assez conséquemment de celui-là même qui fait leur erreur.

La raison est que, n'y ayant qu'un seul endroit du cerveau marqué d'une impression invincible à l'âme, elle demeure maîtresse de tout le reste, et peut exercer ses fonctions sur tout autre objet.

Et l'agitation du cerveau, dans la folie, est si violente qu'elle paraît même au dehors par le trouble qui paraît dans tout le visage, et principalement par l'égarement des yeux.

De là s'ensuit que toutes les passions violentes sont une espèce de folie, parce qu'elles causent des agitations dans le cerveau, dont l'âme n'est pas maîtresse. Aussi n'y a-t-il point de cause plus ordinaire de la folie que les passions portées à un certain excès.

Par là aussi s'expliquent les songes, qui sont une espèce d'extravagance.

Dans le sommeil, le cerveau est abandonné à lui-même, et il n'y a point d'attention; car la veille consiste précisément dans l'attention de l'esprit, qui se rend maître de ses pensées.

Nous avons vu que l'attention cause le plus grand travail du cerveau, et que c'est principalement ce travail que le sommeil vient relâcher.

De là il doit arriver deux choses : l'une, que l'imagination doit dominer dans les songes, et qu'il se doit présenter à nous une grande variété d'objets, souvent même avec quelque suite, pour les raisons qui ont été dites en parlant de l'imagination ; l'autre, que ce qui se passe dans notre imagination nous paraît réel et véritable, parce qu'alors il n'y a point d'attention, par conséquent point de discernement.

De tout cela il résulte que la vraie assiette de l'âme est lorsqu'elle est maîtresse des mouvements du cerveau ; et que, comme c'est par l'attention qu'elle le contient, c'est aussi de son attention qu'elle doit principalement se rendre la maîtresse ; mais qu'il s'y faut prendre de bonne heure, et ne pas laisser occuper le cerveau à des impressions trop fortes que le temps rendrait invincibles.

Et nous avons vu, en général, que l'âme, en se servant bien de sa volonté et de ce qui est soumis naturellement à la volonté, peut régler et discipliner tout le reste.

Enfin, des méditations sérieuses, des conversations honnêtes, une nourriture modérée, un sage ménagement de ses forces, rendent l'homme maître de lui-même, autant que cet état de mortalité le peut souffrir.

XX. *L'homme qui a médité la doctrine précédente se connaît lui-même.*

Après les réflexions que nous avons faites sur l'âme, sur le corps, sur leur union, nous pouvons maintenant nous bien connaître.

Car si nous ne voyons pas dans le fond de l'âme ce qui lui fait comme demander naturellement d'être unie à un corps, et surtout leur union, il ne faut pas s'en étonner, puisque nous connaissons si peu le fond des substances. Mais si cette union ne nous est pas connue dans son fond, nous la connaissons suffisamment par les deux effets que nous venons d'expliquer et par le bel ordre qui en résulte.

Car, premièrement, nous voyons la parfaite société de l'âme et du corps.

Nous voyons, secondement, que, dans cette société, la partie principale, c'est-à-dire l'âme, est aussi celle qui préside, et que le corps lui est soumis : les bras, les jambes, tous les autres membres, et enfin tout le corps est remué et transporté d'un lieu à un autre au commandement de l'âme. Les yeux et les oreilles se tournent du côté où il lui plaît, les mains exécutent ce qu'elle ordonne, la langue explique ce qu'elle pense et ce qu'elle veut, les sens lui présentent les objets dont elle doit juger et se servir; les parties qui digèrent et distribuent la nourriture, celles qui forment les esprits et qui les envoient où il faut, tiennent les membres extérieurs et tout le corps en état pour lui obéir.

C'est en cela que consiste la bonne disposition du corps. En effet, nous nous trouvons le corps sain quand il peut exécuter ce que l'âme lui prescrit; au contraire, nous sommes malades quand le corps faible et abattu ne peut plus se tenir debout ni se mouvoir comme nous le souhaitons.

Ainsi, on peut dire que le corps est un instrument dont l'âme se sert à sa volonté; et c'est pourquoi Platon définissait l'homme en cette sorte : L'homme, dit-il, est une âme se servant du corps[1].

C'est de là qu'il concluait l'extrême différence du corps et de l'âme, parce qu'il n'y a rien de plus différent de celui qui se sert de quelque chose que la chose même dont il se sert.

L'âme donc, qui se sert du bras et de la main comme il lui plaît, qui se sert de tout le corps, qu'elle transporte où elle trouve bon, qui l'expose à tels périls qu'il lui plaît et à sa ruine certaine, est sans doute d'une nature de beaucoup supérieure à ce corps, qu'elle fait servir en tant de manières et si impérieusement à ses desseins.

Ainsi on ne se trompe pas quand on dit que le corps est comme l'instrument de l'âme. Et il ne se faut pas étonner si, le corps étant mal disposé, l'âme en fait moins bien ses fonctions. La meilleure main du monde, avec une mauvaise plume, écrira mal. Si vous ôtez à un ouvrier ses instruments, son adresse naturelle ou acquise ne lui servira de rien.

Il y a pourtant une extrême différence entre les instruments ordinaires et le corps humain. Qu'on brise le pinceau d'un peintre ou le ciseau d'un sculpteur, il ne sent point les coups dont ils ont été frappés; mais l'âme sent tous ceux qui blessent le corps, et, au contraire, elle a du plaisir quand on lui donne ce qu'il faut pour s'entretenir.

Le corps n'est donc pas un simple instrument appliqué

---

1. C'est à peu près la définition de M. de Bonald : L'homme est une intelligence servie par des organes.

par le dehors, ni un vaisseau que l'âme gouverne à la manière d'un pilote. Il en serait ainsi si elle n'était simplement qu'intellectuelle ; mais parce qu'elle est sensitive, elle est forcée de s'intéresser d'une façon plus particulière à ce qui le touche, et de le gouverner, non comme une chose étrangère, mais comme une chose naturelle et intimement unie.

En un mot, l'âme et le corps ne font ensemble qu'un tout naturel, et il y a entre les parties une parfaite et nécessaire communication.

Aussi avons-nous trouvé dans toutes les opérations animales quelque chose de l'âme et quelque chose du corps ; de sorte que, pour se connaître soi-même, il faut savoir distinguer dans chaque action ce qui appartient à l'une d'avec ce qui appartient à l'autre, et remarquer tout ensemble comment deux parties de différente nature s'entr'aident mutuellement.

XXI. *Pour se bien connaître soi-même, il faut s'accoutumer par de fréquentes réflexions à discerner en chaque action ce qu'il y a du corps d'avec ce qu'il y a de l'âme.*

Pour ce qui regarde le discernement, on se le rend facile par de fréquentes réflexions. Et comme on ne saurait trop s'exercer dans une méditation si importante, ni trop distinguer son âme d'avec son corps, il sera bon de parcourir dans ce dessein toutes les opérations que nous avons considérées.

Ce qu'il y a du corps quand nous nous mouvons, c'est un premier branle dans le cerveau, suivi du mouvement et des esprits et des muscles, et enfin du transport, ou de tout le corps, ou de quelqu'une de ses parties : par exemple, du bras ou de la main. Ce qu'il y a du côté de l'âme, c'est la volonté de se mouvoir et le dessein d'aller d'un côté plutôt que d'un autre.

Dans la parole, ce qu'il y a du côté du corps, outre l'action du cerveau qui commence tout, c'est le mouvement du poumon et de la trachée-artère pour pousser l'air, et le battement du même air par la langue et par les lèvres. Et ce qu'il y a du côté de l'âme, c'est l'intention de parler et d'exprimer sa pensée.

Tous ces mouvements, si l'on y prend garde, quoiqu'ils se fassent au commandement de la volonté humaine, pourraient absolument se faire sans elle; de même que la respiration, qui dépend d'elle en quelque sorte, se fait tout à fait sans elle quand nous dormons. Et il nous arrive souvent de proférer en dormant certaines paroles ou de faire d'autres mouvements qu'on peut regarder comme un pur effet de l'agitation du cerveau sans que la volonté y ait part. On peut aussi concevoir qu'il se forme certaines paroles par le battement seul de l'air, comme on voit dans les échos; et c'est ainsi que le poëte[1] faisait parler ce fantôme : *Dat inania verba, dat sine mente sonum.*

Cette considération nous peut servir à observer dans les mouvements et surtout dans la parole ce qui appartient à l'âme et ce qui appartient au corps. Mais continuons à marquer cette différence dans les autres opérations.

Dans la vue, ce qu'il y a du côté du corps, c'est que les yeux soient ouverts, que les rayons du soleil soient réfléchis de dessus la superficie de l'objet à notre œil en droite ligne; qu'ils y souffrent certaines réfractions dans les humeurs; qu'ils peignent et qu'ils impriment l'objet en petit dans le fond de l'œil; que les nerfs optiques soient ébranlés; enfin que le mouvement se communique jusques au dedans du cerveau. Ce qu'il y a du côté de l'âme, c'est la sensation, c'est-à-dire la perception de la lumière et des couleurs, et le plaisir que nous ressentons dans les unes plutôt que dans les autres, ou dans certaines vues agréables plutôt qu'en d'autres.

Dans l'ouïe, ce qu'il y a du côté du corps, c'est que l'air, agité d'une certaine façon, frappe le tympan et ébranle les nerfs jusques au cerveau. Du côté de l'âme, c'est la perception du son, le plaisir de l'harmonie, la peine que nous donnent des voix fausses et d'un son désagréable, et des tons discordants, et les diverses pensées qui naissent en nous par la parole.

Dans le goût et dans l'odorat un certain suc tiré des viandes et mêlé avec la salive ébranle les nerfs de la langue: une vapeur qui sort des fleurs ou des autres corps frappe les nerfs des narines; tout ce mouvement se communique

---

1. Virgile, *Enéide.*

à la racine des nerfs, et voilà ce qu'il y a du côté du corps. Il y a du côté de l'âme la perception du bon et du mauvais goût, des bonnes et des mauvaises odeurs.

Dans le toucher, les parties du corps sont ou agitées par le chaud ou resserrées par le froid. Les corps que nous touchons, ou s'attachent à nous par leur humidité, ou s'en séparent aisément par leur sécheresse. Notre chair est ou écorchée par quelque chose de rude, ou percée par quelque chose d'aigu. Une humeur âcre et maligne se jette sur quelque partie nerveuse, la picote, la presse, la déchire par ces divers mouvements; les nerfs sont ébranlés dans toute leur longueur et jusques au cerveau : voilà ce qu'il y a du côté du corps. Et il y a du côté de l'âme le sentiment du chaud et du froid, celui de la douleur ou du plaisir.

Dans la douleur, nous poussons des cris violents, notre visage se défigure, les larmes nous coulent des yeux. Ni ces cris, ni ces larmes, ni ce changement qui paraît sur notre visage ne sont la douleur. Elle est dans l'âme, à qui elle apporte un sentiment fâcheux et contraire.

Dans la faim et dans la soif, nous remarquons, du côté du corps, ces eaux fortes qui picotent l'estomac et les vapeurs qui dessèchent le gosier; et du côté de l'âme, la douleur que nous cause cette mauvaise disposition des parties et le désir de la réparer par le manger et le boire.

Dans l'imagination et dans la mémoire, nous avons, du côté du corps, les impressions du cerveau, les marques qu'il en conserve, l'agitation des esprits qui l'ébranlent en divers endroits; et nous avons, du côté de l'âme, ces pensées vagues et confuses qui s'effacent les unes les autres, et les actes de la volonté, qui recommande certaines choses à la mémoire, et puis les lui redemande, et les lui fait rendre à propos.

Pour ce qui est des passions, quand vous concevez les esprits émus, le cœur agité par un battement redoublé, le sang échauffé, les muscles tendus, les bras et tout le corps tournés à l'attaque, vous n'avez pas encore compris la colère, parce que vous n'avez dit que ce qui se trouve dans le corps; et il faut encore y considérer, du côté de l'âme, le désir de la vengeance. De même, ni le sang retiré, ni les extrémités froides, ni la pâleur sur le visage, ni les jambes et les pieds disposés à une fuite précipitée, ne sont pas ce qu'on appelle proprement la crainte, c'est ce qu'elle fait dans le corps; dans l'âme, c'est un sentiment par lequel elle s'efforce d'éviter le péril connu; et il en est de même de toutes les autres passions.

En méditant ces choses et se les rendant familières, on se forme une habitude de distinguer les sensations, les imaginations et les passions ou appétits naturels d'avec les dispositions et les mouvements corporels. Et, cela fait, on n'a plus de peine à en démêler les opérations intellectuelles qui, loin d'être assujetties au corps, président à ses mouvements et ne communiquent avec lui que par la liaison qu'elles ont avec le sens, auquel néanmoins nous les avons vues si supérieures.

XXII. *Comment on peut distinguer les opérations sensitives d'avec les mouvements corporels, qui en sont inséparables.*

Sur ce qui a été dit de la distinction qu'il faut faire des mouvements corporels d'avec les sensations et les passions, on demandera peut-être comment on peut distinguer des choses qui se suivent de si près, et qui semblent inséparables. Par exemple, comment distinguer la colère d'avec l'agitation des esprits et du sang? Comment distinguer le sentiment d'avec le mouvement des nerfs, ou, si on veut, des esprits, puisque, ce mouvement étant posé, le sentiment suit aussitôt et que jamais on n'a le sentiment que ce mouvement ne précède?

On demandera encore comment le plaisir et la douleur peuvent appartenir à l'âme, puisqu'on les sent dans le corps? n'est-ce pas dans mon doigt coupé que je sens la douleur de la blessure? et n'est-ce pas dans le palais que je sens le plaisir du goût? On en dira autant de toutes les autres sensations.

A cela il est aisé de répondre que le mouvement dont il s'agit, qui n'est qu'un changement de place, et le sentiment, qui est la perception de quelque chose, sont fort différents l'un de l'autre.

On distingue donc ces choses par leur idée naturelle, qui n'ont rien de commun ensemble, et ne peuvent être confondues que par erreur.

La séparation des parties du bras ou de la main dans une blessure n'est pas d'une autre nature que celle qui se ferait dans un corps mort. Cette séparation ne peut donc être la douleur.

Il faut raisonner de même de tous les autres mouvements du corps. L'agitation du sang n'est pas d'une autre nature que celle d'une autre liqueur. L'ébranlement du nerf n'est pas d'une autre nature que celui d'une corde, ni le mouvement du cerveau que celui d'un autre corps : et, pour venir aux esprits, leur cours n'est pas aussi d'une nature différente de celui d'une autre vapeur; puisque les esprits et les nerfs, et les filets dont on dit que le cerveau est composé, pour être déliés, n'en sont pas moins corps; et que leur mouvement, si vite, si délicat et si subtil qu'on se l'imagine, n'est, après tout, qu'un simple changement de place; ce qui est très-éloigné de sentir et de désirer.

Et cela se reconnaîtra dans les sensations en reprenant la chose jusques au principe.

Nous y avons remarqué un mouvement enchaîné qui se commence à l'objet, se continue dans le milieu, se communique à l'organe, aboutit enfin au cerveau et y fait son impression.

Il est aisé de comprendre que, tel que le mouvement se commence auprès de l'objet, tel il dure dans le milieu, et tel il se continue dans les organes du corps extérieurs et intérieurs, la proportion toujours gardée.

Je veux dire que, selon les diverses dispositions du milieu et de l'organe, ce mouvement pourra quelque peu changer; comme il arrive dans les réfractions; comme il arrive lorsque l'air, par où doit se communiquer le mouvement du corps résonnant, est agité par le vent : mais cette diversité se fait toujours à proportion du coup qui vient de l'objet; et c'est selon cette proportion que les organes, tant extérieurs qu'intérieurs, sont frappés.

Ainsi la disposition des organes corporels est au fond de même nature que celle qui se trouve dans les objets mêmes au moment que nous en sommes touchés; comme l'impression se fait dans la cire, telle et de même nature qu'elle a été faite dans le cachet.

En effet, cette impression, qu'est-ce autre chose qu'un mouvement dans la cire par lequel elle est forcée de s'accommoder au cachet qui se met sur elle? Et de même, l'impression dans nos organes, qu'est-ce autre chose qu'un mouvement qui se fait en eux, ensuite du mouvement qui se commence à l'objet?

Je vois que ma main, pressée par un corps pesant et rude, cède et baisse en conformité du mouvement de ce corps qui pèse sur elle; et le même mouvement se continue sur toutes les parties qui sont disposées à le recevoir. Il n'y a personne qui n'entende que si l'agitation qui cause le bruit est un certain trémoussement du corps résonnant, par exemple d'une corde de luth, une pareille trépidation se doit continuer dans l'air; et quand ensuite le tympan viendra à être ébranlé, et le nerf auditif avec lui, et le cerveau même ensuite, cet ébranlement, après tout, ne sera pas d'une autre nature qu'a été celui de la corde : au contraire, ce n'en sera que la continuation. Toutes ces impressions étant de même nature, ou plutôt tout cela n'étant qu'une suite du même ébranlement qui a commencé à l'objet, il n'est pas moins ridicule de dire que l'agitation du tympan et l'ébranlement du nerf et de quelque autre partie puisse être la sensation, que de dire que l'ébranlement de l'air ou celui du corps résonnant le soit.

Il faut donc, pour bien raisonner, regarder toute cette suite d'impression corporelle, depuis l'objet jusques au cerveau, comme chose qui tient à l'objet; et, par la même raison qu'on distingue les sensations d'avec l'objet, il faut les distinguer d'avec les impressions et les mouvements qui les suivent.

Ainsi la sensation est une chose qui s'élève après tout cela et dans un autre sujet; c'est-à-dire non plus dans le corps, mais dans l'âme seule.

Il en faut dire autant et de l'imagination et des désirs qui en naissent. En un mot, tant qu'on ne fera que remuer des corps, c'est-à-dire des choses étendues en longueur, largeur et profondeur, quelque vites et quelque subtils qu'on fasse ces corps, et dût-on les réduire à l'indivisible si leur nature le pouvait permettre, jamais on ne fera une sensation ni un désir.

Car enfin qu'un corps soit plus vite, il arrivera plus tôt, qu'il soit plus mince, il pourra passer par une plus petite ouverture : mais que cela fasse sentir ou désirer, c'est ce qui n'a aucune suite et ne s'entend pas.

De là vient que l'âme, qui connaît si bien et si distinctement ses sensations, ses imaginations et ses désirs, ne connaît la délicatesse et les mouvements ni du cerveau, ni des nerfs, ni des esprits, ni même si ces choses sont dans la nature. Je sais bien que je sens la douleur de la migraine et de la colique, et que je sens du plaisir en buvant et en mangeant, et je connais très-distinctement ce plaisir et cette douleur; mais si j'ai une membrane autour du cerveau dont les nerfs soient picotés par une humeur âcre, si j'ai des nerfs à la langue que le suc des viandes remue, c'est ce qu'on ne sait pas. Je ne sais non plus si j'ai des esprits qui errent dans le cerveau et se jettent dans les nerfs, tant pour les tenir tendus que pour se répandre de là dans les muscles. Ce qui montre qu'il n'y a rien de plus distingué que le sentiment et toutes ces dispositions des organes corporels, puisque l'un est si clairement aperçu et que l'autre ne l'est point du tout.

Ainsi il se trouvera que nous connaissons beaucoup plus de choses de notre âme que de notre corps, puisqu'il se fait dans notre corps tant de mouvements que nous ignorons, et que nous n'avons aucun sentiment que notre esprit n'aperçoive.

Concluons donc que le mouvement des nerfs ne peut pas être un sentiment; que l'agitation du sang ne peut pas être un désir; que le froid qui est dans le sang quand les esprits dont il est plein se retirent vers le cœur ne peut pas être la haine; en un mot, qu'on se trompe en confondant les dispositions et altérations corporelles avec les sensations, les imaginations et les passions.

Ces choses sont unies; mais elles ne sont point les mêmes, puisque leurs natures sont si différentes. Et comme se mouvoir n'est pas sentir, sentir n'est pas se mouvoir.

Ainsi, quand on dit qu'une partie du corps est sensible, ce n'est pas que le sentiment puisse être dans le corps, mais c'est que, cette partie étant toute nerveuse, elle ne peut être blessée sans un grand ébranlement des nerfs auquel la nature a joint un vif sentiment de douleur.

Et si elle nous fait rapporter ce sentiment à la partie offensée; si, par exemple, quand nous avons la main blessée, nous ressentons de la douleur, c'est un avertissement que la blessure qui cause de la douleur est dans la main; mais ce n'est pas une preuve que le sentiment, qui ne peut convenir qu'à l'âme, se puisse attribuer au corps.

En effet, quand un homme qui a la jambe emportée croit y ressentir autant de douleur qu'auparavant, ce n'est pas que la douleur soit reçue dans une jambe qui n'est plus, mais c'est que l'âme, qui la ressent seule, la rapporte au même endroit qu'elle avait accoutumé de la rapporter.

Ainsi, de quelque manière qu'on tourne et qu'on remue le corps, que ce soit vite ou lentement, circulairement ou en ligne droite, en masse ou en parcelle séparée, cela ne le fera jamais sentir; encore moins imaginer, encore moins raisonner, et entendre la nature de chaque chose et la sienne propre; encore moins délibérer et choisir, résister à ses passions, se commander à soi-même, aimer enfin quelque chose jusques à lui sacrifier sa propre vie.

Il y a donc dans le corps humain une vertu supérieure à toute la masse du corps, aux esprits qui l'agitent, aux mouvements et aux impressions qu'il en reçoit. Cette vertu est dans l'âme; ou plutôt elle est l'âme même, qui, quoique d'une nature élevée au-dessus du corps, lui est unie toutefois par la puissance suprême qui a créé l'une et l'autre.

CHAPITRE QUATRIÈME.

DE DIEU, CRÉATEUR DE L'AME ET DU CORPS ET AUTEUR DE LEUR VIE.

I. *L'homme est un ouvrage d'un grand dessein et d'une sagesse profonde.*

Dieu, qui a créé l'âme et le corps, et qui les a unis l'une à l'autre d'une façon si intime, se fait connaître lui-même dans ce bel ouvrage.

Quiconque connaîtra l'homme verra que c'est un ouvrage de grand dessein, qui ne pouvait être ni conçu ni exécuté que par une sagesse profonde.

Tout ce qui montre de l'ordre, des proportions bien prises, et des moyens propres à faire de certains effets, montre aussi une fin expresse ; par conséquent, un dessein formé, une intelligence réglée et un art parfait.

C'est ce qui se remarque dans toute la nature. Nous voyons tant de justesse dans ses mouvements et tant de convenance entre ses parties, que nous ne pouvons nier qu'il y ait de l'art. Car s'il en faut pour remarquer ce concert et cette justesse, à plus forte raison pour l'établir. C'est pourquoi nous ne voyons rien, dans l'univers, que nous ne soyons portés à demander pourquoi il se fait, tant nous sentons naturellement que tout a sa convenance et sa fin.

Aussi voyons-nous que les philosophes qui ont le mieux observé la nature nous ont donné pour maxime qu'elle ne fait rien en vain, et qu'elle va toujours à ses fins par les moyens les plus courts et les plus faciles ; il y a tant d'art dans la nature, que l'art même ne consiste qu'à la bien entendre et à l'imiter. Et plus on entre dans ses secrets, plus on la trouve pleine de proportions cachées, qui font tout aller par ordre, et sont la marque certaine d'un ouvrage bien entendu et d'un artifice profond.

Ainsi, sous le nom de nature, nous entendons une sagesse profonde qui développe avec ordre, et selon de justes règles, tous les mouvements que nous voyons.

Mais de tous les ouvrages de la nature, celui où le dessein est le plus suivi, c'est sans doute l'homme.

Et déjà il est d'un beau dessein d'avoir voulu faire de toute sorte d'êtres : des êtres qui n'eussent que l'étendue avec tout ce qui lui appartient, figure, mouvement, repos, tout ce qui dépend de la proportion ou disproportion de ces choses ; des êtres qui n'eussent que l'intelligence, et tout ce qui convient à une si noble opération, sagesse, raison, prévoyance, volonté, liberté, vertu ; enfin des êtres où tout fût uni et où une âme intelligente se trouvât jointe à un corps.

L'homme étant formé par un tel dessein, nous pouvons définir l'âme raisonnable : substance intelligente née pour vivre dans un corps et lui être intimement unie.

L'homme tout entier est compris dans cette définition, qui commence par ce qu'il a de meilleur, sans oublier ce qu'il a de moindre, et fait voir l'union de l'un et de l'autre.

A ce premier trait qui figure l'homme, tout le reste est accommodé avec un ordre admirable.

Nous avons vu que, pour l'union, il fallait qu'il se trouvât dans l'âme, outre les opérations intellectuelles, supérieures au corps, des opérations sensitives naturellement engagées dans le corps et assujetties à ses organes. Aussi voyons-nous dans l'âme ces opérations sensitives.

Mais les opérations intellectuelles n'étaient pas moins nécessaires à l'âme, puisqu'elle devait, comme la partie du plus noble composé, gouverner le corps et y présider. En effet, Dieu lui a donné ces opérations intellectuelles, et leur a attribué le commandement.

Il fallait qu'il y eût un certain concours entre toutes les opérations de l'âme, et que la partie raisonnable pût tirer quelque utilité de la partie sensitive. La chose a été ainsi réglée. Nous avons vu que l'âme, avertie et excitée par les sensations, apprend et remarque ce qui se passe autour d'elle, pour ensuite pourvoir aux besoins du corps, et faire ces réflexions sur les merveilles de la nature.

Peut-être que la chose s'entendra mieux en la reprenant d'un peu plus haut.

La nature intelligente aspire à être heureuse. Elle a l'idée du bonheur, elle le cherche; elle a l'idée du malheur, elle l'évite. C'est à cela qu'elle rapporte tout ce qu'elle fait, et il semble que c'est là son fond. Mais sur quoi doit être fondée la vie heureuse, si ce n'est sur la connaissance de la vérité? Mais on n'est pas heureux simplement pour la connaître; il faut l'aimer, il faut la vouloir. Il y a de la contradiction de dire qu'on soit heureux sans aimer son bonheur et ce qui le fait. Il faut donc pour être heureux, et connaître le bien, et l'aimer: et le bien de la nature intelligente, c'est la vérité; c'est là ce qui la nourrit et la vivifie. Et si je concevais une nature purement intelligente, il me semble que je n'y mettrais qu'entendre et aimer la vérité, et que cela seul la rendrait heureuse. Mais comme l'homme n'est pas une nature purement intelligente, et qu'il est, ainsi qu'il a été dit, une nature intelligente unie à un corps, il lui faut autre chose, il lui faut les sens. Et cela se déduit du même principe: car, puisqu'elle est unie au corps, le bon état de ce corps doit faire une partie de son bonheur; et, pour achever l'union, il faut que la partie intelligente pourvoie au corps qui lui est uni, la principale à l'inférieure. Ainsi une des vérités que doit connaître l'âme unie à un corps est ce qui regarde les besoins du corps et les moyens d'y pourvoir. C'est à quoi servent les sensations, comme nous venons de le dire et comme nous l'avons établi ailleurs. Et notre âme étant de telle nature que ses idées intellectuelles sont universelles, abstraites, séparées de toute matière particulière, elle avait besoin d'être avertie par quelque autre chose de ce qui regarde ce corps particulier à qui elle est unie, et les autres corps qui peuvent ou le secourir ou lui nuire; et nous avons vu que les sensations lui sont données pour cela: par la vue, par l'ouïe et par les autres sens, elle discerne parmi les objets ce qui est propre ou contraire au corps. Le plaisir et la douleur la rendent attentive à ses besoins et ne l'invitent pas seulement, mais la forcent à y pourvoir.

II. *Le corps humain est l'ouvrage d'un dessein profond et admirable.*

Voilà quelle devait être l'âme. Et de là il est aisé de déterminer quel devait être le corps.

Il fallait premièrement qu'il fût capable de servir aux sensations, et par conséquent qu'il pût recevoir des impressions de tous côtés, puisque c'était à ces impressions que les sensations devaient être unies.

Mais si le corps n'était en état de prêter ses mouvements aux desseins de l'âme, en vain apprendrait-elle par les sensations ce qui est à rechercher et à fuir.

Il a donc fallu que ce corps, si propre à recevoir les impressions, le fût aussi à exercer mille mouvements divers.

Pour tout cela il fallait le composer d'une infinité de parties délicates, et de plus les unir ensemble, en sorte qu'elles pussent agir en concours pour le bien commun.

En un mot, il fallait à l'âme un corps organique, et Dieu lui en a fait un capable des mouvements les plus forts, aussi bien que des plus délicats et des plus industrieux.

Ainsi tout l'homme est construit avec un dessein suivi et avec un art admirable. Mais si la sagesse de son auteur éclate dans le tout, elle ne paraît pas moins dans chaque partie.

Nous venons de voir que notre corps devait être composé de beaucoup d'organes capables de recevoir les impressions des objets et d'exercer des mouvements proportionnés à ces impressions.

Ce dessein est parfaitement exécuté. Tout est ménagé dans le corps humain avec un artifice merveilleux. Le corps reçoit de tous côtés les impressions des objets sans être blessé. On lui a donné des organes pour éviter ce qui l'offense ou le détruit; et les corps environnants qui font sur lui ce mauvais effet font encore celui de lui causer de l'éloignement. La délicatesse des parties, quoiqu'elle aille à une finesse inconcevable, s'accorde avec la force et avec la solidité. Le jeu des ressorts n'est pas moins aisé que ferme, à peine sentons-nous battre notre cœur, nous qui sentons les moindres mouvements du dehors, si peu qu'ils viennent à nous; les artères vont, le sang circule, les esprits coulent, toutes les parties s'incorporent leur nourriture sans troubler notre sommeil, sans distraire nos pensées, sans exciter tant soit peu notre sentiment : tant Dieu a mis de règle et de proportion, de délicatesse et de douceur dans de si grands mouvements.

Ainsi nous pouvons dire avec assurance que, de toutes les proportions qui se trouvent dans les corps, celles du corps organique sont les plus parfaites et les plus palpables.

Tant de parties si bien arrangées et si propres aux usages pour lesquels elles sont faites; la disposition des valvules, le battement du cœur et des artères, la délicatesse des parties du cerveau et la variété de ses mouvements, d'où dépendent tous les autres; la distribution du sang et des esprits; les effets différents de la respiration qui ont un si grand usage dans le corps; tout cela est d'une économie et, s'il est permis d'user de ce mot, d'une mécanique si admirable, qu'on ne la peut voir sans ravissement ni assez admirer la sagesse qui en a établi les règles.

Il n'y a genre de machine qu'on ne trouve dans le corps humain. Pour sucer quelque liqueur, les lèvres servent de tuyau et la langue sert de piston. Au poumon est attachée la trachée-artère, comme une espèce de flûte douce d'une fabrique particulière, qui, s'ouvrant plus ou moins, modifie l'air et diversifie les tons. La langue est un archet qui, battant sur les dents et sur le palais, en tire des sons exquis. L'œil a ses humeurs et son cristallin, les réfractions s'y ménagent avec plus d'art que dans les verres les mieux taillés : il a aussi sa prunelle qui se dilate et se resserre; tout son globe s'allonge ou s'aplatit selon l'axe de la vision pour s'ajuster aux distances, comme les lunettes à longue vue. L'oreille a son tambour, où une peau aussi délicate que bien tendue résonne au mouvement d'un petit marteau que le moindre bruit agite; elle a dans un os fort dur des cavités pratiquées pour faire retentir la voix de la même sorte qu'elle retentit parmi les rochers et dans les échos. Les vaisseaux ont leurs soupapes ou valvules tournées en tous sens; les os et les muscles ont leurs poulies et leurs leviers : les proportions qui font et les équilibres, et la multiplication des forces mouvantes, y sont observées dans une justesse où rien ne manque. Toutes les machines sont simples; le jeu en est si aisé et la structure si délicate, que toute autre machine est grossière en comparaison.

A rechercher de près les parties, on y voit de toute sorte de tissus; rien n'est mieux filé, rien n'est mieux passé, rien n'est serré plus exactement.

Nul ciseau, nul tour, nul pinceau ne peut approcher de la tendresse avec laquelle la nature tourne et arrondit ses sujets.

Tout ce que peut faire la séparation et le mélange des liqueurs, leur précipitation, leur digestion, leur fermentation et le reste est pratiqué si habilement dans le corps humain, qu'auprès de ces opérations la chimie la plus fine n'est qu'une ignorance très-grossière.

On voit à quel dessein chaque chose a été faite : pourquoi le cœur, pourquoi le cerveau, pourquoi les esprits, pourquoi la bile, pourquoi le sang, pourquoi les autres humeurs. Qui voudra dire que le sang n'est pas fait pour nourrir l'animal; que l'estomac et les eaux qu'il jette par ses glandes ne sont pas faits pour préparer par la digestion la formation du sang; que les artères et les veines ne sont pas faites de la manière qu'il faut pour le contenir, pour le porter partout, pour le faire circuler continuellement; que le cœur n'est pas fait pour donner le branle à cette circulation : qui voudra dire que la langue et les lèvres, avec leur prodigieuse mobilité, ne sont pas faites pour former la voix en mille sortes d'articulations, ou que la bouche n'a pas été mise à la place la plus convenable pour transmettre la nourriture à l'estomac; que les dents n'y sont pas placées pour rompre cette nourriture et la rendre capable d'entrer; que les eaux qui coulent dessus ne sont pas propres à la ramollir et ne viennent pas pour cela à point nommé; ou que ce n'est pas pour ménager les organes et la place que la bouche est pratiquée de manière que tout y sert également à la nourriture et à la parole : qui voudra dire ces choses fera mieux de dire encore qu'un bâtiment n'est pas fait pour loger, et que ses appartements, ou engagés ou dégagés, ne sont pas construits pour la commodité de la vie, ou pour faciliter les ministères nécessaires ; en un mot, il sera un insensé qui ne mérite pas qu'on lui parle.

Si ce n'est peut-être qu'il faille dire que le corps humain n'a point d'architecte, parce qu'on n'en voit pas l'architecte avec les yeux; et qu'il ne suffit pas de trouver tant de raison et tant de dessein dans la disposition pour entendre qu'il n'est pas fait sans raison et sans dessein.

Plusieurs choses font remarquer combien est grand et profond l'artifice dont il est construit.

Les savants et les ignorants, s'ils ne sont tout à fait stupides, sont également saisis d'admiration en le voyant. Tout homme qui le considère par lui-même trouve faible tout ce qu'il a ouï dire, et un seul regard lui en dit plus que tous les discours et tous les livres.

Depuis tant de temps qu'on regarde et qu'on étudie curieusement le corps humain, quoiqu'on sente que tout y a sa raison, on n'a pu encore parvenir à en pénétrer le fond. Plus on considère, plus on trouve de choses nouvelles plus belles que les premières qu'on avait tant admirées; et quoiqu'on trouve très-grand ce qu'on a déjà découvert, on voit que ce n'est rien en comparaison de ce qui reste à chercher.

Par exemple, qu'on voie les muscles si forts et si tendres, si unis pour agir en concours, si dégagés pour ne se point mutuellement embarrasser, avec des filets si artistement tissus et si bien tors comme il faut pour faire leur jeu, au reste si bien tendus, si bien soutenus, si proprement placés, si bien insérés où il faut: assurément on est ravi, et on ne peut quitter un si beau spectacle; et, malgré qu'on en ait, un si grand ouvrage parle de son artisan. Et cependant tout cela est mort, faute de voir par où les esprits s'insinuent, comment ils tirent, comment ils relâchent, comment le cerveau les forme, et comment il les envoie avec leur adresse fixe : toutes choses qu'on voit bien qui sont, mais dont le secret principe et le maniement n'est pas connu.

Et parmi tant de spéculations faites par une curieuse anatomie, s'il est arrivé quelquefois à ceux qui s'y sont occupés de désirer que pour plus de commodité les choses fussent autrement qu'ils ne les voyaient, ils ont trouvé qu'ils ne faisaient un si vain désir que faute d'avoir tout vu; et personne n'a encore trouvé qu'un seul os dût être figuré autrement qu'il n'est, ni être articulé autre part, ni être emboîté plus commodément, ni être percé en d'autres endroits, ni donner aux muscles, dont il est l'appui, une place plus propre à s'y enclaver, ni enfin qu'il y eût aucune partie dans tout le corps à qui on pût seulement désirer ou une autre constitution ou une autre place.

Il ne reste donc à désirer dans une si belle machine sinon qu'elle aille toujours, sans être jamais troublée et sans finir. Mais qui l'a bien entendue en voit assez pour juger que son auteur ne pouvait pas manquer de moyens pour la réparer toujours, et enfin la rendre immortelle; et que, maître de lui donner l'immortalité, il a voulu que nous connussions qu'il la peut donner par grâce, l'ôter par châtiment, et la rendre par récompense. La religion qui vient là-dessus nous apprend qu'en effet c'est ainsi qu'il en a usé, et nous apprend tout ensemble à le louer et à le craindre.

En attendant l'immortalité qu'il nous promet, jouissons du beau spectacle des principes qui nous conservent si longtemps; et connaissons que tant de parties, où nous ne voyons qu'une impétuosité aveugle, ne pourraient pas concourir à cette fin si elles n'étaient tout ensemble et dirigées et formées par une cause intelligente.

Le secours mutuel que se prêtent ces parties les unes aux autres, quand la main, par exemple, se présente pour sauver la tête, qu'un côté sert de contre-poids à l'autre que sa pente et sa pesanteur entraîne, et que le corps se situe naturellement de la manière la plus propre à se soutenir : ces actions et les autres de cette nature, qui sont si propres et si convenables à la conservation du corps, dès là qu'elles se font sans que notre raison y ait part, nous montrent qu'elles sont conduites et les parties disposées par une raison supérieure.

La même chose paraît par cette augmentation de forces

qui nous arrive dans les grandes passions. Nous avons vu ce que fait et la colère et la crainte, comme elles nous changent, comme l'une nous encourage et nous arme, et comme l'autre fait de notre corps, pour ainsi dire, un instrument propre à fuir. C'est sans doute un grand secret de la nature (c'est-à-dire de Dieu) d'avoir premièrement proportionné les forces du corps à ses besoins ordinaires ; mais d'avoir trouvé le moyen de doubler les forces dans les besoins extraordinairement pressants, et de dissiper tellement le cerveau, le cœur et le sang, que les esprits, d'où dépend toute l'action du corps, devinssent dans les grands périls plus abondants ou plus vifs, et en même temps fussent portés sans que nous le sussions aux parties où ils peuvent rendre la défense plus vigoureuse ou la fuite plus légère, c'est l'effet d'une sagesse infinie.

Et cette augmentation de forces proportionnée à nos besoins nous fait voir que les passions, dans leur fond et dans la première institution de la nature, étaient faites pour nous aider ; et que, si maintenant elles nous nuisent aussi souvent qu'elles font, il faut qu'il soit arrivé depuis quelque désordre.

En effet, l'opération des passions dans le corps des animaux, loin de les embarrasser, les aide à ce que leur état demande (j'excepte certains cas qui ont des causes particulières) ; et le contraire n'arriverait pas à l'homme s'il n'avait mérité par quelque faute qu'il se fît en lui quelque espèce de renversement.

Que si, avec tant de moyens que Dieu nous a préparés pour la conservation de notre corps, il faut que chaque homme meure, l'univers n'y perd rien, puisque, dans les mêmes principes qui conservent l'homme durant tant d'années, il se trouve encore de quoi en produire d'autres jusqu'à l'infini. Ce qui le nourrit le rend fécond, et rend l'espèce immortelle. Un seul homme, un seul animal, une seule plante, suffit pour peupler toute la terre : le dessein de Dieu est si suivi, qu'une infinité de générations ne sont que l'effet d'un seul mouvement continué sur les mêmes règles, et en conformité du premier branle que la nature a reçu au commencement.

Quel architecte est celui qui, faisant un bâtiment caduc, y met un principe pour se relever dans ses ruines ! et qui sait immortaliser par tel moyen son ouvrage en général, ne pourra-t-il pas immortaliser quelque ouvrage qu'il lui plaira en particulier?

Si nous considérons une plante qui porte en elle-même la graine d'où il se forme une autre plante, nous serons forcés d'avouer qu'il y a dans cette graine un principe secret d'ordre et d'arrangement, puisqu'on voit les branches, les feuilles, les fleurs et les fruits s'expliquer et se développer de là avec une telle régularité; et nous verrons, en même temps, qu'il n'y a qu'une profonde sagesse qui ait pu renfermer toute une grande plante dans une si petite graine, et l'en faire sortir par des mouvements si réglés.

Mais la formation de nos corps est beaucoup plus admirable, puisqu'il y a sans comparaison plus de justesse, plus de variétés et plus de rapports entre toutes leurs parties.

Il n'y a rien certainement de plus merveilleux que de considérer tout un grand ouvrage dans ses premiers principes, où il est comme ramassé, et où il se trouve tout entier en petit.

On admire avec raison la beauté et l'artifice d'un moule où, la matière étant jetée, il s'en forme un visage fait au naturel, ou quelque autre figure régulière. Mais tout cela est grossier en comparaison des principes d'où viennent nos corps, par lesquels une si belle structure se forme de si petits commencements, se conserve d'une manière si aisée, se répare dans sa chute, et se perpétue par un ordre si immuable.

Les plantes et les animaux, en se perpétuant sans dessein les uns les autres avec une exacte ressemblance, font voir qu'ils ont été une fois formés avec dessein sur un modèle immuable, sur une idée éternelle.

Ainsi nos corps, dans leur formation et dans leur conservation, portent la marque d'une invention, d'un dessein, d'une industrie explicable. Tout y a sa fin, tout y a sa proportion et sa mesure, et par conséquent tout est fait par art.

III. *Dessein merveilleux dans les sensations et dans les choses qui en dépendent.*

Mais que servirait à l'âme d'avoir un corps si sagement construit, si elle, qui le doit conduire, n'était avertie de ses besoins? Aussi l'est-elle admirablement par les sensations, qui lui servent à discerner les objets qui peuvent détruire ou entretenir en bon état le corps qui lui est uni.

Bien plus, il a fallu qu'elle fût obligée à en prendre soin par quelque chose de fort : c'est ce que font le plaisir et la douleur, qui, lui venant à l'occasion des besoins du corps ou de ses bonnes dispositions, l'engagent à pourvoir à ce qui le touche.

Au reste, nous avons assez observé la juste proportion qui se trouve entre l'ébranlement passager des nerfs et les sensations, entre les impressions permanentes du cerveau et les imaginations qui doivent durer et se renouveler de temps en temps; enfin entre ces secrètes dispositions du corps qui l'ébranlent pour s'approcher ou s'éloigner de certains objets, et les désirs ou les aversions, par lesquels l'âme s'y unit ou s'en éloigne par la pensée.

Par là s'entend admirablement bien l'ordre que tiennent la sensation, l'imagination et la passion, tant entre elles qu'à l'égard des mouvements corporels d'où elles dépendent. Et ce qui achève de faire voir la beauté d'une proportion si juste, est que la même suite qui se trouve entre trois dispositions du corps se trouve aussi entre trois dispositions de l'âme. Je veux dire que, comme la disposition qu'a le corps, dans les passions, à s'avancer ou se reculer, dépend des impressions du cerveau, et les impressions du cerveau de l'ébranlement des nerfs; ainsi le désir et les aversions dépendent naturellement des imaginations, comme celles-ci dépendent des sensations.

IV. *La raison nécessaire pour juger des sensations et régler les mouvements extérieurs devait nous être donnée, et ne l'a pas été sans un grand dessein.*

Mais quoique l'âme soit avertie des besoins du corps et de la diversité des objets par les sensations et les passions, elle ne profiterait pas de ces avertissements sans ce principe secret de raisonnement par lequel elle comprend les rapports des choses et juge de ce qu'elles lui font expérimenter.

Ce même principe de raisonnement la fait sortir de son corps, pour étendre ses regards sur le reste de la nature, et comprendre l'enchaînement des parties qui composent un si grand tout.

A ces connaissances devait être jointe une volonté maîtresse d'elle-même et capable d'user selon la raison des organes, des sentiments et des connaissances mêmes.

Et c'était de cette volonté qu'il fallait faire dépendre les membres du corps, afin que la partie principale eût l'empire qui lui convenait sur la moindre.

Aussi voyons-nous qu'il est ainsi. Nos muscles agissent, nos membres remuent, et notre corps est transporté à l'instant que nous le voulons. Cet empire est une image du pouvoir absolu de Dieu, qui remue tout l'univers par sa volonté et y fait tout ce qu'il lui plaît.

Et il a tellement voulu que tous ces mouvements de notre corps servissent à la volonté, que même les involontaires, par où se fait la distribution des esprits et des aliments, tendent naturellement à rendre le corps plus obéissant; puisque jamais il n'obéit mieux que lorsqu'il est sain, c'est-à-dire quand ses mouvements naturels et intérieurs vont selon leur règle.

Ainsi les mouvements intérieurs, qui sont naturels et nécessaires, servent à faciliter les mouvements extérieurs, qui sont volontaires.

Mais en même temps que Dieu a soumis à la volonté les mouvements extérieurs, il nous a laissé deux marques sensibles que cet empire dépendait d'une autre puissance : la première est que le pouvoir de la volonté a des bornes, et que l'effet en est empêché par la mauvaise disposition des membres, qui devraient être soumis; la seconde, que nous remuons notre corps sans savoir comment, sans connaître aucun des ressorts qui servent à le remuer, et souvent même sans discerner les mouvements que nous faisons, comme il il se voit principalement dans la parole.

Il paraît donc que ce corps est un instrument fabriqué, et soumis à notre volonté, par une puissance qui est hors de nous; et toutes les fois que nous nous en servons, soit pour parler, ou pour respirer, ou pour nous mouvoir en quelque façon que ce soit, nous devrions toujours sentir Dieu présent.

V. *L'intelligence a pour objet des vérités éternelles, qui ne sont autre chose que Dieu même, où elles sont toujours subsistantes et toujours parfaitement entendues.*

Mais rien ne sert tant à l'âme pour s'élever à son auteur que la connaissance qu'elle a d'elle-même et de ses sublimes opérations, que nous avons appelées intellectuelles.

Nous avons déjà remarqué que l'entendement a pour objet des vérités éternelles.

Les règles des proportions, par lesquelles nous mesurons toutes choses, sont éternelles et invariables.

Nous connaissons clairement que tout se fait dans l'univers par la proportion du plus grand au plus petit, et du plus fort au plus faible; et nous en savons assez pour connaître que ces proportions se rapportent à des principes d'éternelle vérité.

Tout ce qui se démontre en mathématiques, et en quelque autre science que ce soit, est éternel et immuable; puisque l'effet de la démonstration est de faire voir que la chose ne peut être autrement qu'elle est démontrée.

Aussi, pour entendre la nature et les propriétés des choses que je connais, par exemple, ou d'un triangle, ou d'un carré, ou d'un cercle, ou les proportions de ces figures et de toutes autres figures entre elles, je n'ai pas besoin de savoir qu'il y en ait de telles dans la nature, et je suis assuré de n'en avoir jamais ni tracé ni vu de parfaites. Je n'ai pas besoin non plus de songer qu'il y ait quelques mouvements dans le monde pour entendre la nature du mouvement même, ou celle des lignes que chaque mouvement décrit, les suites de ce mouvement, et les proportions selon lesquelles il augmente ou diminue dans les graves[1] et les choses jetées. Dès que l'idée de ces choses s'est une fois réveillée dans mon esprit, je connais que, soit qu'elles soient ou qu'elles ne soient pas actuellement, c'est ainsi qu'elles doivent être, et qu'il est impossible qu'elles soient d'une autre nature ou se fassent d'une autre façon.

Et pour venir à quelque chose qui nous touche de plus près, j'entends, par ces principes de vérité éternelle, que

---

1. C'est-à-dire les corps graves, pesants.

quand aucun autre être que l'homme, et moi-même, ne serions pas actuellement; quand Dieu aurait résolu de n'en créer aucun autre; le devoir essentiel de l'homme, dès là qu'il est capable de raisonner, est de vivre selon la raison, et de chercher son auteur, de peur de lui manquer de reconnaissance, si, faute de le chercher, il l'ignorait.

Toutes ces vérités, et toutes celles que j'en déduis par un raisonnement certain, subsistent indépendamment de tous les temps : en quelque temps que je mette un entendement humain, il les connaîtra; mais en les connaissant il les trouvera vérités; il ne les fera pas telles, car ce ne sont pas nos connaissances qui font leurs objets, elles les supposent. Ainsi ces vérités subsistent devant tous les siècles, et devant qu'il y ait eu un entendement humain : et quand tout ce qui se fait par les règles des proportions, c'est-à-dire tout ce que je vois dans la nature, serait détruit, excepté moi, ces règles se conserveraient dans ma pensée; et je verrais clairement qu'elles seraient toujours bonnes et toujours véritables, quand moi-même je serais détruit, et quand il n'y aurait personne qui fût capable de les comprendre.

Si je cherche maintenant où et en quel sujet elles subsistent éternelles et immuables comme elles sont, je suis obligé d'avouer un être où la vérité est éternellement subsistante, et où elle est toujours entendue; et cet être doit être la vérité même, et doit être toute vérité ; et c'est de lui que la vérité dérive dans tout ce qui est, et ce qui s'entend hors de lui.

C'est donc en lui, d'une certaine manière qui m'est incompréhensible, c'est en lui, dis-je, que je vois ces vérités éternelles; et les voir, c'est me tourner à celui qui est immuablement toute vérité et recevoir ses lumières.

Cet objet éternel, c'est Dieu, éternellement subsistant, éternellement véritable, éternellement la vérité même.

Et, en effet, parmi ces vérités éternelles que je connais, une des plus certaines est celle-ci, qu'il y a quelque chose au monde qui existe d'elle-même, par conséquent qui est éternelle et immuable.

Qu'il y ait un seul moment où rien ne soit, éternellement rien ne sera. Ainsi le néant sera à jamais toute vérité, et rien ne sera vrai que le néant : chose absurde et contradictoire.

Il y a donc nécessairement quelque chose qui est avant tous les temps, et de toute éternité; et c'est dans cet éternel que ces vérités éternelles subsistent.

C'est là aussi que je les vois. Tous les autres hommes les voient comme moi, ces vérités éternelles; et tous, nous les voyons toujours les mêmes, et nous les voyons être devant nous; car nous avons commencé, et nous le savons, et nous savons que ces vérités ont toujours été.

Ainsi nous les voyons dans une lumière supérieure à nous-mêmes; et c'est dans cette lumière supérieure que nous voyons aussi si nous faisons bien ou mal, c'est-à-dire si nous agissons ou non selon ces principes constitutifs de notre être.

Là donc nous voyons, avec toutes les autres vérités, les règles invariables de nos mœurs; et nous voyons qu'il y a des choses d'un devoir indispensable, et que dans celles qui sont naturellement indifférentes le vrai devoir est de s'accommoder au plus grand bien de la société humaine.

Ainsi un homme de bien laisse régler l'ordre des successions et de la police aux lois civiles, comme il laisse régler le langage et la forme des habits à la coutume; mais il écoute en lui-même une loi inviolable qui lui dit qu'il ne faut faire tort à personne, et qu'il vaut mieux qu'on nous en fasse que d'en faire à qui que ce soit.

En ces règles invariables, un sujet, qui se sent partie d'un État, voit qu'il doit l'obéissance au prince qui est chargé de la conduite du tout : autrement la paix du monde serait renversée. Et un prince y voit aussi qu'il gouverne mal, s'il regarde ses plaisirs et ses passions plutôt que la raison et le bien des peuples qui lui sont commis.

L'homme qui voit ces vérités, par ces vérités se juge lui-même, et se condamne quand il s'en écarte. Ou plutôt ce sont ces vérités qui le jugent, puisque ce ne sont pas elles qui s'accommodent aux jugements humains, mais les jugements humains qui s'accommodent à elles.

Et l'homme juge droitement lorsque, sentant ses jugements variables de leur nature, il leur donne pour règle ces vérités éternelles.

Ces vérités éternelles, que tout entendement aperçoit toujours les mêmes, par lesquelles tout entendement est réglé, sont quelque chose de Dieu, ou plutôt sont Dieu même.

Car toutes ces vérités éternelles ne sont au fond qu'une seule vérité. En effet, je m'aperçois, en raisonnant, que ces vérités sont suivies. La même vérité qui me fait voir que les mouvements ont certaines règles me fait voir que les actions de ma volonté doivent aussi avoir les leurs. Et je vois ces deux vérités dans cette vérité commune qui me dit que tout a sa loi, que tout a son ordre : ainsi la vérité est une de soi; qui la connaît en partie en voit plusieurs; qui les verrait parfaitement n'en verrait qu'une.

Et il faut nécessairement que la vérité soit quelque part très-parfaitement entendue, et l'homme en est à lui-même une preuve indubitable.

Car, soit qu'il la considère lui-même, ou qu'il étende sa vue sur tous les êtres qui l'environnent, il voit tout soumis à des lois certaines et aux règles immuables de la vérité. Il voit qu'il entend ces lois, du moins en partie, lui qui n'a fait ni lui-même, ni aucune autre partie de l'univers, quelque petite qu'elle soit; il voit bien que rien n'aurait été fait si ces lois n'étaient ailleurs parfaitement entendues; et il voit qu'il faut reconnaître une sagesse éternelle, où toute loi, tout ordre, toute proportion ait sa raison primitive.

Car il est absurde qu'il y ait tant de suite dans les vérités, tant de proportion dans les choses, tant d'économie dans leur assemblage, c'est-à-dire dans le monde ; et que cette suite, cette proportion, cette économie ne soit nulle part bien entendue : et l'homme qui n'a rien fait, la connaissant véritablement quoique non pas pleinement, doit juger qu'il y a quelqu'un qui la connaît dans sa perfection, et que ce sera celui-là même qui aura tout fait.

VI. *L'âme connaît, par l'imperfection de son intelligence, qu'il y a ailleurs une intelligence parfaite.*

Nous n'avons donc qu'à réfléchir sur nos propres opérations pour entendre que nous venons d'un plus haut principe.

Car dès là que notre âme se sent capable d'entendre, d'affirmer et de nier, et que d'ailleurs elle sent qu'elle ignore beaucoup de choses, qu'elle se trompe souvent, et que souvent aussi, pour s'empêcher d'être trompée, elle est forcée à suspendre son jugement et à se tenir dans le doute ; elle voit à la vérité qu'elle a en elle un bon principe, mais elle voit aussi qu'il est imparfait et qu'il y a une sagesse plus haute à qui elle doit son être.

En effet, le parfait est plus tôt que l'imparfait, et l'imparfait le suppose ; comme le moins suppose le plus, dont il est la diminution, et comme le mal suppose le bien, dont il est la privation, ainsi il est naturel que l'imparfait suppose le parfait, dont il est, pour ainsi dire, déchu : et si une sagesse imparfaite, telle que la nôtre, qui peut douter, ignorer, se tromper, ne laisse pas d'être, à plus forte raison devons-nous croire que la sagesse parfaite est et subsiste, et que la nôtre n'en est qu'une étincelle.

Car si nous étions tout seuls intelligents dans le monde, nous seuls nous vaudrions mieux, avec notre intelligence imparfaite, que tout le reste qui serait tout à fait brut et stupide ; et on ne pourrait comprendre d'où viendrait, dans ce tout qui n'entend pas, cette partie qui entend, l'intelligence ne pouvant pas naître d'une chose brute et insensée. Il faudrait donc que notre âme, avec son intelligence imparfaite, ne laissât pas d'être par elle-même, par conséquent d'être éternelle et indépendante de toute autre chose ; ce que nul homme, quelque fou qu'il soit, n'osant penser de soi-même, il reste qu'il connaisse au-dessus de lui une intelligence parfaite, dont toute autre reçoive la faculté et la mesure d'entendre.

Nous connaissons donc par nous-mêmes, et par notre propre imperfection, qu'il y a une sagesse infinie, qui ne se trompe jamais, qui ne doute de rien, qui n'ignore rien, parce qu'elle a une pleine compréhension de la vérité, ou plutôt qu'elle est la vérité même.

Cette sagesse est elle-même sa règle ; de sorte qu'elle ne peut jamais faillir, et c'est à elle à régler toutes choses.

Par la même raison, nous connaissons qu'il y a une souveraine bonté qui ne peut jamais faire aucun mal ; au lieu que notre volonté imparfaite, si elle peut faire le bien, peut aussi s'en détourner.

De là nous devons conclure que la perfection de Dieu est infinie, car il a tout en lui-même ; sa puissance l'est aussi, de sorte qu'il n'a qu'à vouloir pour faire tout ce qu'il lui plaît.

C'est pourquoi il n'a eu besoin d'aucune matière précédente pour créer le monde. Comme il en trouve le plan et le dessein dans sa sagesse et la source dans sa bonté, il ne lui faut aussi pour l'exécution que sa seule volonté toute-puissante.

Mais quoiqu'il fasse de si grandes choses, il n'en a aucun besoin, et il est heureux en se possédant lui-même.

L'idée même du bonheur nous mène à Dieu : car si nous avons l'idée du bonheur, puisque d'ailleurs nous n'en pouvons voir la vérité en nous-mêmes, il faut qu'elle nous vienne d'ailleurs; il faut, dis-je, qu'il y ait ailleurs une nature vraiment bienheureuse; que si elle est bienheureuse, elle n'a rien à désirer, elle est parfaite; et cette nature bienheureuse, parfaite, pleine de tout bien, qu'est-ce autre chose que Dieu?

Il n'y a rien de plus existant ni de plus vivant que lui, parce qu'il est et qu'il vit éternellement. Il ne peut pas qu'il ne soit, lui qui possède la plénitude de l'être, ou plutôt qui est l'Être même, selon ce qu'il dit, parlant à Moïse : JE SUIS CELUI QUI SUIS; CELUI QUI EST *m'envoie à vous.* (*Exode*, III, 14 [1].)

VII. *L'âme qui connaît Dieu et se sent capable de l'aimer, sent dès là qu'elle est faite pour lui, et qu'elle tient tout de lui.*

En présence d'un Être si grand et si parfait, l'âme se trouve elle-même un pur néant, et ne voit rien en elle-même qui mérite d'être estimé, si ce n'est qu'elle est capable de connaître et d'aimer Dieu.

Elle sent par là qu'elle est née pour lui. Car si l'intelligence est pour le vrai, et que l'amour soit pour le bien, le premier vrai a droit d'occuper toute notre intelligence, et le souverain bien a droit de posséder tout notre amour.

1. On voit, par une note sur le manuscrit de Bossuet, que son dessein était de donner à cet article un peu plus d'étendue. Voici ce qu'on y lit : « Quelque part ici marquer la démonstration de ce qui est, de ce qui est immuable, de ce qui est éternel, de ce qui est parfait, antérieur à ce qui n'est pas, à ce qui n'est pas toujours le même, à ce qui n'est pas parfait. Saint Augustin; Boëce; saint Thomas. »

Mais nul ne connaît Dieu que celui que Dieu éclaire; et nul n'aime Dieu que celui à qui il inspire son amour. Car c'est à lui de donner à sa créature tout le bien qu'elle possède, et par conséquent le plus excellent de tous les biens, qui est de le connaître et de l'aimer.

Ainsi le même qui a donné l'être à la créature raisonnable lui a donné le bien-être. Il lui donne la vie, il lui donne la bonne vie : il lui donne d'être juste, il lui donne d'être saint, il lui donne enfin d'être bienheureux.

VIII. *L'âme connaît sa nature en connaissant qu'elle est faite à l'image de Dieu.*

Je commence ici à me connaître mieux que je n'avais jamais fait en me considérant par rapport à celui dont je tiens l'être.

Moïse, qui m'a dit que j'étais fait à l'image et ressemblance de Dieu, en ce seul mot m'a mieux appris quelle est ma nature que ne peuvent faire tous les livres et tous les discours des philosophes.

J'entends et Dieu entend. Dieu entend qu'il est, j'entends que Dieu est et j'entends que je suis. Voilà déjà un trait de cette divine ressemblance. Mais il faut ici considérer ce que c'est qu'entendre à Dieu, et ce que c'est qu'entendre à moi.

Dieu est la vérité même et l'intelligence même; vérité infinie, intelligence infinie. Ainsi, dans le rapport mutuel qu'ont ensemble la vérité et l'intelligence, l'une et l'autre trouvent en Dieu leur perfection; puisque l'intelligence qui est infinie comprend la vérité tout entière, et que la vérité infinie trouve une intelligence égale à elle.

Par là donc la vérité et l'intelligence ne font qu'un; et il se trouve une intelligence, c'est-à-dire Dieu, qui, étant aussi la vérité même, est elle-même son unique objet.

Il n'en est pas ainsi des autres choses qui entendent. Car quand j'entends cette vérité : Dieu est, cette vérité n'est pas mon intelligence. Ainsi l'intelligence et l'objet, en moi, peuvent être deux; en Dieu, ce n'est jamais qu'un. Car il n'entend que lui-même; et il entend tout en lui-même, parce que tout ce qui est, et n'est pas lui, est en lui comme dans sa cause.

Mais c'est une cause intelligente qui fait tout par raison et par art, qui par conséquent a en elle-même, ou plutôt qui est elle-même l'idée et la raison primitive de tout ce qui est.

Et les choses qui sont hors de lui n'ont leur être ni leur vérité que par rapport à cette idée éternelle et primitive.

Car les ouvrages de l'art n'ont leur être et leur vérité parfaite que par le rapport qu'ils ont avec l'idée de l'artisan.

L'architecte a dessiné dans son esprit un palais ou un temple avant que d'en avoir mis le plan sur le papier; et cette idée intérieure de l'architecte est le vrai plan et le vrai modèle de ce palais ou de ce temple.

Ce palais ou ce temple seront le vrai palais ou le vrai temple que l'architecte a voulu faire, quand ils répondront parfaitement à cette idée intérieure qu'il en a formée.

S'ils n'y répondent pas, l'architecte dira : Ce n'est pas là l'ouvrage que j'ai médité. Si la chose est parfaitement exécutée selon son projet, il dira : Voilà mon dessein au vrai, voilà le vrai temple que je voulais construire.

Ainsi tout est vrai dans les créatures de Dieu, parce que tout répond à l'idée de cet Architecte éternel, qui fait tout ce qu'il veut, et comme il veut.

C'est pourquoi Moïse l'introduit dans le monde qu'il venait de faire, et il dit qu'après avoir vu son ouvrage il le trouva bon, c'est-à-dire qu'il le trouva conforme à son dessein; et il le vit bon, vrai et parfait où il avait vu qu'il le fallait faire tel, c'est-à-dire dans son idée éternelle.

Mais ce Dieu, qui avait fait un ouvrage si bien entendu et si capable de satisfaire tout ce qui entend, a voulu qu'il y eût parmi ses ouvrages quelque chose qui entendît et son ouvrage et lui-même.

Il a donc fait des natures intelligentes, et je me trouve être de ce nombre. Car j'entends et que je suis, et que Dieu est, et que beaucoup d'autres choses sont, et que moi et les autres choses ne serions pas si Dieu n'avait pas voulu que nous fussions.

Dès là j'entends les choses comme elles sont : ma pensée leur devient conforme, car je les pense telles qu'elles sont; et elles se trouvent conformes à ma pensée, car elles sont comme je les pense.

Voilà donc quelle est ma nature: pouvoir être conforme

à tout, c'est-à-dire pouvoir recevoir l'impression de la vérité; en un mot, pouvoir l'entendre.

J'ai trouvé cela en Dieu; car il entend tout, il sait tout. Les choses sont comme il les voit; mais ce n'est pas comme moi, qui, pour bien penser, dois rendre ma pensée conforme aux choses qui sont hors de moi. Dieu ne rend pas sa pensée conforme aux choses qui sont hors de lui : au contraire, il rend les choses qui sont hors de lui conformes à sa pensée éternelle. Enfin, il est la règle : il ne reçoit pas de dehors l'impression de la vérité, il est la vérité même; il est la vérité qui s'entend parfaitement elle-même.

En cela donc je me reconnais fait à son image : non son image parfaite, car je serais comme lui la vérité même; mais fait à son image, capable de recevoir l'impression de la vérité.

IX. *L'âme qui entend la vérité reçoit en elle-même une impression divine qui la rend conforme à Dieu.*

Et quand je reçois actuellement cette impression, quand j'entends actuellement la vérité que j'étais capable d'entendre, que m'arrive-t-il, sinon d'être actuellement éclairé de Dieu et rendu conforme à lui?

D'où me pourrait venir l'impression de la vérité? Me vient-elle des choses mêmes? Est-ce le soleil qui s'imprime en moi pour me faire connaître ce qu'il est, lui que je vois si petit malgré sa grandeur immense? Que fait-il en moi, ce soleil si grand et si vaste, par le prodigieux épanchement de ses rayons; que fait-il, que d'exciter dans mes nerfs quelque léger tremblement, d'imprimer quelque petite marque dans mon cerveau? N'ai-je pas vu que la sensation, qui s'élève ensuite, ne me représente rien de ce qui se fait, ni dans le soleil, ni dans mes organes; et que si j'entends que le soleil est si grand, que ses rayons sont si vifs et traversent en moins d'un clin d'œil un espace immense[1], je vois ces vérités dans une lumière intérieure, c'est-à-dire dans ma raison, par laquelle je juge et des sens, et de leurs organes, et de leurs objets?

1. On sait que la lumière du soleil nous arrive en 8 minutes 11 secondes, temps pendant lequel elle franchit 140 millions de kilomètres.

Et d'où vient à mon esprit cette impression si pure de la vérité? D'où lui viennent ces règles immuables qui dirigent le raisonnement, qui forment les mœurs, par lesquelles il découvre les proportions secrètes des figures et des mouvements? d'où lui viennent, en un mot, ces vérités éternelles que j'ai tant considérées? Sont-ce les triangles, et les carrés, et les cercles que je trace grossièrement sur le papier, qui impriment dans mon esprit leurs proportions et leurs rapports, ou bien y en a-t-il d'autres dont la parfaite justesse fasse cet effet? Où les ai-je vus, ces cercles et ces triangles si justes, moi qui suis assuré de n'avoir jamais vu aucune figure parfaitement régulière et qui entends néanmoins si parfaitement cette régularité? Y a-t-il quelque part, ou dans le monde, ou hors du monde, des triangles ou des cercles subsistant dans cette parfaite régularité, d'où elle serait imprimée dans mon esprit? Et ces règles du raisonnement et des mœurs subsistent-elles aussi en quelque part d'où elles me communiquent leur vérité immuable? Ou bien, n'est-ce pas plutôt que celui qui a répandu partout la mesure, la proportion, la vérité même, en imprime en mon esprit l'idée certaine?

Mais qu'est-ce que cette idée? Est-ce lui-même qui me montre en sa vérité tout ce qu'il lui plaît que j'entende, ou quelque impression de lui-même, ou les deux ensemble?

Et que serait-ce que cette impression? Quoi! quelque chose de semblable à la marque d'un cachet gravé sur la cire? Grossière imagination, qui ferait l'âme corporelle, et la cire intelligente.

Il faut donc entendre que l'âme, faite à l'image de Dieu, capable d'entendre la vérité, qui est Dieu même, se tourne actuellement vers son original, c'est-à-dire vers Dieu, où la vérité lui paraît autant que Dieu la lui veut faire paraître: car il est maître de se montrer autant qu'il veut; et quand il se montre pleinement, l'homme est heureux.

C'est une chose étonnante que l'homme entende tant de vérités, sans entendre en même temps que toute vérité vient de Dieu, qu'elle est en Dieu, qu'elle est Dieu même. Mais c'est qu'il est enchanté par ses sens et par ses passions trompeuses; et il ressemble à celui qui, renfermé dans son cabinet où il s'occupe de ses affaires, se sert de la lumière sans se mettre en peine d'où elle vient.

Enfin donc, il est certain qu'en Dieu est la raison primitive de tout ce qui est et de tout ce qui s'entend dans l'univers; qu'il est la vérité originale, et que tout est vrai par rapport à son idée éternelle; que cherchant la vérité nous le cherchons, que la trouvant nous le trouvons et lui devenons conformes.

X. *L'image de Dieu s'achève en l'âme par une volonté droite.*

Nous avons vu que l'âme qui cherche et qui trouve en Dieu la vérité se tourne vers lui pour la concevoir. Qu'est-ce donc que se tourner vers Dieu? Est-ce que l'âme se remue comme un corps et quitte une place pour en prendre une autre? Mais certes un tel mouvement n'a rien de commun avec entendre. Ce n'est pas être transporté d'un lieu à un autre que de commencer à entendre ce qu'on n'entendait pas. On ne s'approche pas, comme on fait d'un corps, de Dieu, qui est toujours et partout invisiblement présent : l'âme l'a toujours en elle-même, car c'est par lui qu'elle subsiste. Mais pour voir, ce n'est pas assez d'avoir la lumière présente; il faut se tourner vers elle, il lui faut ouvrir les yeux : l'âme a aussi sa manière de se tourner vers Dieu, qui est sa lumière, parce qu'il est la vérité; et se tourner à cette lumière, c'est-à-dire à la vérité, c'est, en un mot, vouloir l'entendre.

L'âme est droite par cette volonté, parce qu'elle s'attache à la règle de toutes ses pensées, qui n'est autre que la vérité.

Là s'achève aussi la conformité de l'âme avec Dieu : car l'âme qui veut entendre la vérité aime dès là cette vérité, que Dieu aime éternellement; et l'effet de cet amour de la vérité est de nous la faire chercher avec une ardeur infatigable, de nous y attacher immuablement quand elle nous est connue, et de la faire régner sur tous nos désirs.

Mais l'amour de la vérité en suppose quelque connaissance. Dieu donc, qui nous a faits à son image, c'est-à-dire qui nous a faits pour entendre et pour aimer la vérité à son exemple, commence d'abord à nous en donner l'idée générale, par laquelle il nous sollicite à en chercher la pleine possession, où nous avançons à mesure que l'amour de la vérité s'épure et s'enflamme en nous.

Au reste, la vérité et le bien ne sont que la même chose; car le souverain bien est la vérité entendue et aimée parfaitement. Dieu donc, toujours entendu et toujours aimé de lui-même, est sans doute le souverain bien : dès là il est parfait; et, se possédant lui-même, il est heureux.

Il est donc heureux et parfait, parce qu'il entend et aime sans fin le plus digne de tous les objets, c'est-à-dire lui-même.

Il n'appartient qu'à celui qui seul est de soi, d'être lui-même sa félicité. L'homme, qui n'est rien de soi, n'a rien de soi; son bonheur et sa perfection est de s'attacher à connaître et à aimer son auteur.

Malheur à la connaissance stérile qui ne se tourne point à aimer, et se trahit elle-même !

C'est donc là mon exercice, c'est là ma vie, c'est là ma perfection et tout ensemble ma béatitude, de connaître et d'aimer celui qui m'a fait.

Par là je reconnais que, tout néant que je suis de moi-même devant Dieu, je suis fait toutefois à son image, puisque je trouve ma perfection et mon bonheur dans le même objet que lui, c'est-à-dire dans lui-même, et dans de semblables opérations, c'est-à-dire en connaissant et en aimant.

XI. *L'âme attentive à Dieu se connaît supérieure au corps, et apprend que c'est par punition qu'elle en est devenue captive.*

C'est donc en vain que je tâche quelquefois de m'imaginer comment est faite mon âme, et de me la représenter sous quelque figure corporelle. Ce n'est point au corps qu'elle ressemble, puisqu'elle peut connaître et aimer Dieu, qui est un esprit si pur, et c'est à Dieu même qu'elle est semblable.

Quand je cherche en moi-même ce que je connais de Dieu, ma raison me répond que c'est une pure intelligence, qui n'est ni étendue par les lieux ni renfermée dans les temps. Alors s'il se présente à mon esprit quelque idée ou quelque image de corps, je la rejette et je m'élève au-dessus; par où je vois de combien la meilleure partie de moi-même, qui est faite pour connaître Dieu, est élevée par sa nature au-dessus du corps.

C'est aussi par là que j'entends qu'étant unie à un corps elle devait avoir le commandement, que Dieu en effet lui a donné; et j'ai remarqué en moi-même une force supérieure au corps, par laquelle je puis l'exposer à sa ruine certaine, malgré la douleur et la violence que je souffre en l'y exposant.

Que si ce corps pèse si fort à mon esprit, si ses besoins m'embarrassent et me gênent; si les plaisirs et les douleurs qui me viennent de son côté me captivent et m'accablent; si les sens, qui dépendent tout à fait des organes corporels, prennent le dessus sur la raison même avec tant de facilité; enfin si je suis captif de ce corps, que je devais gouverner; ma religion m'apprend, et ma raison me confirme, que cet état malheureux ne peut être qu'une peine envoyée à l'homme pour la punition de quelque péché et de quelque désobéissance.

Mais je nais dans ce malheur; c'est au moment de ma naissance, dans tout le cours de mon enfance ignorante, que les sens prennent cet empire que la raison, qui vient et trop tardive et trop faible, trouve établi. Tous les hommes naissent comme moi dans cette servitude; et ce nous est à tous un sujet de croire, ce que d'ailleurs la foi nous a enseigné, qu'il y a quelque chose de dépravé dans la source commune de notre naissance.

La nature même commence en nous ce sentiment; je ne sais quoi est imprimé dans le cœur de l'homme pour lui faire reconnaître une justice qui punit les pères criminels sur leurs enfants comme étant une portion de leur être.

De là ces discours des poëtes qui, regardant Rome désolée par tant de guerres civiles, ont dit qu'elle payait bien les parjures de Laomédon et des Troyens[1], dont les Romains étaient descendus, et le parricide commis par Romulus, leur auteur, en la personne de son frère.

Les poëtes imitateurs de la nature, et dont le propre est de rechercher dans le fond du cœur humain les sentiments qu'elle y imprime, ont aperçu que les hommes recherchent

---

[1]. Laomedonteæ luimus perjuria Trojæ. (Virg.)

naturellement les causes de leurs désastres dans les crimes de leurs ancêtres[1]. Et par là ils ont ressenti quelque chose de cette vengeance qui poursuit le crime du premier homme sur ses descendants.

Nous voyons même des historiens païens[2] qui, considérant la mort d'Alexandre au milieu de ses victoires et dans ses plus belles années, et, ce qui est plus étrange, les sanglantes divisions des Macédoniens, dont la fureur fit périr par des morts tragiques son frère, ses sœurs et ses enfants, attribuent tous ces malheurs à la vengeance divine, qui punissait les impiétés et les parjures de Philippe sur sa famille.

Ainsi nous portons au fond du cœur une impression de cette justice qui punit les pères dans les enfants. En effet, Dieu, l'auteur de l'être, ayant voulu le donner aux enfants, dépendamment de leurs parents, les a mis par ce moyen sous leur puissance, et a voulu qu'ils fussent, et par leur naissance, et par leur éducation, le premier bien qui leur appartient. Sur ce fondement, il paraît que punir les pères dans leurs enfants, c'est les punir dans leur bien le plus réel; c'est les punir dans une partie d'eux-mêmes que la nature leur a rendue plus chère que leurs propres membres et même que leur propre vie; en sorte qu'il n'est pas moins juste de punir un homme dans ses enfants que de le punir dans ses membres et dans sa personne. Et il faut chercher le fondement de cette justice dans la loi primitive de la nature, qui veut que le fils tienne l'être de son père, et que le père revive dans son fils comme dans un autre lui-même.

Les lois civiles ont imité cette loi primordiale; puisque, selon leurs dispositions, celui qui perd la liberté, ou le droit de citoyen, ou celui de la noblesse, les perd pour toute sa race[3] : tant les hommes ont trouvé juste que ces droits se transmissent avec le sang, et se perdissent de même.

Et cela, qu'est-ce autre chose qu'une suite de la loi naturelle, qui fait regarder les familles comme un même corps, dont le père est le chef, qui peut être justement puni aussi bien que récompensé dans ses membres?

1. Eurip. dans *Thésée*. Hésiode, *Prom.*
2. Pausanias.
3. Il n'y a pas besoin de faire remarquer que la loi civile, du moins en France, a changé à cet égard en 1789.

Bien plus, parce que les hommes, naturellement sociables, composent des corps politiques qu'on appelle des nations et des royaumes, et se font des chefs et des rois, tous les hommes unis en cette sorte sont un même tout, et Dieu ne juge pas indigne de sa justice de punir les rois sur leurs peuples, et d'imputer à tout le corps le crime du chef.

Combien plus cette unité se trouvera-t-elle dans les familles, où elle est fondée sur la nature, et qui sont le fondement et la source de toute société !

Reconnaissons donc cette justice qui venge les crimes des pères sur les enfants; et adorons ce Dieu puissant et juste qui, ayant gravé dans nos cœurs naturellement quelque idée d'une vengeance si terrible, nous en a développé le secret dans son Écriture.

Que si, par la secrète mais puissante impression de cette justice, un poëte tragique introduit Thésée, qui, troublé de l'attentat dont il croyait son fils coupable, et ne sentant rien en sa concience qui méritât que les dieux permissent que sa maison fût déshonorée par une telle infamie, remonte jusques à ses ancêtres : « Qui de mes pères, dit-il, a commis un crime digne de m'attirer un si grand opprobre? » nous, qui sommes instruits de la vérité, ne demandons plus, en considérant les malheurs et la honte de notre naissance, qui de nos pères a péché; mais confessons que, Dieu ayant fait naître tous les hommes d'un seul pour établir la société humaine sur un fondement plus naturel, ce père de tous les hommes, créé aussi heureux que juste, a manqué volontairement à son auteur, qui ensuite a vengé, tant sur lui que sur ses enfants, une rébellion si horrible ; afin que le genre humain reconnût ce qu'il doit à Dieu, et ce que méritent ceux qui l'abandonnent

Et ce n'est pas sans raison que Dieu a voulu imputer aux hommes, non le crime de tous leurs pères, quoiqu'il le pût, mais le crime du seul premier père, qui, contenant en lui-même tout le genre humain, avait reçu la grâce pour tous ses enfants, et devait être puni aussi bien que récompensé en eux tous.

Car s'il eût été fidèle à Dieu, il eût vu sa fidélité honorée dans ses enfants, qui seraient nés aussi saints et aussi heureux que lui.

Mais aussi, dès là que ce premier homme, aussi indignement que volontairement rebelle, a perdu la grâce de Dieu, il l'a perdue pour lui-même et pour toute sa postérité, c'est-à-dire pour tout le genre humain, qui, avec ce premier homme d'où il est sorti, n'est plus que comme un seul homme justement maudit de Dieu et chargé de toute la haine que mérite le crime de son premier père.

Ainsi les malheurs qui nous accablent, et tant d'indignes faiblesses que nous ressentons en nous-mêmes, ne sont pas de la première institution de notre nature; puisqu'en effet nous voyons dans les livres saints que Dieu, qui nous avait donné une âme immortelle, lui avait aussi uni un corps immortel, si bien assorti avec elle qu'elle n'était ni inquiétée par aucun besoin, ni tourmentée par aucune douleur, ni tyrannisée par aucune passion.

Mais il était juste que l'homme, qui n'avait pas voulu se soumettre à son auteur, ne fût plus maître de soi-même; et que ses passions, révoltées contre sa raison, lui fissent sentir le tort qu'il avait de s'être révolté contre Dieu.

Ainsi tout ce qu'il y a en moi-même me sert à connaître Dieu. Ce qui me reste de fort et de réglé me fait connaître sa sagesse; ce que j'ai de faible et de déréglé me fait connaître sa justice. Si mes bras et mes pieds obéissent à mon âme quand elle commande, cela est réglé, et me montre que Dieu, auteur d'un si bel ordre, est sage. Si je ne puis pas gouverner comme je voudrais mon corps et les désirs qui en suivent les dispositions, c'est en moi un déréglement qui me montre que Dieu, qui l'a ainsi permis pour me punir, est souverainement juste.

XII. *Conclusion de ce chapitre.*

Que si mon âme connaît la grandeur de Dieu, la connaissance de Dieu m'apprend aussi à juger de la dignité de mon âme, que je ne vois élevée que par le pouvoir qu'elle a de s'unir à son auteur avec le secours de sa grâce.

C'est donc cette partie spirituelle et divine, capable de posséder Dieu, que je dois principalement estimer et cultiver en moi-même. Je dois, par un amour sincère, attacher immuablement mon esprit au père de tous les esprits, c'est-à-dire à Dieu.

Je dois aussi aimer, pour l'amour de lui, ceux à qui il a

donné une âme semblable à la mienne, et qu'il a faits, comme moi, capables de le connaître et de l'aimer.

Car le lien de société le plus étroit qui puisse être entre les hommes, c'est qu'ils peuvent tous en commun posséder le même bien, qui est Dieu.

Je dois aussi considérer que les autres hommes, ont comme moi, un corps infirme, sujet à mille besoins et à mille travaux; ce qui m'oblige à compatir à leurs misères.

Ainsi je me rends semblable à celui qui m'a fait à son image, en imitant sa bonté. A quoi les princes sont d'autant plus obligés, que Dieu, qui les a établis pour le représenter sur la terre, leur demandera compte des hommes qu'il leur a confiés.

CHAPITRE CINQUIEME.

DE LA DIFFÉRENCE ENTRE L'HOMME ET LA BÊTE.

1. *Pourquoi les hommes veulent donner du raisonnement aux animaux. Deux arguments en faveur de cette opinion.*

Nous avons vu l'âme raisonnable dégradée par le péché, et par là presque tout à fait assujettie aux dispositions du corps; nous l'avons vue attachée à la vie sensuelle par où elle commence, et par là captive du corps et des objets corporels, d'où lui viennent les voluptés et les douleurs. Elle croit n'avoir à chercher ni éviter que les corps; elle ne pense, pour ainsi dire, que corps; et, se mêlant tout à fait avec ce corps qu'elle anime, à la fin elle a peine à s'en distinguer. Enfin, elle s'oublie et se méconnaît elle-même.

Son ignorance est si grande, qu'elle a peine à connaître combien elle est au-dessus des animaux. Elle leur voit un corps semblable au sien, de mêmes organes et de mêmes mouvements; elle les voit vivre et mourir, être malades et se porter bien, à peu près comme font les hommes, manger, boire, aller et venir à propos, et, selon que les besoins du corps le demandent, éviter les périls, chercher les commodités, attaquer et se défendre aussi industrieusement qu'on le puisse imaginer, ruser même; et, ce qui est plus fin encore, prévenir les finesses, comme il se voit tous les jours à la chasse, où les animaux semblent montrer une subtilité exquise.

D'ailleurs, on les dresse, on les instruit; ils s'instruisent les uns les autres. Les oiseaux apprennent à voler en voyant voler leurs mères. Nous apprenons aux perroquets à parler, et à la plupart des animaux mille choses que la nature ne leur apprend pas.

Ils semblent même se parler les uns aux autres. Les poules, animal d'ailleurs simple et niais, semblent appeler leurs petits égarés, et avertir leurs compagnes, par un certain cri, du grain qu'elles ont trouvé. Un chien nous pousse quand nous ne lui donnons rien, et on dirait qu'il nous reproche notre oubli. On entend gratter ces animaux à une porte qui leur est fermée: ils gémissent, ou crient d'une manière à nous faire connaître leurs besoins; et il semble qu'on ne puisse leur refuser quelque espèce de langage. Cette ressemblance des actions des bêtes aux actions humaines trompe les hommes; ils veulent, à quelque prix que ce soit, que les animaux raisonnent; et tout ce qu'ils peuvent accorder à la nature humaine, c'est d'avoir peut-être un peu trop de raisonnement.

Encore y en a-t-il qui trouvent que ce que nous en avons de plus ne sert qu'à nous inquiéter et qu'à nous rendre plus malheureux. Ils s'estimeraient plus tranquilles et plus heureux s'ils étaient comme les bêtes.

C'est qu'en effet les hommes mettent ordinairement leur félicité dans les choses qui flattent leurs sens; et cela même les lie au corps, d'où dépendent les sensations. Ils voudraient se persuader qu'ils ne sont que corps; et ils envient la condition des bêtes, qui n'ont que leur corps à soigner. Enfin, ils semblent vouloir élever les animaux jusques à eux-mêmes, afin d'avoir droit de s'abaisser jusques aux animaux, et de pouvoir vivre comme eux.

Ils trouvent des philosophes qui les flattent dans ces pensées. Plutarque, qui paraît si grave en certains endroits, a fait des traités entiers du raisonnement des animaux, qu'il élève, ou peu s'en faut, au-dessus des hommes. C'est un plaisir de voir Montaigne faire raisonner son oie, qui, se promenant dans sa basse-cour, se dit à elle-même que tout est fait pour elle; que c'est pour elle que le soleil se lève et se couche; que la terre ne produit ses fruits que pour la nourrir; que la maison n'est faite que pour la loger; que l'homme est fait pour prendre soin d'elle; et que, si enfin il égorge quelquefois des oies, aussi fait-il bien son semblable.

Par ces beaux discours, il se rit des hommes qui pensent que tout est fait pour leur service. Celse, qui a tant écrit contre le christianisme, est plein de semblables raisonnements. Les grenouilles, dit-il, et les rats discourent dans leurs marais et dans leurs trous, disant que Dieu a tout fait pour eux, et qu'il est venu en personne pour les secourir. Il veut dire que les hommes, devant Dieu, ne sont que rats et vermisseaux, et que la différence entre eux et les animaux est petite.

Ces raisonnements plaisent par leur nouveauté. On aime à raffiner sur cette matière, et c'est un jeu à l'homme de plaider contre lui-même la cause des bêtes.

Ce jeu serait supportable s'il n'y entrait pas trop de sérieux; mais, comme nous avons dit, l'homme cherche dans ces jeux des excuses à ses désirs sensuels, et ressemble à quelqu'un de grande naissance qui, ayant le courage bas, ne voudrait point se souvenir de sa dignité, de peur d'être obligé à vivre dans les exercices qu'elle demande.

C'est ce qui fait dire à David : « L'homme, étant en honneur, ne l'a pas connu; il s'est comparé lui-même aux animaux insensés, et s'est fait semblable à eux. » (*Psalm.* XLVIII, 21.)

Tous les raisonnements qu'on fait ici en faveur des animaux se réduisent à deux, dont le premier est : les animaux font toutes choses convenablement aussi bien que l'homme; donc ils raisonnent comme l'homme. Le second est : Les animaux sont semblables aux hommes à l'extérieur, tant dans leurs organes que dans la plupart de leurs actions; donc ils agissent par le même principe extérieur, et ils ont du raisonnement.

11. *Réponse au premier argument.*

Le premier argument a un défaut manifeste; c'est autre chose de faire tout convenablement, autre chose de connaître la convenance : l'un convient non-seulement aux animaux, mais à tout ce qui est dans l'univers; l'autre est le véritable effet du raisonnement et de l'intelligence.

Dès là que tout le monde est fait par raison, tout s'y doit faire convenablement. Car le propre d'une cause intelligente est de mettre de la convenance et de l'ordre dans tous ses ouvrages.

Au-dessus de notre faible raison, restreinte à certains objets, nous avons reconnu une raison première et universelle, qui a tout conçu avant qu'il fût, qui a tout tiré du néant, qui rappelle tout à ses principes, qui forme tout sur la même idée, et fait tout mouvoir en concours.

Cette raison est en Dieu; ou plutôt, cette raison, c'est Dieu même[1]. Il n'est forcé en rien; il est le maître de sa matière, et la tourne comme il lui plaît. Le hasard n'a point de part à ses ouvrages; il n'est dominé par aucune nécessité; enfin, sa raison seule est sa loi. Ainsi tout ce qu'il fait est suivi, et la raison y paraît partout.

Il y a une raison qui subordonne les causes les unes aux autres : et cette raison fait que le plus grand poids emporte le moindre; qu'une pierre enfonce dans l'eau plutôt que du bois; qu'un arbre croît en un endroit plutôt qu'en un autre, et que chaque arbre tire de la terre, parmi une infinité de sucs, celui qui est propre pour le nourrir. Mais cette raison n'est pas dans toutes ces choses, elle est en celui qui les a faites et qui les a ordonnées.

Si les arbres poussent leurs racines autant qu'il est convenable pour les soutenir; s'ils étendent leurs branches à proportion, et se couvrent d'une écorce si propre à les défendre contre les injures de l'air; si la vigne, le lierre et les autres plantes qui sont faites pour s'attacher aux grands arbres ou aux rochers, en choisissent si bien les petits creux, et s'entortillent si proprement aux endroits qui sont capables de les appuyer; si les feuilles et les fruits de toutes les plantes se réduisent à des figures si régulières, et s'ils prennent au juste, avec la figure, le goût et les autres qualités qui suivent de la nature de la plante; tout cela se fait par raison, mais certes cette raison n'est pas dans les arbres.

On a beau exalter l'adresse de l'hirondelle, qui se fait un nid si propre, ou des abeilles, qui ajustent avec tant de sy-

1. Fénelon disait : « Raison, raison, n'es-tu pas le Dieu que je cherche? »

métrie leurs petites niches : les grains d'une grenade ne sont pas ajustés moins proprement; et toutefois on ne s'avise pas de dire que les grenades ont de la raison.

Tout se fait, dit-on, à propos dans les animaux; mais tout se fait peut-être encore plus à propos dans les plantes. Leurs fleurs tendres et délicates, et durant l'hiver enveloppées comme dans un petit coton, se déploient dans la saison la plus bénigne; les feuilles les environnent comme pour les garder; elles se tournent en fruits dans leur saison, et ces fruits servent d'enveloppes aux grains d'où doivent sortir de nouvelles plantes. Chaque arbre porte des semences propres à engendrer son semblable, en sorte que d'un orme il vient toujours un orme, et d'un chêne toujours un chêne. La nature agit en cela comme sûre de son effet. Ces semences, tant qu'elles sont vertes et crues, demeurent attachées à l'arbre pour prendre leur maturité; elles se détachent d'elles-mêmes quand elles sont mûres; elles tombent au pied de leurs arbres, et les feuilles tombent dessus. Les pluies viennent; les feuilles pourrissent et se mêlent avec la terre, qui, ramollie par les eaux, ouvre son sein aux semences, que la chaleur du soleil, jointe à l'humidité, fera germer en son temps. Certains arbres, comme les ormeaux et une infinité d'autres, renferment leurs semences dans des matières légères que le vent emporte; la race s'étend bien loin par ce moyen, et peuple les montagnes voisines. Il ne faut donc plus s'étonner si tout se fait à propos dans les animaux, cela est commun à toute la nature; et il ne sert de rien de prouver que leurs mouvements ont de la suite, de la convenance et de la raison : mais s'ils connaissent cette convenance et cette suite, si cette raison est en eux ou dans celui qui les a faits, c'est ce qu'il fallait examiner.

Ceux qui trouvent que les animaux ont de la raison, parce qu'ils prennent, pour se nourrir et se bien porter, les moyens convenables, devraient dire aussi que c'est par raisonnement que se fait la digestion; qu'il y a un principe de discernement qui sépare les excréments d'avec la bonne nourriture, et qui fait que l'estomac rejette souvent les viandes qui lui répugnent, pendant qu'il retient les autres pour les digérer.

En un mot, toute la nature est pleine de convenances et

de disconvenances, de proportions et de disproportions, selon lesquelles les choses ou s'ajustent ensemble, ou se repoussent l'une l'autre : ce qui montre, à la vérité, que tout est fait par intelligence, mais non pas que tout soit intelligent.

Il n'y a aucun animal qui s'ajuste si proprement à quoi que ce soit que l'aimant s'ajuste lui-même aux deux pôles. Il en suit l'un, il évite l'autre. Une aiguille aimantée fuit un côté de l'aimant, et s'attache à l'autre avec une plus apparente avidité que celle que les animaux témoignent pour leur nourriture. Tout cela est fondé sans doute sur des convenances et des disconvenances cachées. Une secrète raison dirige tous ces mouvements; mais cette raison est en Dieu; ou plutôt, cette raison, c'est Dieu même, qui, parce qu'il est toute raison, ne peut rien faire qui ne soit suivi.

C'est pourquoi, quand les animaux montrent dans leurs actions tant d'industrie, saint Thomas a raison de les comparer à des horloges et aux autres machines ingénieuses, où toutefois l'industrie réside, non dans l'ouvrage, mais dans l'artisan.

Car enfin, quelque industrie qui paraisse dans ce que font les animaux, elle n'approche pas de celle qui paraît dans leur formation, où toutefois il est certain que nulle autre raison n'agit que celle de Dieu. Et il est aisé de penser que ce même Dieu, qui a formé les semences, et qui a mis ce secret principe d'arrangement d'où se développent, par des mouvements si réglés, les parties dont l'animal est composé, a mis aussi, dans ce tout si industrieusement formé, le principe qui le fait mouvoir convenablement à ses besoins et à sa nature.

III. *Second argument en faveur des animaux; en quoi ils nous sont semblables, et si c'est dans le raisonnement.*

On nous arrête pourtant ici, et voici ce qu'on nous objecte. Nous voyons les animaux émus comme nous par certains objets où ils se portent, non moins que les hommes, par les moyens les plus convenables. C'est donc mal à propos que l'on compare leurs actions avec celles des plantes et des autres corps, qui n'agissent point comme touchés de certains objets, mais comme de simples causes naturelles, dont l'effet ne dépend pas de la connaissance.

Mais il faudrait considérer que les objets sont eux-mêmes des causes naturelles, qui, comme toutes les autres, font leurs effets par les moyens les plus convenables.

Car, qu'est-ce que les objets, si ce n'est les corps qui nous environnent, à qui la nature a préparé, dans les animaux, certains organes délicats, capables de recevoir et de porter au dedans du cerveau les moindres agitations du dehors? Nous avons vu que l'air agité agit sur l'oreille, les vapeurs des corps odoriférants sur les narines, les rayons du soleil sur les yeux, et ainsi du reste, aussi naturellement que le feu agit sur l'eau, et par une impression aussi réelle.

Et pour montrer combien il y a loin entre agir par l'impression des objets et agir par raisonnement, il ne faut que considérer ce qui se passe en nous-mêmes.

Cette considération nous fera remarquer, dans les objets, premièrement, l'impression qu'ils font sur nos organes corporels; secondement, les sensations qui suivent immédiatement ces impressions; troisièmement, le raisonnement que nous faisons sur les objets, et le choix que nous faisons de l'un plutôt que de l'autre.

Les deux premières choses se font en nous avant que nous ayons fait la troisième, c'est-à-dire de raisonner. Notre chair a été percée, et nous avons senti de la douleur avant que nous ayons réfléchi et raisonné sur ce qui nous vient d'arriver. Il en est de même de tous les autres objets. Mais, quoique notre raison ne se mêle pas dans ces deux choses, c'est-à-dire dans l'altération corporelle de l'organe et dans la sensation qui s'excite immédiatement après, ces deux choses ne laissent pas de se faire convenablement, par la raison supérieure qui gouverne tout.

Qu'ainsi ne soit, nous n'avons qu'à considérer ce que la lumière fait dans notre œil, ce que l'air agité fait sur notre oreille, en un mot, de quelle sorte le mouvement se communique depuis le dehors jusqu'au dedans; nous verrons qu'il n'y a rien de plus convenable ni de plus suivi.

Nous avons même observé que les objets disposent le corps de la manière qu'il faut pour le mettre en état de les poursuivre ou de les fuir selon le besoin.

De là vient que nous devenons plus robustes dans la colère,

Bossuet. Connaissance de Dieu.

et plus vites dans la crainte; chose qui certainement a sa raison, mais une raison qui n'est point en nous.

Et on ne peut assez admirer le secours que donne la crainte à la faiblesse; car, outre qu'étant pressée elle précipite la fuite, elle fait que l'animal se cache et se tapit, qui est la chose la plus convenable à la faiblesse attaquée.

Souvent même il lui est utile de tomber absolument en défaillance, parce que la défaillance supprime la voix et en quelque sorte l'haleine, et empêche tous les mouvements qui attiraient l'ennemi.

On dit ordinairement que certains animaux font les morts pour empêcher qu'on ne les tue : c'est en effet que la crainte les jette dans la défaillance. Cette adresse qu'on leur attribue est la suite naturelle d'une crainte extrême, mais une suite très-convenable aux besoins et aux périls d'un animal faible.

La nature, qui a donné dans la crainte un secours si proportionné aux animaux infirmes, a donné la colère aux autres, et y a mis tout ce qu'il faut pour rendre la défense ferme et l'attaque vigoureuse, sans qu'il soit besoin pour cela de raisonner.

Nous l'éprouvons en nous-mêmes dans les premiers mouvements de la colère; et lorsque sa violence nous ôte toute réflexion, nous ne laissons pas toutefois de nous mieux situer, et souvent même de frapper plus juste dans l'emportement que si nous y avions bien pensé.

Et généralement quand notre corps se situe de la manière la plus convenable à se soutenir; quand, en tombant, nous éloignons naturellement la tête, et que nous parons le coup avec la main, quand sans y penser nous nous ajustons, avec les corps qui nous environnent, de la manière la plus commode pour nous empêcher d'en être blessés, tout cela se fait convenablement et ne se fait pas sans raison; mais nous avons vu que cette raison n'est pas la nôtre.

C'est sans raisonner qu'un enfant qui tette ajuste ses lèvres et sa langue de la manière la plus propre à tirer le lait qui est dans la mamelle; en quoi il y a si peu de discernement qu'il fera le même mouvement sur le doigt qu'on lui mettra dans la bouche, par la seule conformité de la figure du doigt avec celle de la mamelle. C'est sans raisonner que notre prunelle s'élargit pour les objets éloignés, et se resserre pour les autres. C'est sans raisonner que nos lèvres et notre langue font les mouvements divers qui causent l'articulation, et nous n'en connaissons aucun à moins que d'y faire beaucoup de réflexion : ceux enfin qui les ont connus n'ont pas besoin de se servir de cette connaissance pour les produire; elle les embarrasserait.

Toutes ces choses et une infinité d'autres se font si raisonnablement, que la raison en excède notre pouvoir et en surpasse notre industrie.

Il est bon d'appuyer un peu sur la parole. Il est vrai que c'est le raisonnement qui fait que nous voulons parler et exprimer nos pensées; mais les paroles qui viennent ensuite ne dépendent plus du raisonnement, elles sont une suite naturelle de la disposition des organes.

Bien plus, après avoir commencé les choses que nous savons par cœur, nous voyons que notre langue les achève toute seule longtemps après que la réflexion que nous y faisions est éteinte tout à fait; au contraire, la réflexion, quand elle revient, ne fait que nous interrompre, et nous ne récitons plus si sûrement.

Combien de sortes de mouvements doivent s'ajuster ensemble pour opérer cet effet! Ceux du cerveau, ceux du poumon, ceux de la trachée-artère, ceux de la langue, ceux des lèvres, ceux de la mâchoire, qui doit tant de fois s'ouvrir et se fermer à propos. Nous n'apportons point en naissant l'habileté à faire ces choses; elle s'est faite dans notre cerveau, et ensuite dans toutes les autres parties, par l'impression profonde de certains objets dont nous avons été souvent frappés; et tout cela s'arrange en nous avec une justesse inconcevable, sans que notre raison y ait part.

Nous écrivons sans savoir comment, après avoir une fois appris. La science en est dans les doigts; et les lettres, souvent regardées, ont fait une telle impression sur le cerveau, que la figure en passe sur le papier sans qu'il soit besoin d'y avoir de l'attention.

Les choses prodigieuses que certains hommes font dans le sommeil montrent ce que peut la disposition du corps, indépendamment de nos réflexions et de nos raisonnements.

Si maintenant nous venons aux sensations, que nous trouvons jointes avec les impressions des objets sur notre corps, nous avons vu combien tout cela est convenable; car il n'y a rien de mieux pensé que d'avoir joint le plaisir aux objets qui sont convenables à notre corps, et la douleur à ceux qui lui sont contraires. Mais ce n'est pas notre raison qui a si bien ajusté ces choses, c'est une raison plus haute et plus profonde.

Cette raison souveraine a proportionné avec les objets les impressions qui se font dans nos corps. Cette même raison a uni nos appétits naturels avec nos besoins; elle nous a forcés par le plaisir et par la douleur à désirer la nourriture, sans laquelle nos corps périraient; elle a mis dans les aliments qui nous sont propres une force pour nous attirer; le bois n'excite pas notre appétit comme le pain; d'autres objets nous causent des aversions souvent invincibles : tout cela se fait en nous par des proportions et des disproportions cachées, et notre raison n'a aucune part ni aux dispositions qui sont dans l'objet, ni à celles qui naissent en nous à sa présence.

Supposons donc que la nature veuille faire faire aux animaux des choses utiles pour leur conservation. Avant que d'être forcée à leur donner pour cela du raisonnement, elle a, pour ainsi parler, deux choses à tenter.

L'une, de proportionner les objets avec les organes, et d'ajuster les mouvements qui naissent des uns avec ceux qui doivent suivre naturellement dans les autres. Un concert admirable résultera de cet assemblage, et chaque animal se trouvera attaché à son objet aussi sûrement que l'aimant l'est à son pôle. Mais alors ce qui semblera finesse et discernement dans les animaux, au fond sera seulement un effet de la sagesse et de l'art profond de celui qui aura construit toute la machine.

Et si l'on veut qu'il y ait quelque sensation jointe à l'impression des objets, il n'y aura qu'à imaginer que la nature aura attaché le plaisir et la douleur aux choses convenables et contraires : les appétits suivront naturellement, et si les actions y sont attachées, tout se fera convenablement dans les animaux, sans que la nature soit obligée à leur donner pour cela du raisonnement.

Ces deux moyens, dont nous supposons que la nature se peut servir, ne sont point des choses inventées à plaisir, car nous les trouvons en nous-mêmes. Nous trouvons des mouvements ajustés naturellement avec les objets. Nous y trouvons des plaisirs et des douleurs, attachés naturellement aux objets convenables ou contraires. Notre raison n'a pas fait ces proportions, elle les a trouvées faites par une raison plus haute; et nous ne nous trompons pas d'attribuer seulement aux animaux ce que nous trouvons dans cette partie de nous-mêmes qui est animale.

Il n'y a donc rien de meilleur, pour bien juger des animaux, que de s'étudier soi-même auparavant. Car, encore que nous ayons quelque chose au-dessus de l'animal, nous sommes animaux; et nous avons l'expérience tant de ce que fait en nous l'animal que de ce qu'y fait le raisonnement et la réflexion. C'est donc en nous étudiant nous-mêmes, et en observant ce que nous sentons, que nous devenons juges compétents de ce qui est hors de nous, et dont nous n'avons pas d'expérience. Et quand nous aurons trouvé dans les animaux ce qui est en nous d'animal, ce ne sera pas une conséquence que nous devions leur attribuer ce qu'il y a en nous de supérieur.

Or, l'animal, touché de certains objets, fait en nous naturellement et sans réflexion des choses très-convenables. Nous devons donc être convaincus par notre propre expérience que ces actions convenables ne sont pas une preuve de raisonnement.

Il faut pourtant lever ici une difficulté, qui vient de ne pas penser à ce que fait en nous la raison.

On dit que cette partie qui agit en nous sans raisonnement commence seulement les choses, mais que la raison les achève : par exemple, l'objet présent excite en nous l'appétit, ou de manger, ou de la vengeance; mais nous n'en venons à l'exécution que par un raisonnement qui nous détermine; ce qui est si véritable, que nous pouvons même résister à nos appétits naturels, et aux dispositions les plus violentes de notre corps et de nos organes. Il semble donc, dira-t-on, que la raison doit intervenir dans les fonctions animales, sans quoi elles n'auraient jamais qu'un commencement imparfait.

Mais cette difficulté s'évanouit en un moment, si on considère ce qui se fait en nous-mêmes dans les premiers mouvements qui précèdent la réflexion. Nous avons vu comme alors la colère nous fait frapper juste; nous éprouvons tous les jours comme un coup qui vient nous fait promptement détourner le corps avant que nous y ayons seulement pensé. Qui de nous peut s'empêcher de fermer les yeux, ou de détourner la tête, quand on feint seulement de nous y vouloir frapper? Alors, si notre raison avait quelque force, elle nous rassurerait contre un ami qui se joue; mais, bon gré mal gré, il faut fermer l'œil, il faut détourner la tête, et la seule impression de l'objet opère invinciblement en nous cette action. La même cause, dans les chutes, fait jeter promptement les mains devant la tête. Plus un excellent joueur de luth laisse agir sa main sans y faire de réflexion, plus il touche juste; et nous voyons tous les jours des expériences qui doivent nous avoir appris que les actions animales, c'est-à-dire celles qui dépendent des objets, s'achèvent par la seule force de l'objet, même plus sûrement qu'elles ne feraient si la réflexion s'y venait mêler.

On dira qu'en toutes ces choses il y a un raisonnement caché : sans doute; mais c'est le raisonnement ou plutôt l'intelligence de celui qui a tout fait, et non pas la nôtre.

Et il a été de sa providence de faire que la nature s'aidât elle-même, sans attendre nos réflexions trop lentes et trop douteuses, que le coup aurait prévenues.

Il faut donc penser que les actions qui dépendent des objets et de la disposition des organes s'achèveraient en nous naturellement comme d'elles-mêmes, s'il n'avait plu à Dieu de nous donner quelque chose de supérieur au corps et qui devait présider à ses mouvements.

Il a fallu pour cela que cette partie raisonnable pût contenir dans certaines bornes les mouvements corporels, et aussi pour les laisser aller quand il faudrait.

C'est ainsi que, dans une colère violente, la raison retient le corps tout disposé à frapper par le rapide mouvement des esprits et prêt à lâcher le coup.

Otez le raisonnement, c'est-à-dire ôtez l'obstacle, l'objet nous entraînera et nous déterminera à frapper.

Il en serait de même de tous les autres mouvements, si la partie raisonnable ne se servait pas du pouvoir qu'elle a d'arrêter le corps.

Ainsi, loin que la raison fasse l'action, il ne faut que la retirer pour faire que l'objet l'emporte et achève le mouvement.

Je ne nie pas que la raison ne fasse souvent mouvoir le corps plus industrieusement qu'il ne ferait de lui-même;

mais il y a aussi des mouvements prompts, qui pour cela n'en sont pas moins justes et où la réflexion deviendrait embarrassante.

Ce sont de tels mouvements qu'il faut donner aux animaux; et ce qui fait qu'en beaucoup de choses ils agissent plus sûrement et adressent plus juste que nous, c'est qu'ils ne raisonnent pas, c'est-à-dire qu'ils n'agissent pas par une raison particulière, tardive et trompeuse, mais par la raison universelle, dont le coup est sûr.

Ainsi, pour montrer qu'ils raisonnent, il ne s'agit pas de prouver qu'ils se meuvent raisonnablement par rapport à certains objets, puisqu'on trouve cette convenance dans les mouvements les plus bruts; il faut prouver qu'ils entendent cette convenance, et qu'ils la choisissent.

IV. *Si les animaux apprennent.*

Et comment, dira quelqu'un, le peut-on nier? Ne voyons-nous pas tous les jours qu'on leur fait entendre raison? Ils sont capables, comme nous, de discipline. On les châtie, on les récompense : ils s'en souviennent, et on les mène par là comme les hommes. Témoins les chiens qu'on corrige en les battant, et dont on anime le courage pour la chasse d'un animal en leur donnant la curée.

On ajoute qu'ils se font des signes les uns aux autres, qu'ils en reçoivent de nous; qu'ils entendent notre langage, et nous font entendre le leur. Témoins les cris qu'on fait aux chevaux et aux chiens pour les animer, les paroles qu'on leur dit, et les noms qu'on leur donne, auxquels ils répondent à leur manière, aussi promptement que les hommes.

Pour entendre le fond de ces choses, et n'être point trompé par les apparences, il faut aller à des distinctions qui, quoique claires et intelligibles, ne sont pas ordinairement considérées.

Par exemple, pour ce qui regarde l'instruction et la discipline qu'on attribue aux animaux, c'est autre chose d'apprendre, autre chose d'être plié et forcé à certains effets contre ses premières dispositions.

L'estomac, qui sans doute ne raisonne pas quand il digère les viandes, s'accoutume à la fin à celles qui auparavant lui répugnaient, et les digère comme les autres. Tous les ressorts s'ajustent d'eux-mêmes et facilitent leur jeu par leur exercice, au lieu qu'ils semblent s'engourdir et devenir paresseux quand on cesse de s'en servir. L'eau se facilite son passage, et à force de couler elle ajuste elle-même son lit de la manière la plus convenable à sa nature.

Le bois se plie peu à peu, et semble s'accoutumer à la situation qu'on veut lui donner. Le fer même s'adoucit dans le feu et sous le marteau, et corrige son aigreur naturelle. En général, tous les corps sont capables de recevoir certaines impressions contraires à celles que la nature leur avait données.

Il est donc aisé d'entendre que le cerveau, dont la nature a été si bien mêlée de mollesse et de consistance, est capable de se plier en une infinité de façons nouvelles : d'où, par la correspondance qu'il a avec les nerfs et les muscles, il arrivera aussi mille sortes de différents mouvements.

Toutes les autres parties se forment de la même sorte à certaines choses, et acquièrent la facilité d'exercer les mouvements qu'elles exercent souvent.

Et comme tous les objets font une grande impression sur le cerveau, il est aisé de comprendre qu'en changeant les objets aux animaux on changera naturellement les impressions de leur cerveau, et qu'à force de leur présenter les mêmes objets on en rendra les impressions et plus fortes et plus durables.

Le cours des esprits suivra pour les causes que nous avons vues en leur lieu; et, par la même raison que l'eau facilite son cours en coulant, les esprits se feront aussi à eux-mêmes des ouvertures plus commodes, en sorte que ce qui était auparavant difficile devient aisé dans la suite.

Nous ne devons avoir aucune peine d'entendre ceci dans les animaux, puisque nous l'éprouvons en nous-mêmes.

C'est ainsi que se forment les habitudes; et la raison a si peu de part dans leur exercice, qu'on distingue agir par raison d'avec agir par habitude.

C'est ainsi que la main se rompt à écrire, ou à jouer d'un instrument, c'est-à-dire qu'elle corrige une roideur qui tenait les doigts comme engourdis.

Nous n'avions pas naturellement cette souplesse; nous n'avions pas naturellement dans notre cerveau les vers que nous récitons sans y penser. Nous les y mettons peu à peu à force de les répéter; et nous sentons que pour faire cette impression il sert beaucoup de parler haut, parce que l'oreille frappée porte au cerveau un coup plus ferme.

Si pendant que nous dormons cette partie du cerveau où résident ces impressions vient à être fortement frappée par quelque épaisse vapeur ou par le cours des esprits, il nous arrivera souvent de réciter ces vers, dont nous serons entêtés.

Puisque les animaux ont un cerveau comme nous, un sang comme le nôtre fécond en esprits et des muscles de même nature, il faut bien qu'ils soient capables de ce côté-là des mêmes impressions.

Celles qu'ils apportent en naissant se pourront fortifier par l'usage, et il en pourra naître d'autres par le moyen des nouveaux objets.

De cette sorte, on verra en eux une espèce de mémoire qui ne sera autre chose qu'une impression durable des objets, et une disposition dans le cerveau qui le rendra capable d'être réveillé à la présence des choses dont il a accoutumé d'être frappé.

Ainsi, la curée donnée aux chiens fortifiera naturellement la disposition qu'ils ont à la chasse; et, par la même raison, les coups qu'on leur donnera à propos, à force de les retenir, les rendront immobiles à certains objets qui naturellement les auraient émus.

Car nous avons vu par l'anatomie que les coups vont au cerveau quelque part qu'ils donnent; et quand on frappe les animaux en certains temps et à la présence de certains objets, on unit dans le cerveau l'impression qu'y fait le coup avec celle qu'y fait l'objet, et par là on en change la disposition.

Par exemple, si on bat un chien à la présence d'une perdrix qu'il allait manger, il se fait dans le cerveau une autre impression que celle que la perdrix y avait faite naturellement. Car le cerveau est formé de sorte que, des corps qui agissent sur lui en concours, comme la perdrix et le bâton, il ne s'en fait qu'un seul objet total qui a son caractère particulier, par conséquent son impression propre, d'où suivent des actions convenables.

C'est ainsi que les coups retiennent et poussent les animaux, sans qu'il soit besoin qu'ils raisonnent; et par la même raison ils s'accoutument à certaines voix et à certains sons. Car la voix a sa manière de frapper; le coup donne à l'oreille et le contre-coup au cerveau.

Il n'y a personne qui puisse penser que cette manière d'apprendre ou d'être touché du langage demande de l'entendement; et on ne voit rien dans les animaux qui oblige à y reconnaître quelque chose de plus excellent.

V. *Suite, où on montre encore plus particulièrement ce que c'est que dresser les animaux et que leur parler.*

Bien plus, si nous venons à considérer ce que c'est qu'apprendre, nous découvrirons bientôt que les animaux en sont incapables.

Apprendre suppose qu'on puisse savoir; et savoir suppose qu'on puisse avoir des idées universelles et des principes universels qui, une fois pénétrés, nous fassent toujours tirer de semblables conséquences.

J'ai en mon esprit l'idée d'une horloge ou de quelque autre machine. Pour la faire, je ne me propose aucune matière déterminée : je la ferai également de bois ou d'ivoire, de cuivre ou d'argent. Voilà ce qui s'appelle une idée universelle, qui n'est astreinte à aucune matière particulière.

J'ai mes règles pour faire mon horloge. Je la ferai également bien sur quelque matière que ce soit. Aujourd'hui, demain, dans dix ans, je la ferai toujours de même. C'est là avoir un principe universel que je puis également appliquer à tous les faits particuliers, parce que je sais tirer de ce principe des conséquences toujours uniformes.

Loin d'avoir besoin, pour mes desseins, d'une matière particulière et déterminée, j'imagine souvent une machine que je ne puis exécuter, faute d'avoir une matière assez propre; et je vais tâtant toute la nature et remuant toutes les inventions de l'art pour voir si je trouverai la matière que je cherche.

Voyons si les animaux ont quelque chose de semblable, et si la conformité qui se trouve dans leurs actions leur vient de regarder intérieurement un seul et même modèle.

Le contraire paraît manifestement. Car faire la même

chose, parce qu'on reçoit toujours et à chaque fois la même impression, ce n'est pas ce que nous cherchons.

Je regarde cent fois le même objet, et toujours il fait dans ma vue un effet semblable. Cette perpétuelle uniformité ne vient nullement d'une idée intérieure à laquelle je m'étudie de me conformer : c'est que je suis toujours frappé du même objet matériel ; c'est que mon organe est toujours également ému, et que la nature a uni la même sensation à cette émotion sans que je puisse en empêcher l'effet.

Il en est de même des choses convenables ou contraires à la vie. Elles ont toutes leur caractère particulier, qui fait son impression sur mon corps. A cela sont attachés naturellement la volupté et la douleur, l'appétit et la répugnance.

Or il me semble que tout le mieux qu'on puisse faire pour les animaux, c'est de leur accorder des sensations. Du moins, est-il assuré qu'on ne leur met rien dans la tête que par des impressions palpables. Un homme peut être touché des idées immatérielles, de celles de la vérité, de celles de la vertu, de celles de l'ordre et des proportions, et des règles immuables qui les entretiennent, choses manifestement incorporelles. Au contraire, qui dresse un chien lui présente du pain à manger, prend un bâton à la main, lui enfonce, pour ainsi parler, les objets matériels sur tous ses organes, et le dresse à coups de bâton comme on forge le fer à coups de marteau.

Qui veut entendre ce que c'est véritablement qu'apprendre, et la différence qu'il y a entre enseigner un homme et dresser un animal, n'a qu'à regarder de quel instrument on se sert pour l'un et pour l'autre.

Pour l'homme, on emploie la parole, dont la force ne dépend point de l'impression corporelle. Car ce n'est point par cette impression qu'un homme en entend un autre. S'il n'est averti, s'il n'est convenu, en un mot s'il n'entend la langue, la parole ne lui fait rien ; et au contraire, s'il entend dix langues, dix sortes d'impressions sur les oreilles et sur son cerveau n'exciteront en lui que la même idée ; et ce qu'on lui explique par tant de langues, on le peut encore expliquer en autant de sortes d'écritures. Et on peut substituer à la parole et à l'écriture mille autres sortes de signes : car quelle chose dans la nature ne peut pas servir de signal? En un mot, tout est bon pour avertir l'homme, pourvu qu'on s'entende avec lui. Mais à l'animal, avec qui on ne s'entend pas, rien ne sert que les impressions réelles et corporelles : il faut les coups et le bâton. Et si on emploie la parole, c'est toujours la même qu'on inculque aux oreilles de l'animal comme son, et non comme signe. Car on ne veut pas s'entendre avec lui, mais le faire venir à son point.

Avec un homme avec qui nous parlons, ou que nous avons à instruire, nous ne cessons pas jusques à ce que nous sentions qu'il entre dans notre pensée. Il n'en est pas ainsi des animaux. A proprement parler, nous nous en servons comme d'instruments : des chiens, comme d'instruments à chasser; des chevaux, comme d'instruments à nous porter, à nous servir à la guerre, et ainsi du reste. Comme en accordant un instrument nous tâtons la corde à diverses fois jusques à ce que nous l'ayons mise à notre point, ainsi nous tâtons un chien que nous dressons à la chasse jusques à ce qu'il fasse ce que nous voulons, sans songer à le faire entrer dans notre pensée, non plus que la corde; car nous ne lui sentons point de pensée ni de réflexion qui répondent aux nôtres.

Que si les animaux sont incapables de rien apprendre des hommes qui s'appliquent expressément à les dresser, à plus forte raison ne faut-il pas croire qu'ils apprennent les uns des autres.

Il est vrai qu'ils reçoivent les uns des autres de nouvelles impressions et dispositions; mais si cela était apprendre, toute la nature apprendrait; et rien ne serait plus docile que la cire, qui retient si bien tous les traits du cachet qu'on appuie sur elle.

C'est ainsi qu'un oiseau reçoit dans le cerveau une impression du vol de sa mère; et cette impression se trouvant semblable à celle qui est dans la mère, il fait nécessairement la même chose.

Les hommes appellent cela apprendre, parce que, lorsqu'ils apprennent, il se fait quelque chose de pareil en eux. Car ils ont un cerveau de même nature que celui des animaux; et ils font plus facilement les mouvements qui se font souvent en leur présence, sans doute parce que leur cerveau, imprimé du caractère de ce mouvement, est disposé par là à en produire un semblable. Mais cela n'est pas apprendre; c'est recevoir une impression, dont on ne sait ni les raisons, ni les causes, ni les convenances.

C'est ce qui paraît clairement dans le chant, et même dans la parole. Laissons-nous aller à nous-mêmes, nous parlerons du même ton dont on nous parle. Un écho en fait bien autant. Qu'on mette deux cordes de luth à l'unisson, l'une sonne quand on touche l'autre. Il se fait quelque chose de semblable en nous quand nous chantons sur le même ton dont on commence. Un maître de musique nous le fait faire; mais ce n'est pas lui qui nous l'apprend : la nature nous l'a appris avant lui, quand elle a mis une si grande correspondance entre l'oreille qui reçoit les sons et la trachée-artère qui les forme. Ceux qui savent l'anatomie connaissent les nerfs et les muscles qui font cette correspondance; et elle ne dépend point du raisonnement.

C'est ce qui fait que les rossignols se répondent les uns aux autres, que les sansonnets et les perroquets répètent les paroles dont ils sont frappés. Ce sont comme des échos, ou plutôt ce sont de ces cordes montées sur le même ton, qui se répondent nécessairement l'une à l'autre.

Nous ne sommes pas seulement disposés à chanter sur le même ton que nous écoutons, mais encore tout notre corps s'ébranle en cadence, pour peu que nous ayons l'oreille juste; et cela dépend si peu de notre choix, qu'il faudrait nous forcer pour faire autrement : tant il y a de proportion entre les mouvements de l'oreille et ceux des autres parties.

Il est maintenant aisé de connaître la différence qu'il y a entre imiter naturellement et apprendre par art. Quand nous chantons simplement après un autre, nous l'imitons naturellement; mais nous apprenons à chanter quand nous nous rendons attentifs aux règles de l'art, aux mesures, aux temps, aux différences des tons, à leurs accords, et aux autres choses semblables.

Et pour recueillir en deux mots tout ce qui vient d'être dit, il y a dans l'instruction quelque chose qui ne dépend que de la conformation des organes, et de cela les animaux en sont capables comme nous; et il y a ce qui dépend de la réflexion et de l'art, dont nous ne voyons en eux aucune marque.

Par là demeure expliqué tout ce qui se dit de leur langage.

C'est autre chose d'être frappé du son ou de la parole, en tant qu'elle agite l'air, et ensuite les oreilles et le cerveau ; autre chose de la regarder comme un signe dont les hommes sont convenus, et rappeler en son esprit les choses qu'elle signifie. Ce dernier, c'est ce qui s'appelle entendre le langage ; et il n'y en a dans les animaux aucun vestige.

C'est aussi une fausse imagination qui nous persuade qu'ils nous font des signes. C'est autre chose de faire un signe pour se faire entendre ; autre chose d'être mû de telle manière qu'un autre puisse entendre nos dispositions.

La fumée nous est un signe du feu, et nous fait prévenir les embrasements. Les mouvements d'une aiguille nous marquent les heures et règlent notre journée. Le rouge au visage et le feu aux yeux sont un signe de la colère, comme l'éclair qui nous avertit d'éviter la foudre. Les cris d'un enfant nous sont un signe qu'il souffre ; et par là il nous invite, sans y penser, à le soulager. Mais de dire que pour cela ou le feu, ou une montre, ou un enfant, et même un homme en colère, nous fassent signe de quelque chose, c'est s'abuser trop visiblement.

VI. *Extrême différence de l'homme et de la bête.*

Cependant, sur ces légères ressemblances, les hommes se comparent aux animaux. Ils leur voient un corps comme à eux, et des mouvements corporels semblables aux leurs. Ils sont d'ailleurs attachés à leurs sens, et par leurs sens à leurs corps. Tout ce qui n'est point corps leur paraît un rien ; ils oublient leur dignité, et, contents de ce qu'ils ont de commun avec les bêtes, ils mènent aussi une vie toute bestiale.

C'est une chose étrange qu'ils aient besoin d'être réveillés sur cela. L'homme, animal superbe, qui veut s'attribuer à lui-même tout ce qu'il connaît d'excellent, et qui ne veut rien céder à son semblable, fait des efforts pour trouver que les bêtes le valent bien, ou qu'il y a peu de différence entre lui et elles.

Une si étrange dépravation, qui nous fait voir d'un côté combien notre orgueil nous enfle, et de l'autre combien notre sensualité nous ravilit, ne peut être corrigée que par une sérieuse considération des avantages de notre nature. Voici donc ce qu'elle a de grand, et dont nous ne voyons dans les animaux aucune apparence.

La nature humaine connaît Dieu ; et voilà déjà, par ce seul mot, les animaux au-dessous d'elle jusques à l'infini. Car qui serait assez insensé pour dire qu'ils aient seulement le moindre soupçon de cette excellente nature, qui a fait toutes les autres, ou que cette connaissance ne fasse pas la plus grande de toutes les différences?

La nature humaine, en connaissant Dieu, a l'idée du bien et du vrai, d'une sagesse infinie, d'une puissance absolue, d'une droiture infaillible, en un mot de la perfection.

La nature humaine connaît l'immutabilité et l'éternité, et sait que ce qui est toujours, et ce qui est toujours de même, doit précéder tout ce qui change; et qu'en comparaison de ce qui est toujours, ce qui change ne mérite pas qu'on le compte parmi les êtres.

La nature humaine connaît des vérités éternelles, et elle ne cesse de les chercher au milieu de tout ce qui change, puisque son génie est de rappeler tous les changements à des règles immuables.

Car elle sait que tous les changements qui se voient dans l'univers se font avec mesure et par des proportions cachées, en sorte qu'à prendre l'ouvrage dans son tout on n'y peut rien trouver d'irrégulier.

C'est là qu'elle aperçoit l'ordre du monde, la beauté incomparable des astres, la régularité de leurs mouvements, les grands effets du cours du soleil, qui ramène les saisons et donne à la terre tant de différentes parures. Notre raison se promène par tous les ouvrages de Dieu, où voyant, et dans le détail et dans le tout, une sagesse d'un côté si éclatante, et de l'autre si profonde et si cachée, elle est ravie et se perd dans cette contemplation.

Alors apparaît à elle la belle et véritable idée d'une vie hors de cette vie, d'une vie qui se passe toute dans la contemplation de la vérité, et elle voit que la vérité, éternelle par elle-même, doit mesurer une telle vie par l'éternité qui lui est propre.

La nature humaine connaît que le hasard n'est qu'un nom inventé par l'ignorance, et qu'il n'y en a point dans le monde : car elle sait que la raison s'abandonne le moins qu'elle peut au hasard, et que, plus il y a de raison dans une entreprise ou dans un ouvrage, moins il y a de hasard; de sorte qu'où préside une raison infinie, le hasard ne peut y avoir lieu.

La nature humaine connaît que ce Dieu, qui préside à tous les corps et qui les meut à sa volonté, ne peut pas être un corps : autrement il serait changeant, mobile, altérable, et ne serait point la raison éternelle et immuable par qui tout est fait.

La nature humaine connaît la force de la raison, et comment une chose doit suivre d'une autre. Elle aperçoit en elle-même cette force invincible de la raison. Elle connaît les règles certaines par lesquelles il faut qu'elle arrange toutes ses pensées. Elle voit dans tout bon raisonnement une lumière éternelle de vérité, et voit, dans la suite enchaînée des vérités, que dans le fond il n'y en a qu'une seule, où toutes les autres sont comprises.

Elle voit que la vérité, qui est une, ne demande naturellement qu'une seule pensée pour la bien entendre; et dans la multiplicité des pensées qu'elle sent naître en elle-même, elle sent aussi qu'elle n'est qu'un léger écoulement de celui qui, comprenant toute vérité dans une seule pensée, pense aussi éternellement la même chose.

Ainsi elle connaît qu'elle est une image et une étincelle de cette raison première, qu'elle doit s'y conformer et vivre pour elle.

Pour imiter la simplicité de celui qui pense toujours la même chose, elle voit qu'elle doit réduire toutes ses pensées à une seule, qui est celle de servir fidèlement ce Dieu, dont elle est l'image.

Mais en même temps elle voit qu'elle doit aimer, pour l'amour de lui, tout ce qu'elle trouve honoré de cette divine ressemblance, c'est-à-dire tous les hommes.

Là elle découvre les règles de la justice, de la bienséance, de la société, ou, pour mieux parler, de la fraternité humaine, et sait que, si dans tout le monde, parce qu'il est fait par raison, rien ne se fait que de convenable, elle, qui entend la raison, doit bien plus se gouverner par les lois de la convenance.

Elle sait que qui s'éloigne volontairement de ces lois est digne d'être réprimé et châtié par leur autorité toute-puissante, et que qui fait du mal en doit souffrir.

Elle sait que le châtiment répare l'ordre du monde blessé par l'injustice, et qu'une action injuste qui n'est point réparée par l'amendement ne le peut être que par le supplice.

Elle voit donc que tout est juste dans le monde, et par conséquent que tout y est beau, parce qu'il n'y a rien de plus beau que la justice.

Par ces règles, elle connaît que l'état de cette vie, où il y a tant de maux et de désordres, doit être un état pénal, auquel doit succéder un autre état, où la vertu soit toujours avec le bonheur, et où le vice soit toujours avec la souffrance.

Elle connaît donc par des principes certains ce que c'est que châtiment et récompense, et voit comment elle doit s'en servir pour les autres et en profiter pour elle-même.

C'est sur cela qu'elle fonde les sociétés et les républiques[1], et qu'elle réprime l'inhumanité et la barbarie.

Dire que les animaux aient le moindre soupçon de toutes ces choses, c'est s'aveugler volontairement et renoncer au bon sens.

Après cela, concluons que l'homme qui se compare aux animaux, ou les animaux à lui, s'est tout à fait oublié, et ne peut tomber dans cette erreur que par le peu de soin qu'il prend de cultiver en lui-même ce qui raisonne et qui entend.

VII. *Les animaux n'inventent rien.*

Qui verra seulement que les animaux n'ont rien inventé de nouveau depuis l'origine du monde, et qui considérera d'ailleurs tant d'inventions, tant d'arts et tant de machines par lesquelles la nature humaine a changé la face de la terre, verra aisément par là combien il y a de grossièreté d'un côté et combien de génie de l'autre.

Ne doit-on pas être étonné que ces animaux, à qui on veut attribuer tant de ruses, n'aient encore rien inventé: pas une arme pour se défendre, pas un signal pour se rallier et s'entendre contre les hommes, qui les font tomber dans tant de piéges? S'ils pensent, s'ils raisonnent, s'ils réfléchissent,

---

1. Il est facile de voir que ce mot est pris ici dans le sens général de *gouvernement de la chose publique*, sous quelque forme et quelque nom que ce soit.

comment ne sont-ils pas encore convenus entre eux du moindre signe? Les sourds et les muets trouvent l'invention de se parler par leurs doigts. Les plus stupides le font parmi les hommes; et si on voit que les animaux en sont incapables, on peut voir combien ils sont au-dessous du dernier degré de stupidité, et que ce n'est pas connaître la raison que de leur en donner la moindre étincelle.

Quand on entend dire à Montaigne qu'il y a plus de différence de tel homme à tel homme que de tel homme à telle bête, on a pitié d'un si bel esprit, soit qu'il dise sérieusement une chose si ridicule, soit qu'il raille sur une matière qui d'elle-même est si sérieuse.

Y a-t-il un homme si stupide qui n'invente du moins quelque signe pour se faire entendre? Y a-t-il une bête si rusée qui ait jamais rien trouvé? Et qui ne sait que la moindre des inventions est d'un ordre supérieur à tout ce qui ne fait que suivre?

Et à propos du raisonnement qui compare les hommes stupides avec les animaux, il y a deux choses à remarquer: l'une, que les hommes les plus stupides ont des choses d'un ordre supérieur au plus parfait des animaux; l'autre, que tous les hommes étant sans contestation de même nature, la perfection de l'âme humaine doit être considérée dans toute la capacité où l'espèce se peut étendre; et qu'au contraire ce qu'on ne voit dans aucun des animaux n'a son principe ni dans aucune des espèces ni dans tout le genre.

Et parce que la marque la plus convaincante que les animaux sont poussés par une aveugle impétuosité est l'uniformité de leurs actions, entrons dans cette matière, et recherchons les causes profondes qui ont introduit une telle variété dans la vie humaine.

VIII. *De la première cause des inventions et de la variété de la vie humaine, qui est la réflexion.*

Représentons-nous donc que les corps vont naturellement un même train, selon les dispositions où on les a mis.

Ainsi, tant que notre corps demeure dans la même disposition, ses mouvements vont toujours de même.

Il en faut dire autant des sensations, qui, comme nous

avons dit, sont attachées nécessairement aux positions des organes corporels.

Car, encore que nous ayons vu que nos sensations demandent nécessairement un principe distingué du corps, c'est-à-dire une âme, nous avons vu en même temps que cette âme, en tant qu'elle sent, est assujettie au corps, en sorte que les sensations en suivent le mouvement.

Jamais donc nous n'inventerons rien par les sensations, qui vont toujours à la suite des mouvements corporels, et ne sortent jamais de cette ligne.

Et ce qu'on dit des sensations se doit dire des imaginations, qui ne sont que des sensations continuées.

Ainsi, quand on attribue les inventions à l'imagination, c'est en tant qu'il s'y mêle des réflexions et du raisonnement, comme nous verrons tout à l'heure. Mais, de soi, l'imagination ne produirait rien, puisqu'elle n'ajoute rien aux sensations que la durée.

Il en est de même de ces appétits ou aversions naturelles que nous appelons passions : car elles suivent les sensations, et suivent principalement le plaisir et la douleur.

Si donc nous n'avions qu'un corps et des sensations ou ce qui les suit, nous n'aurions rien d'inventif; mais deux choses font naître les inventions : 1° nos réflexions; 2° notre liberté.

Car au-dessus des sensations, des imaginations et des appétits naturels, il commence à s'élever en nous ce qui s'appelle réflexion; c'est-à-dire que nous remarquons nos sensations, nous les comparons avec leurs objets, nous recherchons les causes de ce qui se fait en nous et hors de nous; en un mot, nous entendons et nous raisonnons, c'est-à-dire que nous connaissons la vérité, et que d'une vérité nous allons à l'autre.

De là donc nous commençons à nous élever au-dessus des dispositions corporelles; et il faut ici remarquer que, dès que dans ce chemin nous avons fait un premier pas, nos progrès n'ont plus de bornes. Car le propre des réflexions, c'est de s'élever les unes sur les autres; de sorte qu'on réfléchit sur ses réflexions jusqu'à l'infini.

Au reste, quand nous parlons de ces retours sur nous-mêmes, il n'est plus besoin d'avertir que ce retour ne se fait pas à la manière de celui des corps. Réfléchir n'est pas exercer un mouvement circulaire ; autrement, tout corps qui tourne s'entendrait lui-même et son mouvement. Réfléchir, c'est recevoir au-dessus des mouvements corporels, et au-dessus même des sensations, une lumière qui nous rend capables de chercher la vérité jusque dans sa source.

C'est pourquoi, en passant, ceux-là s'abusent qui, voulant donner aux bêtes du raisonnement, croient pouvoir le renfermer dans de certaines bornes. Car, au contraire, une réflexion en attire une autre ; et la nature des animaux pourra s'élever à tout dès qu'elle pourra sortir de la ligne droite.

C'est ainsi que d'observations en observations les inventions humaines se sont perfectionnées. L'homme, attentif à la vérité, a connu ce qui était propre ou mal propre à ses desseins, et s'est trouvé l'imagination remplie, par les sensations, d'une infinité d'images. Par cette force qu'il a de réfléchir, il les a assemblées, il les a disjointes ; il s'est en cette manière formé des desseins ; il a cherché des matières propres à l'exécution. Il a vu qu'en fondant le bas il pouvait élever le haut : il a bâti, il a occupé de grands espaces dans l'air, et a étendu sa demeure naturelle. En étudiant la nature, il a trouvé des moyens de lui donner de nouvelles formes : il s'est fait des instruments ; il s'est fait des armes ; il a élevé les eaux qu'il ne pouvait pas aller puiser dans le fond où elles étaient. Il a changé toute la face de la terre ; il en a creusé, il en a fouillé les entrailles, et il y a trouvé de nouveaux secours. Ce qu'il n'a pas pu atteindre, de si loin qu'il a pu l'apercevoir, il l'a tourné à son usage. Ainsi les astres le dirigent dans ses navigations et dans ses voyages ; ils lui marquent les saisons et les heures. Après six mille ans d'observations, l'esprit humain n'est pas épuisé ; il cherche, et il trouve encore, afin qu'il connaisse qu'il peut trouver jusques à l'infini, et que la seule paresse peut donner des bornes à ses connaissances et à ses inventions.

Qu'on me montre maintenant que les animaux aient ajouté quelque chose, depuis l'origine du monde, à ce que la nature leur avait donné, j'y reconnaîtrai de la réflexion et de l'invention. Que s'ils vont toujours un même train, comme les eaux et comme les arbres, c'est folie de leur donner un principe dont on ne voit parmi eux aucun effet.

Et il faut ici remarquer que les animaux à qui nous

voyons faire les ouvrages les plus industrieux ne sont pas ceux où d'ailleurs nous nous imaginons le plus d'esprit. Ce que nous voyons de plus ingénieux parmi les animaux sont les réservoirs des fourmis, si l'observation en est véritable; les toiles des araignées, et les filets qu'elles tendent aux mouches; les rayons de miel des abeilles; la coque des vers à soie; les coquilles des limaçons et des autres animaux semblables, dont la bave forme autour d'eux des bâtiments si ornés et d'une architecture si bien entendue. Et toutefois ces animaux n'ont d'ailleurs aucune marque d'esprit; et ce serait une erreur de les estimer plus ingénieux que les autres, puisqu'on voit que leurs ouvrages ont en effet tant d'esprit, qu'ils les passent et doivent sortir d'un principe supérieur.

Aussi la raison nous persuade que ce que les animaux font de plus industrieux se fait de la même sorte que les fleurs, les arbres, et les animaux eux-mêmes, c'est-à-dire avec art du côté de Dieu, et sans art qui réside en eux.

IX. Seconde cause des inventions et de la variété de la vie humaine, la liberté.

Mais du principe de réflexion qui agit en nous naît une seconde chose, c'est la liberté, nouveau principe d'invention et de variété parmi les hommes; car l'âme, élevée par la réflexion au-dessus du corps et au-dessus des objets, n'est point entraînée par leurs impressions, et demeure libre et maîtresse des objets et d'elle-même. Ainsi elle s'attache à ce qui lui plaît, et considère ce qu'elle veut pour s'en servir selon les fins qu'elle se propose.

Cette liberté va si loin que l'âme, s'y abandonnant, sort quelquefois des limites que la raison lui prescrit; et ainsi, parmi les mouvements qui diversifient en tant de manières la vie humaine, il faut compter les égarements et les fautes.

De là sont nées mille inventions : les lois, les instructions, les récompenses, les châtiments, et les autres moyens qu'on a inventés pour contenir ou pour redresser la liberté égarée.

Les animaux ne s'égarent pas en cette sorte : c'est pourquoi on ne les blâme jamais. On les frappe bien de nouveau, par la même raison qui fait qu'on retouche souvent à la corde qu'on veut monter sur un certain ton; mais les blâmer, ou se fâcher contre eux, c'est comme quand, de colère, on rompt sa plume qui ne marque pas, ou qu'on jette à terre un couteau qui refuse de couper.

Ainsi la nature humaine a une étendue en bien et en mal, qu'on ne trouve point dans la nature animale; et c'est pourquoi les passions, dans les animaux, ont un effet plus simple et plus certain : car les nôtres se compliquent par nos réflexions, et s'embarrassent mutuellement. Trop de vues, par exemple, mêleront la crainte avec la colère, ou la tristesse avec la joie. Mais comme les animaux, qui n'ont point de réflexion, n'ont que les objets naturels, leurs mouvements sont moins détournés.

Joint que l'âme, par sa liberté, est capable de s'opposer aux passions avec une telle force, qu'elle en empêche l'effet. Ce qui étant une marque de raison dans l'homme, le contraire est une marque que les animaux n'ont point de raison.

Car partout où la passion domine sans résistance, le corps et ses mouvements y font et y peuvent tout, et ainsi la raison n'y peut pas être.

Mais le grand pouvoir de la volonté sur le corps consiste dans ce prodigieux effet que nous avons remarqué, que l'homme est tellement maître de son corps, qu'il peut même le sacrifier à un plus grand bien qu'il se propose. Se jeter au milieu des coups, et s'enfoncer dans les traits par une impétuosité aveugle, comme il arrive aux animaux, ne marque rien au-dessus du corps : car un verre se brise bien en tombant d'en haut de son propre poids. Mais se déterminer à mourir avec connaissance et par raison, malgré toute la disposition du corps qui s'oppose à ce dessein, marque un principe supérieur au corps; et parmi tous les animaux, l'homme est le seul où se trouve ce principe.

La pensée d'Aristote est belle ici, que l'homme seul a la raison, parce que seul il peut vaincre et la nature et la coutume.

X. *Combien la sagesse de Dieu paraît dans les animaux.*

Par les choses qui ont été dites, il paraît manifestement qu'il n'y a dans les animaux ni art, ni réflexion, ni invention, ni liberté; mais moins il y a de raison en eux, plus il y en a dans celui qui les a faits.

Et certainement c'est l'effet d'un art admirable d'avoir si industrieusement travaillé la matière, qu'on soit tenté de croire qu'elle agit par elle-même, et par une industrie qui lui est propre.

Les sculpteurs et les peintres semblent animer les pierres et faire parler les couleurs, tant ils représentent vivement les actions extérieures qui marquent la vie. On peut dire, à peu près dans le même sens, que Dieu fait raisonner les animaux, parce qu'il imprime dans leurs actions une image si vive de raison, qu'il semble d'abord qu'ils raisonnent.

Il semble, en effet, que Dieu ait voulu nous donner, dans les animaux, une image de raisonnement, une image de finesse; bien plus, une image de vertu et une image de vice; une image de piété dans le soin qu'ils montrent tous pour leurs petits, et quelques-uns pour leurs pères; une image de prévoyance, une image de fidélité, une image de flatterie, une image de jalousie et d'orgueil, une image de cruauté, une image de fierté et de courage. Ainsi les animaux nous sont un spectacle, où nous voyons nos devoirs et nos manquements dépeints. Chaque animal est chargé de sa représentation : il étale, comme un tableau, la ressemblance qu'on lui a donnée; mais il n'ajoute, non plus qu'un tableau, rien à ses traits. Il ne montre d'autre invention que celle de son auteur, et il est fait, non pour être ce qu'il nous paraît, mais pour nous en rappeler le souvenir.

Admirons donc, dans les animaux, non point leur finesse et leur industrie, car il n'y a point d'industrie où il n'y a pas d'invention, mais la sagesse de celui qui les a construits avec tant d'art, qu'ils semblent même agir avec art.

XI. *Les animaux sont soumis à l'homme, et n'ont pas même le dernier degré de raisonnement.*

Il n'a pas voulu toutefois que nous fussions déçus par cette apparence de raisonnement que nous voyons dans les animaux. Il a voulu, au contraire, que les animaux fussent des instruments dont nous nous servons, et que cela même fût un jeu pour nous.

Nous domptons les animaux les plus forts, et venons à bout de ceux qu'on imagine les plus rusés. Et il est bon de remarquer que les hommes les plus grossiers sont ceux que nous employons à conduire les animaux ; ce qui montre combien ils sont au-dessous du raisonnement, puisque le dernier degré de raisonnement suffit pour les conduire comme on veut.

Une autre chose nous fait voir encore combien les bêtes sont loin de raisonner : car on n'en a jamais vu qui fussent touchées de la beauté des objets qui se présentent à leurs yeux, ni de la douceur des accords, ni des autres choses semblables qui consistent en proportions et en mesures ; c'est-à-dire qu'elles n'ont pas même cette espèce de raisonnement qui accompagne toujours en nous la sensation, et qui est le premier effet de la réflexion.

Qui considérera toutes ces choses s'apercevra aisément que c'est l'effet d'une ignorance grossière, ou de peu de réflexion, de confondre les animaux avec l'homme, ou de croire qu'ils ne diffèrent que du plus au moins ; car on doit avoir aperçu combien il y a d'objets dont les animaux ne peuvent être touchés, et qu'il n'y en a aucun dont on puisse juger vraisemblablement qu'ils entendent la nature et les convenances.

XII. *Réponse à l'objection tirée de la ressemblance des organes.*

Et quand on croit pouvoir prouver la ressemblance du principe intérieur par celle des organes, on se trompe doublement. Premièrement, en ce qu'on croit l'intelligence absolument attachée aux organes corporels ; ce que nous avons vu être très-faux. Et le principe dont se servent les défenseurs des animaux devrait leur faire tirer une conséquence opposée à celle qu'ils tirent : car s'ils soutiennent, d'un côté, que les organes sont communs entre les hommes et les bêtes, comme d'ailleurs il est clair que les hommes entendent des objets dont on ne peut pas même soupçonner que les animaux aient la moindre lumière, il faudrait conclure nécessairement que l'intelligence de ces objets n'est point attachée aux organes et qu'elle dépend d'un autre principe.

Mais, secondement, on se trompe quand on assure qu'il n'y a point de différence d'organes entre les hommes et les animaux. Car les organes ne consistent pas dans cette masse grossière que nous voyons et que nous touchons. Ils dépendent de l'arrangement des parties délicates et imperceptibles, dont on aperçoit quelque chose en y regardant de près, mais dont toute la finesse ne peut être sentie que par l'esprit.

Or personne ne peut savoir jusqu'où va dans le cerveau cette délicatesse d'organes. On dit seulement que l'homme, à proportion de sa grandeur, contient dans sa tête, sans comparaison, plus de cervelle qu'aucun animal quel qu'il soit.

Et nous pouvons juger de la délicatesse des parties de notre cerveau par celle de notre langue. Car la langue de la plupart des animaux, quelque semblable qu'elle paraisse à la nôtre dans sa masse extérieure, est incapable d'articulation. Et pour faire que la nôtre puisse articuler distinctement tant de sons divers, il est aisé de juger de combien de muscles délicats elle a dû être composée.

Maintenant il est certain que l'organisation du cerveau doit être d'autant plus délicate, qu'il y a sans comparaison plus d'objets dont il peut recevoir les impressions qu'il n'y a de sons que la langue puisse articuler.

Mais, au fond, c'est une méchante preuve de raisonnement que celle qu'on tire des organes, puisque nous avons vu si clairement combien il est impossible que le raisonnement y soit attaché et assujetti de lui-même.

Ce qui fait raisonner l'homme n'est pas l'arrangement des organes; c'est un rayon et une image de l'Esprit divin; c'est une impression, non point des objets, mais des vérités éternelles qui résident en Dieu comme dans leur source; de sorte que vouloir voir les marques du raisonnement dans les organes, c'est chercher à mettre tout l'esprit dans le corps.

Et il n'y a rien assurément de plus mauvais sens que de conclure qu'à cause que Dieu nous a donné un corps semblable aux animaux, il ne nous a rien donné de meilleur qu'à eux. Car, sous les mêmes apparences, il a pu cacher divers trésors; et ainsi il en faut croire autre chose que les apparences.

Bossuet. De la connaissance de Dieu.

Ce n'est pas en effet par la nature ou par l'arrangement de nos organes que nous connaissons notre raisonnement. Nous le connaissons par expérience, en ce que nous nous sentons capables de réflexion : nous connaissons un pareil talent dans les hommes nos semblables, parce que nous voyons par mille preuves, et surtout par le langage, qu'ils pensent et qu'ils réfléchissent comme nous; et comme nous n'apercevons dans les animaux aucune marque de réflexion, nous devons conclure qu'il n'y a en eux aucune étincelle de raisonnement.

Je ne veux point ici exagérer ce que la figure humaine a de singulier, de noble, de grand, d'adroit et de commode au-dessus de tous les animaux : ceux qui l'étudieront le découvriront aisément; et ce n'est pas cette différence de l'homme d'avec la bête que j'ai eu dessein d'expliquer.

XIII. *Ce que c'est que l'instinct qu'on attribue ordinairement aux animaux. Deux opinions sur ce point.*

Mais, après avoir prouvé que les bêtes n'agissent point par raisonnement, examinons par quel principe on doit croire qu'elles agissent. Car il faut bien que Dieu ait mis quelque chose en elles pour les faire agir convenablement comme elles font, et pour les pousser aux fins auxquelles il les a destinées : cela s'appelle ordinairement instinct. Mais comme il n'est pas bon de s'accoutumer à dire des mots qu'on n'entende pas, il faut voir ce qu'on peut entendre par celui-ci.

Le mot d'instinct, en général, signifie impulsion. Il est opposé à choix; et on a raison de dire que les animaux agissent par impulsion plutôt que par choix.

Mais qu'est-ce que cette impulsion et cet instinct? Il y a sur cela deux opinions qu'il est bon de rapporter en peu de paroles.

La première veut que l'instinct des animaux soit un sentiment. La seconde n'y reconnaît autre chose qu'un mouvement semblable à celui des horloges et autres machines.

Ce dernier sentiment est presque né dans nos jours. Car quoique Diogène le cynique eût dit, au rapport de Plutarque, que les bêtes ne sentaient pas à cause de la grossièreté de leurs organes, il n'avait point eu de sectateurs. Du temps de nos pères, un médecin espagnol[1] a enseigné la même doctrine au siècle passé, sans être suivi, à ce qu'il paraît, de qui que ce soit. Mais depuis peu M. Descartes a donné un peu plus de vogue à cette opinion, qu'il a aussi expliquée par de meilleurs principes que tous les autres.

La première opinion, qui donne le sentiment pour instinct, remarque 1° que notre âme a deux parties, la sensitive et la raisonnable. Elle remarque 2° que, puisque ces deux parties ont en nous des opérations si distinctes, on peut les séparer entièrement; c'est-à-dire que, comme on comprend qu'il y a des substances purement intelligentes, comme sont les anges, il y en aura de purement sensitives, comme sont les bêtes.

Ils y mettent donc tout ce qu'il y a en nous qui ne raisonne pas, c'est-à-dire non-seulement le corps et les organes, mais encore les sensations, les imaginations, les passions : enfin tout ce qui suit les dispositions corporelles, et qui est dominé par les objets.

Mais comme nos imaginations et nos passions ont souvent beaucoup de raisonnement mêlé, ils retranchent tout cela aux bêtes; et, en un mot, ils n'y mettent que ce qui se peut faire sans réflexion.

Il est maintenant aisé de déterminer ce qui s'appelle instinct dans cette opinion; car, en donnant aux bêtes tout ce qu'il y a en nous de sensitif, on leur donne par conséquent le plaisir et la douleur, les appétits ou les aversions qui les suivent : car tout cela ne dépend point du raisonnement.

L'instinct des animaux ne sera donc autre chose que le plaisir et la douleur que la nature aura attachés, en eux comme en nous, à certains objets et aux impressions qu'ils font dans le corps.

Et il semble que le poëte[2] ait voulu expliquer cela lorsque, parlant des abeilles, il dit qu'elles ont soin de leurs petits, touchées par une certaine douceur.

Ce sera donc par le plaisir et par la douleur que Dieu

---

1. Gomesius Pereira, dans l'ouvrage intitulé du nom de son père et de sa mère : *Antoniana Margarita*.

2. Virgile, dans le IV° livre des *Géorgiques*.

poussera et incitera les animaux aux fins qu'il s'est proposées. Car à ces deux sensations sont joints naturellement les appétits convenables.

A ces appétits seront jointes, par un ordre de la nature, les actions extérieures, comme s'approcher ou s'éloigner; et c'est ainsi, disent-ils, que, poussés par le sentiment d'une douleur violente, nous retirons promptement, et avant toute réflexion, notre main du feu.

Et si la nature a pu attacher les mouvements extérieurs du corps à la volonté raisonnable, elle a pu aussi les attacher à ces appétits brutaux dont nous venons de parler.

Telle est la première opinion touchant l'instinct. Elle paraît d'autant plus vraisemblable qu'en donnant aux animaux le sentiment et ses suites, elle ne leur donne rien dont nous n'ayons l'expérience en nous-mêmes, et que d'ailleurs elle sauve parfaitement la dignité de la nature humaine, en lui réservant le raisonnement.

Elle a pourtant ses inconvénients, comme toutes les opinions humaines. Le premier est que la sensation, par toutes les choses qui ont été dites, et par beaucoup d'autres, ne peut pas être une affection des corps. On peut bien les subtiliser, les rendre plus déliés, les réduire en vapeurs et en esprits : par là ils deviendront plus vites, plus mobiles, plus insinuants; mais cela ne les fera pas sentir.

Toute l'école[1] en est d'accord. Et aussi, en donnant la sensation aux animaux, elle leur donne une âme sensitive distincte du corps.

Cette âme n'a point d'étendue; autrement elle ne pourrait pas pénétrer tout le corps, ni lui être unie, comme l'école le suppose.

Cette âme est indivisible, selon saint Thomas, toute dans le tout, et toute dans chaque partie. Toute l'école le suit en cela, du moins à l'égard des animaux parfaits; car, à l'égard des reptiles et des insectes, dont les parties séparées ne laissent pas de vivre, c'est une difficulté à part sur laquelle l'école même est fort partagée, et qu'il ne s'agit pas ici de traiter.

Que si l'âme qu'on donne aux bêtes est distincte du corps, si elle est sans étendue et indivisible, il semble

---

1. C'est-à-dire tous les philosophes scolastiques.

qu'on ne peut pas s'empêcher de la reconnaître pour spirituelle.

Et de là naît un autre inconvénient. Car, si cette âme est distincte du corps, si elle a son être à part, la dissolution du corps ne doit point la faire périr; et nous retombons par là dans l'erreur des platoniciens, qui mettaient toutes les âmes immortelles, tant celles des hommes que celles des animaux.

Voilà deux grands inconvénients, et voici par où on en sort.

Et premièrement, saint Thomas et les autres docteurs de l'école ne croient pas que l'âme soit spirituelle précisément pour être distincte du corps, ou pour être indivisible.

Pour cela, il faut entendre ce qu'on appelle proprement spirituel.

Spirituel, c'est immatériel. Et saint Thomas appelle immatériel ce qui non-seulement n'est pas matière, mais qui de soi est indépendant de la matière.

Cela même, selon lui, est intellectuel. Il n'y a que l'intelligence qui d'elle-même soit indépendante de la matière, et qui ne tienne à aucun organe corporel.

Il n'y a donc proprement en nous d'opération spirituelle que l'opération intellectuelle. Les opérations sensitives ne s'appellent point de ce nom, parce qu'en effet nous les avons vues tout à fait assujetties à la matière et au corps. Elles servent à la partie spirituelle, mais elles ne sont pas spirituelles; et aucun auteur, que je sache, ne leur a donné ce nom.

Tous les philosophes, même les païens, ont distingué en l'homme deux parties : l'une raisonnable, qu'ils appellent νοῦς, *mens*; en notre langue, esprit, intelligence; l'autre qu'ils appellent sensitive et irraisonnable.

Ce que les philosophes païens ont appelé νοῦς, *mens*, partie raisonnable et intelligente, c'est à quoi les saints Pères ont donné le nom de spirituel; en sorte que, dans leur langage, nature spirituelle et nature intellectuelle, c'est la même chose.

Ainsi le premier de tous les esprits, c'est Dieu, souverainement intelligent.

La créature spirituelle est celle qui est faite à son image, qui est née pour entendre, et encore pour entendre Dieu selon sa portée.

Tout ce qui n'est point intellectuel n'est ni l'image de Dieu ni capable de Dieu : dès là il n'est pas spirituel.

De cette sorte, l'intellectuel et le spirituel, c'est la même chose.

Notre langue s'est conformée à cette notion. Un esprit, selon nous, est quelque chose d'intelligent ; et nous n'avons point de mot plus propre, pour expliquer celui de νοῦς et de *mens*, que celui d'esprit.

En cela nous suivons l'idée du mot d'esprit et de spirituel qui nous est donnée dans l'Écriture, où tout ce qui s'appelle esprit, au sens dont il s'agit, est intelligent, et où les seules opérations qui sont nommées spirituelles sont les intellectuelles.

C'est en ce sens que saint Paul appelle Dieu le père de tous les esprits, c'est-à-dire de toutes les créatures intellectuelles capables de s'unir à lui.

Dieu est esprit, dit Notre-Seigneur, *et ceux qui l'adorent doivent l'adorer en esprit et en vérité* ; c'est-à-dire que cette suprême intelligence doit être adorée par l'intelligence.

Selon cette notion, les sens n'appartiennent pas à l'esprit.

Quand l'apôtre distingue l'homme animal d'avec l'homme spirituel, il distingue celui qui agit par les sens d'avec celui qui agit par l'entendement et s'unit à Dieu.

Quand le même apôtre dit que la chair convoite contre l'esprit, et l'esprit contre la chair, il entend que la partie intelligente combat la partie sensitive ; que l'esprit, capable de s'unir à Dieu, est combattu par le plaisir sensible attaché aux dispositions corporelles.

Le même apôtre, en séparant les fruits de la chair d'avec les fruits de l'esprit, par ceux-ci entend les vertus intellectuelles, et par ceux-là entend les vices qui nous attachent aux sens et à leurs objets.

Et encore que, parmi les fruits de la chair, il range beaucoup de vices qui semblent n'appartenir qu'à l'esprit, tels que sont l'orgueil et la jalousie, il faut remarquer que ces sentiments vicieux s'excitent principalement par les marques sensibles de préférence que nous désirons nous-mêmes et que nous envions aux autres ; ce qui donne lieu de les ranger parmi les vices qui tirent leur origine des objets sensibles.

Il se voit donc que les sensations d'elles-mêmes ne font

point partie de la nature spirituelle, parce qu'en effet elles sont totalement assujetties aux objets corporels et aux dispositions corporelles.

Ainsi la spiritualité commence en l'homme où la lumière de l'intelligence et de la réflexion commence à poindre, parce que c'est là que l'âme commence à s'élever au-dessus du corps; et non-seulement à s'élever au-dessus, mais encore à le dominer et à s'attacher à Dieu, c'est-à-dire au plus spirituel et au plus parfait de tous les objets.

Quand donc on aura donné les sensations aux animaux, il paraît qu'on ne leur aura rien donné de spirituel. Leur âme sera de même nature que leurs opérations, lesquelles, en nous-mêmes, quoiqu'elles viennent d'un principe qui n'est pas un corps, passent pourtant pour charnelles et corporelles par leur assujettissement total aux dispositions du corps.

De cette sorte, ceux qui donnent aux bêtes des sensations et une âme qui en soit capable, interrogés si cette âme est un esprit ou un corps, répondront qu'elle n'est ni l'un ni l'autre. C'est une nature mitoyenne qui n'est pas un corps, parce qu'elle n'est pas étendue en longueur, largeur et profondeur; qui n'est pas un esprit, parce qu'elle est sans intelligence, incapable de posséder Dieu et d'être heureuse.

Ils résoudront par le même principe l'objection de l'immortalité. Car encore que l'âme des bêtes soit distincte du corps, il n'y a point d'apparence qu'elle puisse être conservée séparément, parce qu'elle n'a point d'opération qui ne soit totalement absorbée par le corps et par la matière. Et il n'y a rien de plus injuste ni de plus absurde aux platoniciens, que d'avoir égalé l'âme des bêtes, où il n'y a rien qui ne soit dominé absolument par le corps, à l'âme humaine, où l'on voit un principe qui s'élève au-dessus de lui, qui le pousse jusques à sa ruine pour contenter la raison, et qui s'élève jusques à la plus haute vérité, c'est-à-dire jusqu'à Dieu même.

C'est ainsi que la première opinion sort des deux inconvénients que nous avons remarqués. Mais la seconde croit se tirer encore plus nettement d'affaire; car elle n'est point en peine d'expliquer comment l'âme des animaux n'est ni spirituelle ni immortelle, puisqu'elle ne leur donne pour toute âme que le sang et les esprits.

Elle dit donc que les mouvements des animaux ne sont point administrés par les sensations, et qu'il suffit, pour les expliquer, de supposer seulement l'organisation des parties, l'impression des objets sur le cerveau et la direction des esprits, pour faire jouer les muscles.

C'est en cela que consiste l'instinct, selon cette opinion ; et ce ne sera autre chose que cette force mouvante par laquelle les muscles sont ébranlés et agités.

Au reste, ceux qui suivent cette opinion observent que les esprits peuvent changer de nature par diverses causes : plus de bile mêlée dans le sang les rendra plus impétueux et plus vifs ; le mélange d'autres liqueurs les fera plus tempérés. Autres seront les esprits d'un animal repu, autres ceux d'un animal affamé. Il y aura aussi de la différence entre les esprits d'un animal qui aura sa vigueur entière et ceux d'un animal déjà épuisé et recru. Les esprits pourront être plus ou moins abondants, plus ou moins vifs, plus grossiers ou plus atténués ; et ces philosophes prétendent qu'il n'en faut pas davantage pour expliquer tout ce qui se fait dans les animaux, et les différents états où ils se trouvent.

Avec ce raisonnement, cette opinion jusqu'ici entre peu dans l'esprit des hommes. Ceux qui la combattent concluent de là qu'elle est contraire au sens commun ; et ceux qui la défendent répondent que peu de personnes les entendent, à cause que peu de personnes prennent la peine de s'élever au-dessus des préventions des sens et de l'enfance.

Il est aisé de comprendre, par ce qui vient d'être dit, que ces derniers conviennent avec l'école, non-seulement que le raisonnement, mais encore que la sensation ne peut jamais précisément venir du corps ; mais ils ne mettent la sensation qu'où ils mettent le raisonnement, parce que la sensation, qui d'elle-même ne connaît point la vérité, selon eux n'a aucun usage que d'exciter la partie qui la connaît.

Et ils soutiennent que les sensations ne servent de rien à expliquer ni à faire les mouvements corporels, parce que, loin de les causer, elles les suivent ; en sorte que, pour bien raisonner, il faut dire : Tel mouvement est, donc telle sensation s'ensuit ; et non pas : Telle sensation est, donc tel mouvement s'ensuit.

Pour ce qui est de l'immortalité de l'âme humaine, elle n'a aucune difficulté, selon leurs principes. Car dès là qu'ils ont établi, avec toute l'école, qu'elle est distincte du corps, parce qu'elle sent, parce qu'elle entend, parce qu'elle veut, en un mot parce qu'elle pense, ils disent qu'il n'y a plus qu'à considérer que Dieu, qui aime ses ouvrages, conserve généralement à chaque chose l'être qu'il lui a une fois donné. Les corps peuvent bien être dissous, leurs parcelles peuvent bien être séparées et jetées deçà et delà; mais pour cela ils ne sont point anéantis. Si donc l'âme est une substance distincte du corps, par la même raison, ou à plus forte raison, Dieu lui conservera son être; et n'ayant point de parties, elle doit subsister éternellement dans toute son intégrité.

XIV. Conclusion de ce Traité, où l'excellence de la nature humaine est de nouveau démontrée.

Voilà les deux opinions que soutiennent, touchant les bêtes, ceux qui ont aperçu qu'on ne peut sans absurdité ni leur donner du raisonnement ni faire sentir la matière. Mais laissant à part les opinions, rappelons à notre mémoire les choses que nous avons constamment trouvées et observées dans l'âme raisonnable.

Premièrement, outre les opérations sensitives, toutes engagées dans la chair et dans la matière, nous y avons trouvé les opérations intellectuelles, si supérieures au corps et si peu comprises dans ses dispositions, qu'au contraire elles le dominent, le font obéir, le dévouent à la mort et le sacrifient.

Nous avons vu aussi que, par notre entendement, nous apercevons des vérités éternelles, claires et incontestables. Nous savons qu'elles sont toujours les mêmes, et nous sommes toujours les mêmes à leur égard, toujours également ravis de leur beauté et convaincus de leur certitude; marque que notre âme est faite pour les choses qui ne changent pas, et qu'elle a en elle un fond qui aussi ne doit pas changer.

Car il faut ici observer que ces vérités éternelles sont l'objet naturel de notre entendement. C'est par elles qu'il rapporte naturellement toutes les actions humaines à leur règle, tous les raisonnements aux premiers principes connus par eux-mêmes comme éternels et invariables; tous les ouvrages de l'art et de la nature, toutes les figures, tous les mouvements, aux proportions cachées, qui en font et la beauté et la force; enfin, toutes choses généralement aux décrets de la sagesse de Dieu et à l'ordre immuable qui les fait aller en concours.

Que si ces vérités éternelles sont l'objet naturel de l'entendement humain par la convenance qui se trouve entre les objets et les puissances, on voit quelle est sa nature, et qu'étant né conforme à des choses qui ne changent point, il a en lui un principe de vie immortelle.

Et parmi ces vérités éternelles qui sont l'objet naturel de l'entendement, celle qu'il aperçoit comme la première, en laquelle toutes les autres subsistent et se réunissent, c'est qu'il y a un premier être qui entend tout avec certitude, qui fait tout ce qu'il veut, qui est lui-même sa règle, dont la volonté est notre loi, dont la vérité est notre vie.

Nous savons qu'il n'y a rien de plus impossible que le contraire de ces vérités, et qu'on ne peut jamais supposer, sans avoir le sens renversé, ou que ce premier Être ne soit pas, ou qu'il puisse changer, ou qu'il puisse y avoir une créature intelligente qui ne soit pas faite pour entendre et pour aimer ce principe de son être.

C'est par là que nous avons vu que la nature de l'âme est d'être formée à l'image de son auteur; et cette conformité nous y fait entendre un principe divin et immortel.

Car s'il y a quelque chose, parmi les créatures, qui mérite de durer éternellement, c'est sans doute la connaissance et l'amour de Dieu, et ce qui est né pour exercer ces divines opérations.

Quiconque les exerce les voit si justes et si parfaites, qu'il voudrait les exercer à jamais; et nous avons, dans cet exercice, l'idée d'une vie éternelle et bienheureuse.

Les histoires anciennes et modernes font foi que cette idée de vie immortelle se trouve confusément dans toutes les nations qui ne sont pas tout à fait brutes; mais ceux qui connaissent Dieu l'ont très-claire et très-distincte. Car ils voient que la créature raisonnable peut vivre éternellement heureuse, en admirant les grandeurs de Dieu, les conseils de sa sagesse et la beauté de ses ouvrages.

Et nous avons quelque expérience de cette vie, lorsque quelque vérité illustre nous apparaît, et que, contemplant la nature, nous admirons la sagesse qui a tout fait dans un si bel ordre.

Là nous goûtons un plaisir si pur, que tout autre plaisir ne nous paraît rien en comparaison. C'est ce plaisir qui a transporté les philosophes, et qui leur a fait souhaiter que la nature n'eût donné aux hommes aucunes voluptés sensuelles, parce que ces voluptés troublent en nous le plaisir de goûter la vérité toute pure.

Qui voit Pythagore, ravi d'avoir trouvé les rapports des carrés des côtés d'un certain triangle, avec le carré de sa base[1], sacrifier une hécatombe en actions de grâces; qui voit Archimède, attentif à quelque nouvelle découverte, en oublier le boire et le manger; qui voit Platon célébrer la félicité de ceux qui contemplent le beau et le bon, premièrement dans les arts, secondement dans la nature, et enfin dans leur source et dans leur principe qui est Dieu; qui voit Aristote louer ces heureux moments où l'âme n'est possédée que de l'intelligence de la vérité, et juger une telle vie seule digne d'être éternelle, et d'être la vie de Dieu; mais qui voit les saints tellement ravis de ce divin exercice, de connaître, d'aimer et de louer Dieu, qu'ils ne le quittent jamais, et qu'ils éteignent, pour le continuer durant tout le cours de leur vie, tous les désirs sensuels; qui voit, dis-je, toutes ces choses, reconnaît dans les opérations intellectuelles un principe et un exercice de vie éternellement heureuse.

Et le désir d'une telle vie s'élève et se fortifie d'autant plus en nous que nous méprisons davantage la vie sensuelle et que nous cultivons avec plus de soin la vie de l'intelligence.

Et l'âme qui entend cette vie, et qui la désire, ne peut comprendre que Dieu, qui lui a donné cette idée et lui a inspiré ce désir, l'ait faite pour une autre fin.

Et il ne faut pas s'imaginer qu'elle perde cette vie en perdant son corps; car nous avons vu que les opérations intellectuelles ne sont pas, à la manière des sensations, attachées à des organes corporels. Et encore que, par la corres-

---

1. Il s'agit ici du triangle rectangle, dans lequel le carré de l'hypoténuse est égal à la somme des carrés construits sur les deux autres côtés.

pondance qui se doit trouver entre toutes les opérations de l'âme, l'entendement se serve des sens et des images sensibles, ce n'est pas en se tournant de ce côté-là qu'il se remplit de la vérité, mais en se tournant vers la vérité éternelle.

Les sens n'apportent pas à l'âme la connaissance de la vérité; ils l'excitent, ils la réveillent, ils l'avertissent de certains effets : elle est sollicitée à chercher les causes; mais elle ne les découvre, elle n'en voit les liaisons, ni les principes qui font tout mouvoir, que dans une lumière supérieure qui vient de Dieu, ou qui est Dieu même.

Dieu donc est la vérité; d'elle-même toujours présente à tous les esprits, et la vraie source de l'intelligence. C'est de ce côté qu'elle voit le jour; c'est par là qu'elle respire et qu'elle vit.

Ainsi, autant que Dieu restera à l'âme (et de lui-même jamais il ne manque à ceux qu'il a faits pour lui, et sa lumière bienfaisante ne se retire jamais que de ceux qui s'en détournent volontairement), autant, dis-je, que Dieu restera à l'âme, tant vivra notre intelligence ; et quoi qu'il arrive de nos sens et de notre corps, la vie de notre raison est en sûreté.

Que, s'il faut un corps à notre âme, qui est née pour lui être unie, la loi de la Providence veut que le plus digne l'emporte; et Dieu rendra à l'âme son corps immortel, plutôt que de laisser l'âme, faute de corps, dans un état imparfait.

Mais réduisons ces raisonnements en peu de paroles. L'âme est née pour considérer ces vérités immuables, et Dieu, où se réunit toute vérité, par là se trouve conforme à ce qui est éternel.

En connaissant et en aimant Dieu, elle exerce les opérations qui méritent le mieux de durer toujours.

Dans ces opérations elle a l'idée d'une vie éternellement bienheureuse, et elle en conçoit le désir. Elle s'unit à Dieu, qui est le vrai principe de l'intelligence, et ne craint point de le perdre en perdant le corps; d'autant plus que la sagesse éternelle, qui fait servir le moindre au plus digne, si l'âme a besoin d'un corps pour vivre dans sa naturelle perfection, lui rendra plutôt le sien que laisser défaillir son intelligence par ce manquement.

C'est ainsi que l'âme connaît qu'elle est née pour être heureuse à jamais, et aussi que, renonçant à ce bonheur éternel, un malheur éternel sera son supplice.

Il n'y a donc plus de néant pour elle, depuis que son auteur l'a une fois tirée du néant pour jouir de sa vérité et de sa bonté. Car comme qui s'attache à cette vérité et à cette bonté mérite plus que jamais de vivre dans cet exercice et de le voir durer éternellement, celui aussi qui s'en prive et qui s'en éloigne mérite de voir durer dans l'éternité la peine de sa défection.

Ces raisons sont solides et inébranlables à qui les sait pénétrer; mais le chrétien a d'autres raisons qui sont le vrai fondement de son espérance : c'est la parole de Dieu et ses promesses immuables. Il promet la vie éternelle à ceux qui le servent, et condamne les rebelles à un supplice éternel. Il est fidèle à sa parole et ne change point; et comme il a accompli aux yeux de toute la terre ce qu'il a promis de son Fils et de son Église, l'accomplissement de ces promesses nous assure la vérité de celle de la vie future.

Vivons donc dans cette attente; passons dans le monde sans nous y attacher. Ne regardons pas ce qui se voit, mais ce qui ne se voit pas; parce que, comme dit l'apôtre, ce qui se voit est passager, et ce qui ne se voit pas dure toujours.

FIN.

TABLE.

Dessein et division de ce traité.   page 1

CHAPITRE PREMIER. — DE L'AME.

I. Opérations sensitives, et premièrement des cinq sens. 2
II. Le plaisir et la douleur. 5
III. Diverses propriétés des sens. 7
IV. Le sens commun et l'imagination. 8
V. Des sens extérieurs et intérieurs, et plus en particulier de l'imagination. 10
VI. Les passions. 12
VII. Les opérations intellectuelles, et premièrement celles de l'entendement. 16
VIII. De certains actes de l'entendement qui sont joints aux sensations, et comment on en connaît la différence. 20
IX. Différences de l'imagination et de l'entendement. 23
X. Comment l'imagination et l'intelligence s'unissent et s'aident, ou s'embarrassent mutuellement. 25
XI. Différence d'un homme d'esprit et d'un homme d'imagination : l'homme de mémoire. 26
XII. Les actes particuliers de l'intelligence. 27
XIII. Les trois opérations de l'esprit. 28
XIV. Diverses dispositions de l'entendement. 31
XV. Les sciences et les arts. 32
XVI. Ce que c'est que bien juger; quels en sont les moyens, et quels en sont les empêchements. 35
XVII. Perfection de l'intelligence au-dessus du sens. 39
XVIII. La volonté et les actes. 40
XIX. La vertu et les vices, la droite raison et la raison corrompue. 42
XX. Récapitulation. 44

CHAPITRE DEUXIÈME. — DU CORPS.

I. Ce que c'est que le corps organique. 46
II. Division des parties du corps, et description des extérieures. 45
III. Description des parties intérieures, et premièrement de celles qui sont enfermées dans la poitrine. 48
IV. Les parties qui sont au-dessous de la poitrine. 50
V. Les passages qui conduisent aux parties ci-dessus décrites, c'est-à-dire l'œsophage et la trachée-artère. 52
VI. Le cerveau et les organes des sens. 54
VII. Les parties qui règnent par tout le corps; les os. 56
VIII. Les artères, les veines et les nerfs. 58
IX. Le sang et les esprits. 61
X. Le sommeil, la veille et la nourriture. 64
XI. Le cœur et le cerveau sont les deux maîtresses-parties. 68
XII. La santé, la maladie, la mort; et, à propos des maladies, les passions en tant qu'elles regardent le corps. 69

XIII. La correspondance de toutes les parties. 74
XIV. Récapitulation. 75

CHAPITRE TROISIÈME. — DE L'UNION DE L'AME ET DU CORPS.

I. L'âme est naturellement unie au corps. 76
II. Deux effets principaux de cette union et deux genres d'opérations dans l'âme. 78
III. Les sensations sont attachées à des mouvements corporels qui se font en nous. 78
IV. Les mouvements corporels qui se font en nous dans les sensations viennent des objets par le milieu. 80
V. Les mouvements de nos corps auxquels les sensations sont attachées sont les mouvements des nerfs. 81
VI. Six propositions qui expliquent comment les sensations sont attachées à l'ébranlement des nerfs. 82
VII. Réflexions sur la doctrine précédente. 89
VIII. Six propositions, qui font voir de quoi l'âme est instruite par les sensations, et l'usage qu'elle en fait tant pour le corps que pour elle-même. 90
IX. De l'imagination et des passions, et de quelle sorte il les faut considérer. 97
X. De l'imagination en particulier, et à quel mouvement du corps elle est attachée. 98
XI. Des passions, et à quelle disposition du corps elles sont unies. 102
XII. Second effet de l'union de l'âme et du corps, où se voient les mouvements du corps assujettis aux actions de l'âme. 107
XIII. L'intelligence n'est attachée par elle-même à aucun organe, ni à aucun mouvement du corps. 109
XIV. L'intelligence, par sa liaison avec les sens, dépend en quelque sorte du corps, mais par accident. 112
XV. La volonté n'est attachée à aucun organe corporel, et loin de suivre les mouvements du corps, elle y préside. 113
XVI. L'empire que la volonté exerce sur les mouvements extérieurs la rend indirectement maîtresse des passions. 115
XVII. La nature de l'attention, et ses effets immédiats sur le cerveau, par où paraît l'empire de la volonté. 117
XVIII. L'âme attentive à raisonner se sert du cerveau, par le besoin qu'elle a des images sensibles. 119
XIX. L'effet de l'attention sur les passions, et comment l'âme les peut tenir en sujétion dans leur principe; où il est parlé de l'extravagance, de la folie et des songes. 122
XX. L'homme qui a médité la doctrine précédente se connaît lui-même. 126
XXI. Pour se bien connaître soi-même, il faut s'accoutumer par de fréquentes réflexions à discerner en chaque action ce qu'il y a du corps d'avec ce qu'il y a de l'âme. 128
XXII. Comment on peut distinguer les opérations sensitives d'avec les mouvements corporels, qui en sont inséparables. 131

CHAPITRE QUATRIÈME. — DE DIEU, CRÉATEUR DE L'AME ET DU CORPS, ET AUTEUR DE LEUR VIE.

I. L'homme est un ouvrage d'un grand dessein et d'une sagesse profonde. 135
II. Le corps humain est l'ouvrage d'un dessein profond et admirable. 139
III. Dessein merveilleux dans les sensations et dans les choses qui en dépendent. 144
IV. La raison nécessaire pour juger des sensations et régler les mouvements extérieurs devait nous être donnée, et ne l'a pas été sans un grand dessein. 145
V. L'intelligence a pour objet des vérités éternelles, qui ne sont autre chose que Dieu même, où elles sont toujours subsistantes et toujours parfaitement entendues. 147
VI. L'âme connait, par l'imperfection de son intelligence, qu'il y a ailleurs une intelligence parfaite. 150
VII. L'âme qui connait Dieu et se sent capable de l'aimer, sent dès-là qu'elle est faite pour lui, et qu'elle tient tout de lui. 152
VIII. L'âme connait sa nature en connaissant qu'elle est faite à l'image de Dieu. 153
IX. L'âme qui entend la vérité reçoit en elle-même une impression divine qui la rend conforme à Dieu. 155
X. L'image de Dieu s'achève en l'âme par une volonté droite. 157
XI. L'âme attentive à Dieu se connait supérieure au corps, et apprend que c'est par punition qu'elle en est devenue captive. 158
XII. Conclusion de ce chapitre. 162

CHAPITRE CINQUIÈME. — DE LA DIFFÉRENCE ENTRE L'HOMME ET LA BÊTE.

I. Pourquoi les hommes veulent donner du raisonnement aux animaux. Deux arguments en faveur de cette opinion. 162
II. Réponse au premier argument. 165
III. Second argument en faveur des animaux; en quoi ils nous sont semblables, et si c'est dans le raisonnement. 168
IV. Si les animaux apprennent. 175
V. Ce que c'est que dresser les animaux et que leur parler. 178
VI. Extrême différence de l'homme et de la bête. 182
VII. Les animaux n'inventent rien. 185
VIII. De la première cause des inventions et de la variété de la vie humaine, qui est la réflexion. 186
IX. Seconde cause des inventions et de la variété de la vie humaine, la liberté. 189
X. Combien la sagesse de Dieu parait dans les animaux. 190
XI. Les animaux sont soumis à l'homme, et n'ont pas même le dernier degré de raisonnement. 191
XII. Réponse à l'objection tirée de la ressemblance des organes. 192
XIII. Ce que c'est que l'instinct qu'on attribue ordinairement aux animaux. Deux opinions sur ce point. 194
XIV. Conclusion de ce Traité. 201

www.ingramcontent.com/pod-product-compliance
Lightning Source LLC
Chambersburg PA
CBHW071948160426
43198CB00011B/1597